中國道教文化研究

二　編

第 **18** 冊

宋代命理術研究（上）

程　佩　著

花木蘭文化事業有限公司

國家圖書館出版品預行編目資料

宋代命理術研究（上）／程佩 著 — 初版 — 新北市：花木蘭
文化事業有限公司，2020〔民109〕
目 4+222 面；19×26 公分
（中國道教文化研究 二編；第18冊）
ISBN 978-986-485-731-9（精裝）
1. 命書 2. 術數 3. 宋代
618   108001502

ISBN-978-986-485-731-9

9 789864 857319

中國道教文化研究
二 編 第十八冊   ISBN：978-986-485-731-9

宋代命理術研究（上）

作　　者　程佩
總 編 輯　杜潔祥
副總編輯　楊嘉樂
編　　輯　許郁翎、張雅淋　美術編輯　陳逸婷
出　　版　花木蘭文化事業有限公司
發 行 人　高小娟
聯絡地址　235 新北市中和區中安街七二號十三樓
　　　　　電話：02-2923-1455／傳真：02-2923-1452
網　　址　http://www.huamulan.tw 信箱 hml810518@gmail.com
印　　刷　普羅文化出版廣告事業
初　　版　2020 年 3 月
全書字數　348017 字
定　　價　二編 21 冊（精裝）台幣 42,000 元

宋代命理術研究(上)

程佩 著

作者簡介

程佩（1981～），男，河南鄭州人，先後獲得河南農業大學文學學士學位（2006），華中師範大學歷史學碩士學位（2011），暨南大學歷史學博士學位（2014），現任教於江西中醫藥大學中醫醫史文獻學科組，中醫學講師，已發表學術論文二十餘篇，出版學術專著《北宋張商英護法研究》（花木蘭文化出版社，2015 年），主編中醫讀物《劇說杏林——中醫史微電影》（江西科學技術出版社，2018 年）。近年來研究方向主要爲周易術數、宋史、中國醫學史。

提　　要

　　命理術，是術數的一種。它是中國古代發展起來的以一個人的出生時間爲依據，以陰陽五行理論爲推命方法，描寫並預測個人命運的術數。縱觀整個古代命理術發展史，宋代命理術處在承前啓後、繼往開來的重要轉折時期。一方面，它整合了之前尚未完善的古法，使其日趨成熟，並最終迎來發展的黃金時期；另一方面，它開啓了新法時代，宣告了子平術的誕生，並爲之後明清子平術的發展指明了方向。

　　本文擬以歷史宏觀視野把握宋代命理術發展的階段性特徵，細緻考察宋代命理術繁榮的表現以及背後的原因，並力圖客觀評價其對後世的影響。同時，深入探討宋代命理術特有的理論知識，從基礎理論、分析對象、發展演變軌跡、推命方法等諸方面詳析其特徵。通過對宋代命理術理論的詮釋與總結，以及與明清子平術的對比，暴露宋代命理術本身所存在的一些缺陷，以及其終被歷史淘汰的必然性。通過對比宋明之間命理術理論聯繫與命理文獻傳承關係，重新認識和評價宋代命理術的地位及其對後世的影響。

江西省高校人文社會科學研究項目：
《宋元明清周易術數發展變化研究——
以命理術古法、今法的演變爲中心的考察》
（課題編號：LS18203）

獻給授業恩師張其凡先生（1949～2016）

目次

緒　論

一、寫作緣起

　　命理術，是術數的一種。它是中國古代發展起來的以一個人的出生時間爲依據，以陰陽五行理論爲推命方法，描寫並預測個人命運的術數。在中國古代社會，以理性主義爲主導的儒家雖然主張不語怪力亂神，反對淫祀活動，但是對命運的信仰卻由來已久。從先秦時期開始，儒家對於世間的種種富貴貧賤、榮辱不定、生死無常等現象，有時不得其解，只能看成人所稟受自天，並強名之曰「命」。他們普遍認爲命發源於天，由上天指掌。孔子曰：「死生有命，富貴在天。」〔註1〕一個人的命的貴賤完全取決於天而不取決於人。故知命者，可以洞悉天命而知道。這樣的人，方可論君子。「不知命，無以爲君子也。」〔註2〕孟子也認爲，人生諸事的發生，看似無緣無故，實則均由天命主宰。「莫之爲而爲者，天也；莫之至而至者，命也。」〔註3〕中國人自先秦起便建立起的這套「認命」的觀念，爲後世命理術的出現及兩千年來的命理信仰奠定了堅實的思想基礎。

　　大體來看，古人對於命理、風水等術數活動還是較爲包容、支持的。以宋代爲例，當時的命理術及命理文化較之前代大爲繁盛。宋末文天祥曾提及當時的命理書籍的氾濫：「天下命書多矣。」〔註4〕元人宋禧則證明了在南宋

〔註1〕　黃懷信主撰：《論語彙校集釋》卷12《顏淵第十二》，上海古籍出版社，2008年，第1076頁。

〔註2〕　黃懷信主撰：《論語彙校集釋》卷20《堯曰第二十》，第1747頁。

〔註3〕　楊伯峻譯注：《孟子譯注》，中華書局，2010年，第204、205頁。

〔註4〕　（宋）文天祥撰：《文山集》卷13《贈談命朱斗南序》，文津閣《四庫全書》

末年，命理文化是如何地深入民間：「世談術家之善推命者，必曰唐李虛中氏。虛中儒者，而術家宗之，是得其學之一端耳。自古術數之學，無踰李淳風、浮屠一行者，而虛中與二子並著名於唐，至今雖婦人小兒皆稱之。則其於五行書信深矣。」〔註5〕不惟民間百姓對命理術篤信不疑，就是當時的士大夫們對此術也是抱有寬容、甚至支持的態度。其精於此道者亦不在少數。「今士大夫至田夫野老，人人喜於談命，故其書滿天下。」〔註6〕「近世士大夫多喜談命，往往自能推步，有精絕者。」〔註7〕士大夫們深信命理術，主要是由於命理術建立的理論基礎，正是他們所崇信的天人感應和陰陽五行學說。這些哲學理論的廣爲接受以及不少碩學大儒的推波助瀾，使得原本不登大雅之堂的命理術逐漸增添上了一件學術的外衣。

然而近代以來，隨著五四新文化運動的展開，國人開始高舉民主與科學的大旗，對封建迷信進行猛烈的抨擊。以陰陽五行學說爲基礎的中國傳統文化，首當其衝遭受到打擊。「陰陽五行說，爲二千年來迷信之大本營」〔註8〕。在此思潮的影響下，中醫、術數等與陰陽五行學說相關的文化，均不同程度地受到波及。

建國後至改革開放前，很長一段時間以來，由於算命活動被認定爲封建迷信活動，因此包括命理術在內的眾多術數活動及其研究在中國大陸一度銷聲匿跡。改革開放以後，隨著社會的鬆動，人們的思想意識形態逐漸擺脫過去的束縛，算命活動也開始在中國大陸愈演愈烈。雖然社會日漸昌明，雖然現在相當多的人仍將其斥爲迷信，但是這些似乎都絲毫影響不到算命活動在內地的繁榮興盛。這種現象的出現，或許正是幾千年來中國傳統的命理信仰深植國人骨髓的體現。2004 年，蘇州大學社會學院曾對華東、華南、華中三個地區的大中城市的大、中、小學生就「科學素養」問題做過一個深入調查。此次調查，發放問卷 3200 份，回收 3100 多份。在問卷中，對於「算命是否科學」的調查結果顯示，46.7%的學生認爲算命是科學的。對於這樣的結果，

　　　　　第 395 冊，第 688 頁。

〔註5〕　（元）宋禧撰：《庸庵集》卷 12《贈程隱微序》，文津閣《四庫全書》第 408 冊，第 402 頁。

〔註6〕　（宋）周必大：《五行精紀·周序》，華齡出版社，2010 年。

〔註7〕　（宋）費袞撰、駱守中校注：《梁溪漫志》卷 9《談命》，三秦出版社，2004 年。

〔註8〕　梁啟超：《陰陽五行說之來歷》，載氏著《古史辨》，上海古籍出版社，1982 年。

蘇州大學社會學院的導師也表示了震驚。〔註9〕

　　更令人擔憂的是，近三十年來，不少術士、巫師、法師、「氣功大師」利用人們的迷信與無知，假借著周易、中國傳統文化、中國神秘文化等幌子，在社會上招搖撞騙，進行違法亂紀的活動。「中功」創始人張宏堡、「超人」張寶勝、「氣功大師」嚴新、「太極神推」閆芳、「神醫」張悟本、道長李一，曾幾何時，這些曾經風光無限的「大師」們，身居豪宅，出入名車，與明星、官員稱兄道弟，身後信徒成千上萬。若非其東窗事發，誰又願意相信這些人光環背後的眞相。就在本文寫作之前，又聞以表演隔空取物見長的江西「氣功大師」王林伏法。在媒體的揭露下，其生平劣跡逐漸曝光。其半生發跡史，堪令世人震驚：

　　　　……王林的出獄得益於當時風靡全國的氣功熱。「王林在當時的氣功界只是一個無名小卒。」陳祖甲說，「張宏堡、張寶勝、嚴新等大師名頭遠蓋王林。」已過70歲的陳祖甲認爲，氣功界的「理論來源」包括科學家錢學森的定義。「他將特異功能、氣功、中醫統稱爲人體科學，並認爲氣功是中醫的核心。」

　　　　氣功流行也離不開老幹部的支持。各個省市，甚至區縣紛紛由老幹部任職成立氣功科學學會。

　　　　王林成名後的宣傳文章和幾位氣功界人士回憶稱，當時第四監獄裏的氣功師王林驚動了江西省司法部門，1987 年，江西省司法廳、公安廳和南昌市氣功學會聯合派人到監獄測試王林。

　　　　……

　　　　這段測試如今已難辨眞假，但幾次大量宣傳的「測試」給王林帶來了好處，各個廳長、局長開始紛紛到監獄裏來看表演，王林成了名人。一舉成名後，王林出獄。知情者稱，他當上了南昌市公安局的顧問。當時南昌市公安局一名科長還把自己的妹妹嫁給了王林，也就是王林現在的夫人，……但王林此後辭去了公安局的顧問，他稱幫公安局破獲一起走私案，辦案人員抓住犯罪嫌疑人搞刑訊，王林稱自己造了孽。

〔註9〕　《江南時報》2004 年 12 月 13 日，第二版。原文不及見，此處轉引自董向慧著《中國人的命理信仰》，上海人民出版社，2011 年，第 194 頁。

於是，王林又被安排進了江西省行政學院。……江西省行政學院建於南昌市西郊梅嶺腳下，風景秀麗，江西省委省政府專門設有梅嶺讀書班，參加者爲省政府及各部門領導。可以確定的是，上世紀 80 年代末，讀書班曾設有氣功課。從這裡開始，王林也接觸到了日後他巧換爲資源的領導人脈。〔註10〕

一個曾經因猥褻婦女而入獄，而後多次越獄的勞改犯，只因爲他宣稱自己有神功，竟得到監獄乃至省市領導的「關懷」，一躍而成爲全國矚目的氣功大師。多年來，王林聲名遠播。官員、名人慕名而來者絡繹不絕。他也利用自己的名聲，勾結官商，非法牟利，富甲一方。這些層出不窮的「大師」們的行爲，不僅僅擾亂了社會的安定，更是對中國傳統文化的肆意踐踏。時至今日，當人們談起這種現象時，也不免「恨屋及烏」，使原本充滿中國先民智慧的周易及其門下各派術數，幾乎無一幸免地被世人深深誤解。

客觀來講，在當前社會上，相信命運及算命術的人仍然不乏其人。算命現象的存在，有著極其複雜的社會因素和歷史根源。從上文王林的事蹟中我們或可得到一些啓發。今天，王林的謊言雖被揭穿，但當筆者回顧這位「氣功大師」發跡史時，仍對其身邊那些追隨者們的盲目迷信唏噓不已。這些追隨者，不乏受過高等教育的政府官員。他們對王林的迷信，正反映出時下人們信仰的匱乏以及對中國傳統文化繼承的缺失。如若這種問題不解決，那麼，過不了多久，一定還會出現第二個、第三個王林似的人物。建國以後，曾經有一段時期，靠著國家行政手段，我們讓算命活動在中國大陸幾乎銷聲匿跡。但是，當國家禁令一旦廢除，各種「大師」及算命活動很快又遍及大江南北。其根本原因或許就在於此。

堵不如疏，這是歷史留給人們寶貴的經驗教訓。如果眞的要批判命理術及各種算命活動，那麼世人首先應當瞭解它、剖析它。因爲瞭解和剖析的過程，才是最嚴謹的批判過程。術數文化帶有濃厚的神秘色彩。尤其是中國古代的命理術，「因爲有著一個表面看去似乎十分完整嚴密的學術體系，所以遠比其他國家的種種算命術複雜得多，難學得多」〔註11〕。這種推算方法的繁

〔註10〕王峰：《「大師」前傳：王林的宣傳術、測試史和商業經》，《21 世紀經濟報導》2013 年 8 月 1 日，載《21 世紀網》，網址：http：//www.21cbh.com/2013/8-1/1MNjUxXzczNDM1Mw.html。筆者最後一次查詢於 2013 年 9 月 1 日。

〔註11〕洪丕謨、姜玉珍著：《中國古代算命術》，上海三聯書店，2006 年，第 203 頁。

複，使其看上去更加詭譎莫測。不過，所有的術數，都不是永遠解不開的謎。只要世人弄清了它們的來龍去脈，遵循其思維套路，結合現代科學方法加以求證，那麼，這些隱晦的文字、玄奧的理論，就會逐漸揭開神秘的面紗，露出廬山眞面目來。

　　行文至此，筆者忽然憶起兩位西方哲人對待神秘文化的態度。一位是伊薩剋·牛頓（Isaac Newton，1643～1727）。這位發明了微積分、經典力學和萬有引力定律的偉大科學家，亦是星占學的癡迷者。當他的好友、哈雷彗星的發現者、著名的天文學家哈雷（Edmond Halley，1656～1742）得知此事後，不禁表示出了詫異。牛頓對此反駁道：「哈雷先生，你和我之間的區別在於，是我研究了這一學科，而不是你。」〔註12〕另一位則是英國劍橋大學的李約瑟博士（Dr.Joseph Needham，1900～1995）。他曾對其助手黃仁宇（1918～2000）說：「即算陰陽五行，大家都認爲是假科學。我們不要不加審問，劈頭就說它錯了。我們先要檢閱此中邏輯，如果是錯，我們也要追究錯在什麼地方。」〔註13〕筆者非常讚賞這兩位英國的學術巨擘的治學態度。沒有調查就沒有發言權。任何結論，哪怕是錯誤的、荒謬的結論都應該出現在調查研究之後，而不是之前。本文寫作的緣起，就是在這一學術觀點的指引下展開的。最後，筆者借用華中師範大學王玉德教授的一段話來闡明本文的寫作態度：「對歷史上的任何一種文化現象，在沒有剝離似地分析它、全面而紮實地研究它之前，就不要妄下斷言。多讀書、多調查、多思考、多討論，逐漸下定論，這才是我們應有的實事求是的學術態度。」〔註14〕

二、研究意義與目的

　　對命理術及其文化的研究，可以稱之爲命理學。本文以《宋代命理術研究》作爲論文的標題，是因爲本文研究的對象，主要限於宋代命理術本身發展脈絡、理論知識的範疇，而較少涉及到宋人及後人對宋代命理術研究的成果。

　　宋代，命理術發展迎來了歷史上的第一個高峰。縱觀整個古代命理術發

〔註12〕　（法）伊麗莎白·泰西埃著：《大預測》，白巨譯，作家出版社，1996年，第51頁。

〔註13〕　（美）黃仁宇：《爲什麼稱爲「中國大歷史」？——中文版自序》，載氏著《中國大歷史》，生活·讀書·新知三聯書店，2008年。

〔註14〕　王玉德著：《神秘的風水》，廣西人民出版社，2004年，第1、2頁。

展史，宋代命理術處在承前啓後、繼往開來的重要轉折時期。一方面，它整合了之前尚未完善的古法，使其日趨成熟，並最終迎來發展的黃金時期；另一方面，它開啓了新法時代，宣告了子平術的誕生，並爲之後明清子平術的發展指明了方向。然而，長期以來，人們對宋代命理術的重視程度是極其不夠的。這種忽視突出表現在兩個方面：一是對宋代命理術發展史不詳。明代以來，人們並無清晰的宋代及宋代以前的命理術史。少數幾部明代文獻，雖然提到了這段時期的命理術發展傳承狀況，但也多是採自坊間傳言，難言所據；二是對宋代命理術的推命理論不明。雖然明清命理術直接承襲了宋代命理術的許多理論，但是二者畢竟有一定的差別。明清以來的命理術士及文人，對子平術研究頗深者不在少數，但是卻鮮有瞭解宋代命理術推命理論的。近代以來出現的命理術學術史，雖已近百年，但是也鮮有人關注到宋代命理術古法，更遑論宋代命理術發展史。這也導致數百年來，人們對宋代以及宋代以前命理術發展史的梳理講述往往雜亂無章、脈絡不明。許多明清時期才出現的命理理論，被人們誤以爲是宋人的創造；而許多宋人的命理術，被許多人理所當然的認爲是明清始有。

人們對宋代命理術的忽視，固然是由多種因素造成。大體而言，以下兩方面的原因，造成了明清以來人們對宋代命理術的漠視：一是宋代命理文獻的佚散。作爲民間的一種術數，命理術長久以來不受官方重視，其文獻的刻印流通也極少有政府參與，而多爲坊間書商造力。這一特點，造成了命理著作長久以來難有優質版本出現，而只能任由書坊刊印。這類坊間書籍，雖於當時或風靡一時，但風潮一過，鮮有流傳後代者。又因爲術數諸書，長久以來難登大雅之堂，故絕大多數命理著作不見於正史及古代大型叢書的著錄。明代命理著作保存到今天的就已屈指可數，宋代命理文獻能夠完好無損地保存下來的更是寥寥無幾。故明清以來，人們對宋代命理文獻所知甚少，更遑論瞭解、重視。

二是明清時期子平術的興起對宋代命理術造成的衝擊。盛行於明清兩代及近現代的命理術今法——子平術，雖然起始於宋代，但是其在宋代的興起較晚，影響力有限。兩宋絕大多數時期，是命理術古法——李虛中術盛行的時間。古法、今法相較，雖然二者都以天干地支、陰陽五行作爲研究的理論工具，也都以命局、運勢作爲推理的對象，但是二者的差別也顯而易見。古法以年柱爲本，看各柱間生剋或命局中神殺、喻象對年柱的影響。其對神殺、

喻象推理尤爲偏重；今法以日柱爲主，先看月令以定格局，再從八字中搜求用神，以定五行、十神之喜忌。並將六親、財官關係網絡貫穿於推命過程，以關係分析替代之前的喻象分析，並尤斥神殺。古法中各柱納音五行、天干、地支之正五行、眞五行皆可作爲推命工具。今法各柱中，只以干支正五行推命，它則不論；古法命局中，或有二柱、三柱，或有四柱、五柱，乃至於多達六、七柱。胎柱時隱時現；今法命局則以四柱八字爲定限，不論胎柱。……總體來講，命理術古、今法之差別決定了二者理論的相對獨立性。二者雖同爲命理術，但推命方法差別顯著。風靡市井閭閻的明清命理術，屬命理術今法子平術。子平術的盛行，既標誌著命理術今法時期的到來，也意味著命理術古法時期的逐漸終結。〔註15〕明清之時，雖談命者眾，但人們的知識也只限於今法，而對宋代命理古法知之甚少。在今法子平術流行民間的同時，作爲宋代盛行一時的命理術古法，則逐漸被子平術所取代，喪失了其生長於民間的土壤。在明代二百多年的時間裏，宋代命理術古法僅是苟延殘喘、奄奄一息。明末清初，隨著《神峰通考》、《命理約言》、《子平眞詮》等子平術巨著的逐一出世，子平術一家獨尊的地位徹底形成。隨之而來的，則是宋代命理術徹底退出人們的視野。

　　宋代命理術，在整個中國古代命理術發展史中，佔據著舉足輕重的地位。它雖然曾經輝煌空前，卻不可避免地消失在後世的歷史長河中。它雖然得到明清命理術的傳承，卻也被明清命理術無情拋棄，並最終成爲一門消亡的術數。如何來看待宋代命理術曾經的輝煌和它今天的價值，如何理解它的沒落以及它對後世的影響，這些都是今天的學人應該著重關注的問題。因爲，只有解答了這些問題，才能從歷史的高度來梳理中國命理術發展史，才能更深刻的理解今日命理學的存在意義與歷史宿命。

　　筆者於文中試圖完成的任務，主要包括釐清宋代命理術發展的脈絡、盛行的原因、演變的軌跡，並盡可能較全面的分析其理論模型及相關知識。本

〔註15〕陸致極認爲，命理術任何一個階段的起點的出現和發展，並不意味著上一個階段被取代或消失。至少在整個形成期內，它們是互相聯繫，但分頭並進。比如，在明清時期，命理術雖處於今法時期，但是古法並沒有消失，只是今法子平術的研究探索已經成了這一時期研究重心所在。參見陸致極著《中國命理學史論》，上海人民出版社，2008 年，第 93 頁。筆者後文中也會強調，宋代盛行的命理古法，在明代的消亡是一個極爲漫長的過程。至少我們在明代中後期成書的《三命通會》、《淵海子平》中還能見到大量宋代命理術古法的痕跡。

文希望向人們提供的，不僅僅是宋代命理術知識，還應包括宋代命理術生存的社會歷史背景、發展的軌跡和其對後世的影響。

當然，在實際的寫作過程中，筆者意識到，由於自己史學、哲學、醫學及術數知識的嚴重不足，本文不可能把與宋代命理術相關的問題與理論毫無遺漏地一網打盡。而且，就筆者所見，本文應是第一本對宋代命理術進行研究的專著，因此，文中的許多問題、許多方面都是前人不曾涉及。在寫作過程中，筆者常懷惴惴不安之情，唯恐文中的立論、求證、推導、斷語等失之偏頗。然而，文章的膚淺與幼稚在所難免。期待未來高明之士能對筆者不吝賜教，則本文的寫作意義也就得以體現。

三、學術史回顧

（一）近百年來中國命理學研究回顧

命理學的現代研究，肇始於民國，故其研究史不過百年。百年間，大體經歷了三個階段。第一階段（民國時期）是對古代命理文獻的整理與詮釋以及命理學通論性著作的編寫；第二階段（20世紀50年代至90年代）是引入現代科學思想和方法論；第三階段（20世紀90年代至今），命理學者開始從文化、社會、歷史、哲學等多角度對命理學進行深入研究。總體來看，三個階段的研究雖時有交錯重複，但基本上還是按照上述三個階段特徵來展開進行的。命理學也逐漸走出神秘主義，完成了由古代至現代的轉型，並走向學術化。

1、第一階段：通論性著作的出現和命理文獻的重新整理——命理學開始走向通俗化和學術化

從1916年袁樹珊編寫《命理探原》算起，到1949年新中國成立，命理學經歷了從傳統到現代的第一個轉型期，這也可看作是命理學研究的第一個階段。民國以前，江湖派和書房派長期處於分流狀態，難以互通有無。至晚清時，命理術的發展處於緩慢甚至停滯的狀態。民國建立後，江湖派和書房派漸有合流之勢。民國以前，命理書籍或體例不精、文字蕪雜，或淺陋繁複、晦澀難懂。這給它的傳承和發展帶來了巨大的障礙。袁樹珊（1881～1968）對此類書籍評價道：「……然其中有有起例而無議論者，有有議論而無起例者，有失之繁蕪，而不精確者，有失之簡略，而不賅博者，非惟初學難以入

門，即久於此道者，亦多不明其奧義。」〔註16〕爲了使民國的命理學能夠走向大眾和科學，一些知識分子或受西方文明影響的命理術士開始將古代晦澀難懂的命理文獻逐一整理，並按照西方教材的編排方式，寫出命理學通論性著作或講義。個別著作，甚至已經開始引用西方最新的科研成果來解釋傳統命理概念。命理學逐漸揭開神秘的面紗，開始走向通俗化和學術化。綜而言之，命理學在這一階段的發展表現在以下兩點：

首先是命理學通論性著作的出現。袁樹珊編著的《命理探原》原版於1916年，是今天見到的最早的一部命理學通論性著作。該書將古代命理文獻鑲嵌於綱領之中，夾敘夾議，既言之有據，又便利初學，一改過去命理書籍晦澀玄妙之風。1935年韋千里（1911～1988）出版的《千里命稿》和隨後的《韋氏命學講義》，均是以西方教材形式編寫而成的講義。《千里命稿》先論天干地支，後論五行、六親以及格局分類。〔註17〕該書語言精練，通俗易懂，爲後世命理學通論性著作編寫之範本。徐樂吾（1886～1948）在1938年完成的《子平粹言》是該時期又一本重要的命理學通論性著作。該書對用神、格局等命學核心問題闡述詳盡。在書中，作者條理清晰地闡明了選取用神的五種方法和判定格局高低的六條標準。這些方法和標準，成爲後世學人斷命之準繩。該書的第六編古法論命部分，是今人研究唐宋古法時期命理術的重要參考文獻。作者認爲命理學古法時期的唐李虛中術源自五星術，「唐李虛中就五星之術而變其法，去星盤而專用年月日時，以年爲主，推算祿命」，「子平源於五星，而古法論命，爲子平與五星間之過渡」。〔註18〕《子平粹言》是命理術在新的轉型與整合時期的最重要的代表作。潘子端（1902～1990）1937年出版的《命學新義》也是這一時期值得關注的命理學通論性著作。該書第一部分「水花集」首次將西方現代心理學分析引入傳統命理學中。潘子端借鑒了當時西方分析心理學創始人榮格（Carl Gustav Jung，1875～1961）的性格類型學說，將其八種性格類型說直接與命理術之八格對應起來。〔註19〕這種全新的闡釋，開現代命理學科學理論研究之先河。

其次是對古代命理文獻的整理和詮釋。民國伊始，袁樹珊、徐樂吾等命

〔註16〕袁樹珊著：《新命理探原·序》，上海印書館，1979年，

〔註17〕韋千里著：《千里命稿》，中州古籍出版社，1995年。

〔註18〕徐樂吾著：《子平粹言》，武陵出版社，1998年，第456頁。

〔註19〕徐樂吾、潘子端著：《命理一得·命學新義》，武陵出版社，1993年，第224～229頁。

學大師皆意識到古代命理文獻對現代人的學習和研究造成很大障礙，實有必要早做整理和詮釋。〔註 20〕這一時期，徐樂吾曾先後評注多部命理學經典，包括《子平眞詮評注》、《滴天髓徵義》、《滴天髓補注》、《造化元鑰評注》、《窮通寶鑒評注》。這一時期整理、詮釋出的古籍還有潘子端的《滴天髓新注》，袁樹珊校、李雨田校補的《滴天髓闡微》，韋千里校的《精選命理約言》以及他和尤達人校的《神峰通考命理正宗》。命理文獻的重新整理和詮釋，爲命理學的規範、普及奠定了良好的基礎。事實證明，由徐樂吾、韋千里等校注的命學古籍，在之後的數十年間，逐漸成爲後人學習掌握古代命理學理論知識之必讀經典。故其校釋之功，不可小覷。

2、第二階段：實證和計量研究之風盛行——現代科學思想及方法論的引入

20 世紀 50 年代至 90 年代，是命理學研究的第二個時期。由於政治及意識形態等原因的影響，命理學在中國大陸一度銷聲匿跡，但在港臺地區，命理學的研究仍在有力地向前推進。這一時期研究的特點，是現代科學思想和方法論被逐漸引入命理學，尤其在臺灣，實證和計量研究之風盛行命理學界。

上世紀 60 年代初，臺灣教師吳俊民（1917～）出版的《命理新論》是一本概論性質的命理學講義。該書首次提出實證的研究方法，開中國命理學界實證研究之風。該書的許多思想及方法頗具創新性，如提出八字年柱必須從冬至點開始更換，一改千百年來年柱以立春點更換的慣例。對於吳俊民的這一大膽變革，後人一直爭論不斷。高源、范良光、吳懷雲、司瑩居士、了無居士、陸致極等術士及學者皆有回應，贊成者有之，反對者亦有之；吳俊民還改進了陳果夫（1892～1951）的八字先天體格檢查表，將人八字地支所藏干與天干一同標記到表內，結合五行四時旺衰狀況，分析其強弱分佈，進而判斷該人先天疾病，並注重實證的檢驗。〔註 21〕《命理新論》堪稱首部探討健康命理研究的著作。後來趙季青的《八字與健康》、鍾義明的《現代命理與中醫》（武陵出版社，1993 年）、陸致極的《又一種「基因」的探索》（上海人民出版社，2012 年）均是以實證的方法來驗證命理醫學理論準確與否，足見吳俊民對後來者影響之巨。

70 年代到 80 年代，臺灣新一代命理術士和學者希望以計量研究的方法使

〔註20〕徐樂吾、潘子端著：《命理一得・命學新義》，第 72 頁。
〔註21〕吳俊民著：《命理新論》，進源書局，2006 年。

命理學研究更加科學化、精確化。70 年代陳品宏在《預言命律正解》（大成出版社，1986 年）中提出「實律說」，首次將計量研究引入命理學；80 年代，何建忠在其著作《八字心理推命學》（希代書版有限公司，1985 年）中，自創一套陰陽計分法，規定了八字干支中的陰陽氣含數，以此來選取「中用神」；吳懷雲在《命理點睛》（希代書版有限公司，1986 年）中提出一套計算五行力量強弱的公式。但遺憾的是，無論是陳品宏的實律數，何建忠的陰陽氣含數計算，還是吳懷雲的五行力量強弱的計算公式，都有一個致命的缺陷，那就是其計算的出發點的數據來源是自由心證或由夢而得，並非科學意義上的數據。這也使得之後的計算結果難以令人信服。〔註 22〕其實，無論上述幾人再做出多少次試驗和計算，其付出很可能都將是勞而無獲。個中緣由，或如陸致極（1949～）先生所言：「……八字命理學推理的主要手段是象，象本身是模糊的，是不確定的，因此，如何能期待它得到完全精確的結論呢？」〔註 23〕現代科學思想及方法論的引入，爲古代命理學添加了更多的現代因素，也爲其研究注入了勃勃生機。但是，由於命理學本身理論系統的制約，這些嘗試並未達到預期的效果。無論是民國時期的徐樂吾、方重審、潘子端，還是臺灣新一代的命理術士及部分命理學者，他們均希望命理學能夠早日擺脫迷信的桎梏而走向科學與理性，但時至今日，他們的這一目標也未能實現。原因何在？張明喜先生對術數性質的認識或許有助於我們今天去理解命理學不能立於科學之林的原因：「……（術數）蘊涵著一定的原始形態的科學因素和一定的科學思路，甚至還可以從其中的某些思想指向分離出一些新的科學領域，但就其現有的基本的性質特徵和文化風貌來說，我們只能說它是中國古代文化複合而成的產物，爲一門極想進入科學的殿堂，卻又終於徘徊於科學的殿堂之外的僞學。」〔註 24〕

　　這一時期的臺灣命理學界的另一代表人物當屬梁湘潤（1930～）。60 年代至今，梁湘潤先後完成命理著作 30 餘部。他不僅校釋了大量命理古籍，而且嘗試對子平古法等命理術早期推命方法進行探討。其代表作有《李虛中命書》（武陵出版社，1985 年）、《大流年判例》（金剛出版有限公司，1986 年）、《滴天髓、子平眞詮今注》（行卯出版社，2000 年）、《命略本紀》（中國哲學文

〔註 22〕　陸致極著：《中國命理學史論》，上海人民出版社，2008 年，第 379 頁。
〔註 23〕　陸致極著：《中國命理學史論》，第 453 頁。
〔註 24〕　張明喜著：《神秘的命運密碼》，上海三聯書店，1992 年，第 403、404 頁。

協進會，2000 年）、《神煞探原》（行卯出版社，2003 年）等。

80 年代以後，臺灣出現的命理學通論性作品不勝枚舉，較有代表性的作品有陳品宏的《命理奧義》（金剛出版有限公司，1986 年）、了無居士的《八字的世界》（河畔出版社，1992 年）、鍾義民的《現代命理實用集》（武陵出版社，1993 年）、陳柏諭的《專論女性八字學》（益群書店，1995 年）和《四柱八字闡微與實務》（益群書店，1997 年）、梁湘潤的《子平基礎概要》（中國哲學文化協進會，2000 年）等。總體來看，命理學通論性著作由於體例統一，內容雷同，偶有創新也多為個人體驗，難以上升至學術高度，故此類作品雖數量龐大，至今暢銷不衰，但於學術研究已價值不大。

上世紀 80 年代後期中國大陸出現的周易熱與氣功熱，也促使了八字命理術在中國大陸的復蘇。80 年代末，洪丕謨、姜玉珍夫婦合著的《中國古代算命術》（上海三聯書店，2006 年再版）是中國大陸自解放以後出現的第一本命理學著作。該書在中國大陸再版多次，而且在今天看來，也是一部學術質量較高的命理學通論性著作。楊景磐的《玉照定真經白話例題解》（中州古籍出版社，1994 年）也是一部具有較高學術質量的古典命理文獻評注作品，該書也是至今罕有的專門講解古法時期命理術的著作。這一時期中國大陸出現的命理學通論性著作還有：邵偉華的《周易與預測學》（明報出版社，1995 年再版）、《四柱預測學》（明報出版社，1993 年再版），陳園的《四柱預測學釋疑》（明報出版社，1993 年再版），郭耀宗的《四柱命理預測學》（中州古籍出版社，1994 年）。總體來說，大陸的這些通論性作品的質量水平遠不及臺灣的同類作品，且從事研究的命理術士和學者人數也遠少於臺灣。

3、第三階段：多學科、多角度、宏觀研究方興未艾──當代命理學研究特點

相對於命理學近百年的研究成果而言，命理學者從文化、社會、歷史、哲學等角度對命理學進行深入研究的歷史就要短得多。無論是港臺、大陸、還是海外，以多方位視角對命理學進行研究，都是近二十年的事情。這種多方位、宏觀的研究視角在將命理學研究領入更高層次的學術領域的同時，也避免了實證主義和計量研究將命理學帶入死胡同的尷尬。

最早以這種宏觀視野對命理學進行研究的人是美國華裔學者陸致極。上世紀 90 年代中後期，陸致極先生先後出版《八字命理新論》（益群書店，1996年）、《八字與中國智慧》（《八字命理新論》增訂版，益群書店，1998 年）。在

上述書中，作者創新性地指出八字命造結構含有以日主和月支爲主而形成的兩個網絡結構，並討論了八字命理學所包含的中庸思想、平衡哲學以及辯證智慧。進入 21 世紀，陸致極先生又以更爲宏觀的視野寫出了《中國命理學史論》，該書是迄今爲止唯一一本從歷史文化角度論述命理學的通史性著作，因而具有里程碑的意義。該書將傳統命理學作爲一種歷史文化現象加以研究，用現代的觀念和語言，探討了傳統命理學發展的歷史，探尋和揭示傳統命理學發展的歷史文化原因。作者首次提出一個成熟的命理學的產生需要具備三個基本條件：一是個人主體性意識的覺醒；二是秦漢以來定型的中國封建的農業社會大結構；三是世俗化的價值取向在社會上盛行。〔註 25〕在該書中，作者以歷史和邏輯相統一的方法，勾勒出八字命理發展的邏輯進程、基本意象和分析方法。作者還認爲，傳統命理學作爲中國漫長的封建農業社會的產物，隨著農業社會向現代工業社會的過渡，將不可避免地喪失其描寫和預測的能力。它目前正面臨著一場前所未有的生死存亡的挑戰。如果命理學的研究和命理術的改進無法出現重大突破的話，那麼，消亡將是其不可避免的命運。〔註 26〕

　　進入 21 世紀以來，中國大陸的命理學研究開始呈現出蓬勃之勢。早在陸致極寫作《中國命理學史論》之前，中國大陸的何麗野（1955～）教授就已經完成了《八字易象與哲學思維》一書。該書從八字易象的組成結構、八字易象的哲學思想以及它對中國古代哲學思想的影響等方面展開論述。何麗野教授注重八字「象」的研究，指出八字易象的發展過程是一個從形而上學思維到辯證思維，最後再到系統思維的變化過程。〔註 27〕「本書多發前人之所未發，填補了八字易象之哲學思想研究的空白。」〔註 28〕作者還首次指出，八字命理術是從京房易中衍生出來的術數。它對宋明理學的本體論和人性論思想有著不可忽略的影響。該書還從社會學的角度深入剖析命理學，認爲八字命理術中的「六親」、「十神」等概念，反映了當時社會的經濟發展狀況和

〔註25〕陸致極著：《中國命理學史論》，第 34～40 頁。
〔註26〕陸致極著：《中國命理學史論》，第 408～413 頁。
〔註27〕何麗野著：《八字易象與哲學思維》，中國社會科學出版社，2004 年。關於八字象的研究，除了《八字易象與哲學思維》一書外，還可參見何麗野教授的《八字易象與周易卦象的源流關係》，載《周易研究》2006 年第 3 期；《八字象的和諧思想研究》，載《浙江社會科學》2012 年第 11 期。
〔註28〕張文智：《八字易象與哲學思維》，《周易研究》2006 年第 1 期。

封建社會裏的家庭與社會的關係。何麗野教授的上述這些觀點，無論是哲學領域的還是社會學領域的，均具有獨到之處。

除了上面提到的何麗野教授，清華大學的劉國忠教授（1969～）也是這一時期的代表性人物之一。其博士畢業論文《五行大義研究》是國內唯一研究《五行大義》的專著。《五行大義》一書雖不是命理學著作，但該書保存了眾多先秦至六朝時期的陰陽、五行思想材料，是人們研究古代陰陽五行思想的一部入門之作。以陰陽五行爲推命基礎的命理術多以此書爲其理論源泉，故其研究成果客觀上對唐宋命理學研究起到促進作用。劉國忠教授的《五行大義研究》，對《五行大義》的版本源流、《五行大義》在學術史上的地位以及海內外對它的研究現狀都做了詳盡的論述。〔註29〕2009年，由黑龍江人民出版社出版的《唐宋時期命理文獻初探》是劉國忠教授幾年來研究成果的又一次匯總。該書的主體部分是對唐宋時期命理文獻的討論和整理。其所集文章涉及廣泛，包括中國古代術數研究現狀、《五行大義》研究、《五行精紀》研究、徐子平事蹟考述以及對多篇宋代命理文獻的考辨。該書的下篇「資料篇」中，作者參照宋代命理文獻《五行精紀》等著作，整理出《李虛中命書》、《直道歌》、《五行要論》等一批宋代命理文獻。唐宋時期命理文獻荒蕪雜亂，命理學歷史撲朔迷離。這一時期的許多問題，諸如李虛中術的產生過程、徐子平事蹟及其子平術的淵源、唐宋命理文獻的考釋等，在此之前都還沒有人給予充分的關注，更不要說深入的研究。劉國忠教授第一次廣泛的回應了上述學術問題，並做出了相當的貢獻。〔註30〕因此，可以說，《唐宋時期命理文獻初探》不僅是本世紀以來，亦是建國以來中國大陸出版的有關唐宋時期命理學研究的最高水平著作。它的出版，爲後人研究唐宋命理學起到了奠基性作用。

這一時期中國大陸學者中研究領域涉及到命理學的還有張榮明、黃正建、林立平、趙益、董向慧等。張榮明在《方術與中國傳統文化》的第二章「命理術起源及形成的考證」中，詳細考釋了古代命理術的許多基礎，諸如五行生剋、四時五行盛衰、五行寄生十二宮、干支配五行等的產生過程。在判斷出這些小系統的誕生時間後，作者方在卷帙浩繁的古代文獻中尋找記錄

〔註29〕劉國忠著：《五行大義研究》，遼寧教育出版社，1999年。
〔註30〕劉國忠著：《唐宋時期命理文獻初探》，黑龍江人民出版社，2009年。

古代命理術的蛛絲馬蹟。〔註 31〕其論證過程層層遞進，富有邏輯性。黃正建在《敦煌占卜文書與唐五代占卜研究》一書中，列舉出敦煌文書中祿命術類文書 22 件。其中部分晚唐五代宋初之文書已涉及到干支知識、推祿法、推驛馬法、五行刑、沖、合、害法等命理術的基礎知識。〔註 32〕這些文書雖然提供的信息有限，但對於唐宋命理術的研究不無益處，值得學人們的注意。林立平在《神秘的術數：中國算命術研究與批判》一書的第六章「命學典籍評述」中，詳細點評了十幾本有影響的古代命理學文獻。在第八章「算命術的產生與發展」中，作者論證出命理術產生於漢代的結論。〔註 33〕趙益則從新、舊《唐志》及《隋志》等古典術數文獻的對比研究中考釋命理術的形成與發展歷程。〔註 34〕董向慧博士所著的《中國人的命理信仰》，該書視角新穎，是一部社會思想史著作，主要從社會學角度分析中國人的命理信仰。值得一提的是，董向慧博士還曾撰文首次披露了載有古代徐子平、徐大升事蹟和宋代子平術重要文獻《子平三命通變淵源》，這爲後人研究子平術早期歷史提供了重要線索。〔註 35〕早在 2009 年，劉國忠教授曾撰文《徐子平相關事蹟辯證》，判定徐子平的事蹟及地位的傳說皆屬子虛烏有，指出這些傳說本身是一個「層累地造成」的學術謊言。〔註 36〕之後董向慧博士在新發現的史料的基礎上，特刊文《徐子平與「子平術」考證——兼與劉國忠先生商榷》回應劉國忠教授的論點，認爲古代關於子平術傳承的傳說是可靠的，只是它隱秘相傳的歷史，使很多學者對其眞實性產生了懷疑。〔註 37〕這也是筆者目前僅見的國內兩篇專門探討子平術早期產生發展歷史的重要論文。

（二）研究的不足及其原因

　　命理學的學術史已近百年。本世紀以來，中國命理學研究更呈現出喜人的成就。部分著作開始從社會、歷史、文化、哲學等多方位角度來審視中國

〔註 31〕張榮明著：《方術與中國傳統文化》，學林出版社，2000 年，第 11～32 頁。

〔註 32〕黃正建著：《敦煌占卜文書與唐五代占卜研究》，學苑出版社，2001 年，第 107～136 頁。

〔註 33〕王玉德、林立平等著：《神秘的術數：中國算命術研究與批判》，廣西人民出版社，2003 年，第 108～116、126～131 頁。

〔註 34〕趙益著：《古典術數文獻述論稿》，中華書局，2005 年。

〔註 35〕董向慧著：《中國人的命理信仰》，上海人民出版社，2011 年。

〔註 36〕劉國忠：《徐子平相關事蹟辯證》，《東嶽論叢》2009 年第 5 期。

〔註 37〕董向慧：《徐子平與「子平術」考證——兼與劉國忠先生商榷》，《東嶽論叢》2011 年第 2 期。

古代命理學。這爲今後命理學的研究發展奠定了良好的基礎。但是，我們也應看到當前存在的不足與嚴重問題。首先是目前從事命理學研究的學者數量極爲有限。總體來看，命理學研究長期由兩大主流人士主導，一是受現代文明影響的命理術士，二是長期從事命理學研究的學者。前者可看作江湖派之延續，後者則是現代之書房派。兩種人士時而交錯，其研究亦有所互補，但總的來講還是有一定區分領域。術士之研究重在介紹命理術（主要是明清時期子平術）之推命方法以及近代以來對其理論的一些改進和應用成果，即主要限於術的研究；學者之研究旨在考證命理術之產生、發展演進之歷史，以及命理學所涵蓋的哲學、社會學等知識。二者相較，顯然前者的貢獻較爲有限。

命理學的發展主要還是依賴命理學者的研究。但是，以近二十年學術史的回顧來講，真正提到的專門研究命理學的學者不過十位，且其中一部分人因爲各種原因目前已遠離命理學研究工作。命理學研究人數過少及後繼乏人的狀況十分明顯。其次，這些學者雖然爲命理學的發展做出許多開拓性貢獻，但其研究成果還不能視爲非常充分，不少領域的探討只能算是淺嘗輒止。就宋代命理術研究而言，不少領域還都是空白。比如在李虛中術在宋代的傳承情況、宋代命理術與前朝命理術相比，有哪些方面的進展、子平術的產生時間及早期發展狀況、宋代命理文獻的整理與校釋等方面，目前來看還非常薄弱。

最後，當前命理學與其他術數的合作研究還很不夠，命理學之研究應放在整個術數學研究的基礎之上。命理術屬於中國古代眾多術數的一種。它雖然有其自身的特點，但也與眾多術數有著千絲萬縷的聯繫。舉例來說，早期命理術的產生發展過程中就吸收了不少星占學與擇吉術的內容。宋代出現的子平術也吸收了當時盛行的火珠林法的六親配置法則等內容。研究命理學之學者，如果不對古代其他術數有大體的瞭解，恐怕難以深入其研究。當然，這就要求學者們具備精深的術數知識以及宏觀的學術視野。可是我們幾輩學人由於歷史、文化、政治等原因並不具備這些素質。甚至可以說，當前的大多數學者，對於術數知識一無所知。這對今後命理學研究的進一步開展無疑是個巨大的障礙。〔註38〕

〔註38〕關於古代術數研究不足的論述，可參閱劉國忠《中國古代術數研究綜論》，載《湖南科技學院學報》2005 年第 3 期；史少博《中國大陸對古代術數研究缺失問題》，《社會科學論壇》2008 年第 11 期。

　　總體來講，中國命理學研究還處於起步階段。這一點在中國大陸表現的尤爲明顯。中國學術界對包括命理學在內的術數學缺乏研究，這種狀況自 20 世紀以來便一直存在。造成這一現象的深層次原因，一是自五四以來人們對中國古代陰陽五行思想給予的批判與否定。梁啓超認爲，「陰陽五行說，爲二千年來迷信之大本營」〔註 39〕。近代以來，隨著人們接受了西方的科學文化思想，陰陽五行思想漸被國人所拋棄；二是建國以來人們反對封建迷信，禁止社會上各種算命活動，這種視算命爲落後封建迷信的觀念至今對人們影響很大。雖然今天並沒有禁止命理學的研究，但不少學者還是對其持有偏見。一些想做命理學研究的學者也怕被扣上搞封建迷信的帽子。況且在今天的學術界，研究命理學的學者很難申請到科研基金，其研究成果也難以發表在高水平的學術刊物上。這些因素，最終導致了今日大陸對命理學研究的缺失。

四、研究思路與方法

　　近代以來，由於歷史學持續受到自然科學新成果的衝擊，因而它一再改變著自己的研究架構和思維模式。在這樣一個背景下，術數史研究相對於其他史學研究，更面臨著不斷開拓視野、更新方法的嚴峻考驗。術數史就其科學屬性而言，有大量的古代哲學、自然科學、倫理學因素包含其中。因此，在理論範式、概念術語等方面更應儘量多地引入西方的相關學科的研究成果。然而，遺憾的是，限於筆者的學力、思維與視野，本文的主體部分仍然停留在現象描述、經典注疏階段。這種研究方法，或許在詳解宋代命理術的傳承脈絡、理論知識等方面有一定的貢獻，但是就方法本身而論，卻只能算是因襲常規。

　　術數史是一門把哲學、自然科學與史學方法結合起來進行研究的邊緣學科。基於此，本文所使用的研究方法，主要是將歷史學傳統方法與相關學科知識相結合。在對宋代命理術的史料的收集、辨僞、考證、梳理上，本文採用歷史學的傳統考據方法。行文時重史實、重證據，並輔以顧頡剛的「二重證據法」，以圖翔實考證古代命理文獻的眞僞及產生時代，全面梳理古代命理術的起源、發展歷程；在對命理術理論的分析上，本文更多的是在借助中國古代哲學知識和自然科學知識。這些知識，包括古代的干支紀時、陰陽五行、

〔註39〕梁啓超：《陰陽五行說之來歷》，載氏著《古史辨》，上海古籍出版社，1982年。

董仲舒的天人感應、《內經》的五運六氣、命理術推命法則等。

五、本文的材料與結構

（一）材料的搜集和使用

如上所述，術數史是一門綜合了多門學科知識於一身的邊緣學科。其特殊性決定了本文在材料的收集、使用方面亦有特殊之處。總結來講，本文在搜集、使用材料時，注意以下四個方面的問題的把握。

第一，命理術等術數知識在古代的地位，相比於其他學科的知識，較為卑下。無論其書還是其人，正史均罕有著錄、記載。因此，研究宋代命理術，就不能像研究其他歷史課題一樣，以正史或地方志為依託，從官方資料中搜集史料；而應以宋代流傳下來的命理著作為主要依託，結合宋人的筆記小說、話本等民間非官方資料來進行考察。比如，本文在寫作宋代命理術理論時所依靠的資料，主要為《五行精紀》等宋代命理著作。在探討宋代命理文化普及狀況時，則大量參閱宋人的筆記小說及民間話本。至於官方材料，基本上能用到的只有一些目錄學著作。

第二，由於宋代以來術數書籍主要由民間書坊刻印發行，政府極少參與，因此宋代流行的命理文獻基本上均為坊間刊行。雖然這種書籍刊行特點有助於宋代命理術在民間的普及，但是也給命理文獻的傳承帶來了極大的不便。舉例來說，宋代命理術的集大成之作《五行精紀》，明代就已難得一見，自清代以後更無刻本，而只有殘缺的手抄本；宋末子平術的首部著作《子平三命通變淵源》，雖於明代風靡一時，但在清代則又湮沒無聞，以致完全消失；其餘如《珞琭子賦》四家注本，也主要依靠《永樂大典》、《四庫全書》等大型叢書的反覆著錄才得以保存。在宋代珍本難得一見的同時，明清以來託名宋人所著的坊間刻本卻層出不窮。明清之時，宋代的陳摶、麻衣道者、邵雍、徐子平等人均暴得大名。因此，如何甄別今天的所謂宋代命理著作的時代與真偽，就成了宋代命理術研究者首先具備的本領。

第三，在宋代命理文獻大量佚失的今天，要想全面深入的研究宋代命理術，顯然難度極大。這就要求研究者在搜集史料方面下更大的工夫。宋代命理文獻搜求不易，除了寄希望於新的出土文獻的出現，研究者們還應將搜尋的目光投向海外。中國古代文獻很早就流傳到周邊國家和地區。一些在國內殘缺不全或已經失傳的文獻，有可能在中國周邊的朝鮮半島、日本等國家有

著很好的傳承和保護。近年來，國人在韓國就先後發現了保存完好的宋代命理著作《五行精紀》、《子平三命通變淵源》。這些命理書籍，很有可能是明代時流傳至朝鮮半島，並被當地人翻刻和抄寫的。它們雖然不是宋代刻本，但是翻刻、抄錄質量上佳，對於今天的命理學研究者而言，無疑具有很高的史料價值。本文的寫作，即得益於這兩部宋代文獻在韓國的重新發現。

第四，宋代命理術牽涉到古代干支刑沖害合、干支紀時、陰陽五行生剋等理論知識。要想深入瞭解宋代命理術理論依據及推命法則，就需要對這些知識的起源發展有一個總體的瞭解。因此，本文在論述宋代命理術知識的同時，也大量參閱了先秦、兩漢直至隋唐時期的相關理論著作。同時，考慮到明清命理術與宋代命理術的繼承關係，為了更好的理解宋代命理術，筆者也參考了明清以來幾部主要的命理著作。通過與宋代命理著作的對比，以期更深入地反思宋代命理術對後世的影響。

（二）框架結構

本文擬以歷史宏觀視野，把握宋代命理術發展的階段性特徵，細緻考察宋代命理術繁榮的表現以及背後的原因，並力圖客觀評價其對後世的影響。同時，深入探討宋代命理術特有的理論知識，從其基礎理論、分析對象、發展演變軌跡、推命方法等諸方面詳析宋代命理術的特徵。本文大體可分為四個部分。

第一部分，梳理宋代以前命理術發展史。在探討了古人有關命理術起源的多種說法後，本文提出中國古代命理術應發軔於魏晉、獨立於南北朝，至隋唐初步完成其古法的定型的觀點。文章對宋代以前命理術發展史進行了大致的梳理，試圖糾正長久以來人們對命理術史的誤解。

第二部分，探討了宋代命理術發展情況。宋代術數的發展，離不開宋代城鄉經濟的繁榮。雕版印刷的普及為術數書籍的傳播提供了便利。科舉制所帶動的廣泛的社會流動，則使宋人比之前任何時期都更加關注自身命運的沉浮。在以上三方面的作用下，術數行業在宋代有了良好的生存土壤。宋代命理市場也因之具備了廣闊的發展前景。宋代，是命理術發展的第一個黃金時期。命理術與命理文化廣泛普及。命理行業從業者甚眾。知名命理術士層出不窮。命理書籍汗牛充棟。

第三部分，介紹了宋代命理術的基礎理論、分析對象和推命方法。本部分在全文中所佔比例最大。寫作中，筆者嘗試著結合古代哲學、自然科學與

命理術本身的一些推命知識。在對宋代命理著作《五行精紀》、《子平淵源》、《玉照定眞經》等經典進行詮釋的基礎上，努力將這些理論知識條理化、系統化。通過對宋代命理術理論的詮釋與總結，以及與明清子平術的對比，暴露宋代命理術本身所存在的一些缺陷。通過對比和總結，進一步反思宋代命理術終被歷史所淘汰的必然性。

第四部分，重新認識和評價宋代命理術的地位及其對後世的影響。明清以來，由於宋代命理文獻的佚散和子平術的崛起，宋代命理術逐漸淡出了人們的視線，被歷史所湮沒。近年來，隨著一些宋代命理文獻的發現以及少數學者的研究成果的面世，對宋代命理術在中國古代命理術發展過程中所處的地位有必要給予重新的定位。從今天流傳下來的宋代命理著作中，可以大體梳理出宋代命理術的發展軌跡。通過對比宋明之間命理術理論聯繫與命理文獻傳承關係，人們可以重新認識宋代命理術對後世的影響。

六、相關概念闡釋

術數：又稱數術。術，指方術；數，指氣數、數理，即陰陽五行生剋制化的數理。古人將自然界所觀察到的各種變化，與人事、政治、社會的變化結合起來，認爲兩者有某種內在聯繫。這種聯繫可用術數來歸納、推理。於是，術數便用來推測個人、甚至國家的命運。後世把凡是運用這種陰陽五行生剋制化的數理以行占卜之術的，皆納入術數範圍。命理術便是術數的一種。

術士：原指儒生，即一般讀書人，後泛指以方術爲業者。本文所指術士，即是包括從事命理術等術數職業的人。

祿命：指人生的祿食運命。祿，指興廢盛衰；命，指貴賤貧富。宋代及宋代以前，世人常以祿命指代命理術。

三命：宋代命理術，將人生辰的年干、年支、年柱納音分別代指人的祿、命、身，即三命。宋人王廷光曰：「談命者當分祿命身，以干配祿，以支合命，以納音論身，之謂三命。」〔註40〕三命在宋代還有一說。宋人晁公武言：「三命之術，年、月、日支干也。加以時、胎，故曰五命。」〔註41〕無論何種說法，在宋代，三命一詞，均爲當時命理術的代稱。

〔註40〕 （宋）廖中撰：《五行精紀》卷6《並論干神》，華齡出版社，2010年，第49頁。

〔註41〕 （宋）晁公武撰、孫猛校證：《郡齋讀書志校證》卷14《五行》，上海古籍出版社，1990年，第621頁。

　　命理術古法：一種以李虛中術爲代表的盛行於唐宋時期的命理術推命方法。其法以年柱爲主，視各柱干支、納音或神殺與年柱的利害關係來推命。由於古法使用者中，唐代李虛中最負盛名，故而本文又將其稱之爲李虛中術。

　　命理術今法：一種出現於南宋後期，盛行於明清及今日的命理術。該法以日干爲主，參以月支及其他命局中干支五行的生剋關係，不論納音，專論正五行，在推命中滲入大量財官、六親等關係分析要素。由於今法的創始者，自宋末以來，一直認爲是宋人徐子平，故該法又稱子平術。

　　八字：又指四柱。指人出生的年、月、日、時四柱的八個天干地支。命理術士據此可以推算人一生的禍福。今天的八字算命術，主要指明清以來的子平術。宋代命理術，並非固定用四柱八字來推命。

　　推命：即按照命理術的相關法則推算命運。

　　納音：配六十甲子於五音之法。古樂十二律中各有宮、商、角、徵、羽五音，共六十音。以六十甲子相配，按金、火、木、水、土五行之序旋相爲宮。宋代命理術常採用納音五行以推命。

　　神殺：亦作神煞。包括吉神和兇殺。神殺，源於上古的神話傳說，謂能致禍福於人類。戰國秦漢時的方士，以陰陽五行配合歲月日時，附會人事，借用部分星宿名目，造出許多吉凶神殺，稱爲叢辰。後來，隨著道教的興起和佛教的傳入，神殺的名目越來越多。神殺可輪值於年、月、日、時，故古代命理術常利用神殺來制定吉凶。

　　格局：對人命局的特殊分類。今法以日干爲主，注重配合月令及命局中其他干支，編排格局。格局有正格、變格之分。古法中，格局沒有正格，皆以干支特殊組合方式來定。故古法中格局極多。

第一章　宋代以前命理術發展概況

第一節　有關命理術起源的兩種說法的考察

　　唐宋以來，人們對命理術的起源眾說紛紜。這些說法大致可以歸結爲以下幾種：其一認爲命理術起自先秦，其二認爲命理術起於漢初或兩漢，其三認爲命理術源於唐初或唐代中後期。總體來講，以上諸說或出於古人的臆斷或市井傳言，或源於古人對個別文獻斷章取義的考據，均缺乏足夠的論證。下面，本文依次來梳理一遍古人有關命理術起源的前兩種說法，並指出這兩種說法的漏洞及謬誤。〔註1〕

一、先秦時期說

　　宋代以來言命理術源自先秦說者，其追溯又有不同。有言始於周代珞琭子者，有言始於鬼谷子者，亦有言始於黃帝時期者。三者之間，最爲宋人接受的是第一個。宋代祿命書中流行著《珞琭子賦》諸注本。〔註2〕宋人往往將《珞琭子賦》視爲命理術的最早著作，「《珞琭子》，實天下命論之母也」〔註3〕。「此書祿命家以爲本經。」〔註4〕「傷寒必本仲景，猶兵家之本孫吳，葬書之

〔註1〕 本節只論述前兩種說法，有關命理術起源於唐代之說將放在後面的章節中予以闡述。
〔註2〕 關於《珞琭子賦》諸注本情況，我們將於第二章第二節中詳述。
〔註3〕 （宋）釋曇瑩等撰：《珞琭子賦注・原序》，文淵閣《四庫全書》第809冊，第106頁。
〔註4〕 （宋）陳振孫撰：《直齋書錄解題》卷12《陰陽家類》，《宋元明清書目題跋叢刊》（第一冊），中華書局，2006年，第701頁。

本郭氏，三命之本珞琭，壬課之本心鏡。捨是而之他是，猶捨規矩而求方圓，捨律呂而合五音，必乖謬矣。」〔註5〕而該文的作者「珞琭子」也被視爲命理術的鼻祖。對於「珞琭子」其人，宋人有四種解釋。其一是周靈王太子晉。朱弁《曲洧舊聞》云：「世傳《珞琭子三命賦》，不知何人所作，序而釋之者，以爲周靈王太子晉，世以爲然。……俚俗乃以爲子晉，論其世，玩其文理，不相俟，而士大夫亦有信而不疑者。」〔註6〕趙彥衛《雲麓漫鈔》提到當時的命理界「業其術者，託名於鬼谷子、王子晉」。〔註7〕宋人王廷光也云當時世人對所傳《珞琭子》「又以爲周靈王太子晉之遺文」。〔註8〕其二是南朝陶弘景。宋人楚頤云：「陶弘景自稱珞琭子，蓋取夫不欲如玉如石之說，方其隱居時，號爲山中宰相，故著述行者尤多命書。作賦，其言愈見深妙，至於凝神通道。豈淺聞之士所能及哉？題篇直曰《珞琭子》，則謂陶弘景復何疑焉。……世莫知珞琭子爲誰，因以所聞而序之。」〔註9〕其三是梁昭明太子。宋人王廷光曰：「世傳《珞琭子》，以爲梁昭明太子之所著，及東方朔疏序。」〔註10〕其四是古時不知名之隱士自號：「珞琭子者，不知何許人，古之隱士也，自謂珞琭子。」〔註11〕四種說法相較，顯然第一種珞琭子爲周代王子晉的說法流傳更爲廣泛。

在宋代以及宋代之後，有關珞琭子的著作層出不窮。這也可以看出珞琭子這一人物在宋代的影響力久盛不衰。《宋史·藝文志》中錄有《珞琭子賦》1卷、《珞琭子三命消息賦》1卷、《珞琭子五行家國通用圖錄》1卷、《珞琭子五行疏》10卷。《通志·藝文略》錄有《三命消息賦》1卷（作者爲珞琭子、僧叔昕、杜崇龜）、《東方朔珞琭賦疏》10卷。《文獻統考·經籍考》錄有《珞

〔註5〕　（宋）許叔微原著、（清）葉天士注：《類證普濟本事方釋義》卷9《傷寒》，張麗娟、林晶點校，中國中醫藥出版社，2012年，第164頁。

〔註6〕　（宋）朱弁撰：《曲洧舊聞》卷8《〈珞琭子三命賦〉非周靈王太子晉作》，中華書局，2002年，第201、202頁。

〔註7〕　（宋）趙彥衛撰：《雲麓漫鈔》卷13，文津閣《四庫全書》第286冊，第277頁。

〔註8〕　（宋）釋雲瑩等撰：《珞琭子賦注》卷上，文淵閣《四庫全書》第809冊，第119頁。

〔註9〕　（宋）釋雲瑩等撰：《珞琭子賦注·原序》，文淵閣《四庫全書》第809冊，第107頁。

〔註10〕　（宋）釋雲瑩等撰：《珞琭子賦注》卷上，文淵閣《四庫全書》第809冊，第119頁。

〔註11〕　（宋）釋雲瑩等撰：《珞琭子賦注》卷上，文淵閣《四庫全書》第809冊，第107頁。

珢子三命》1 卷（此即爲《宋史・藝文志》中《珞珢子三命消息賦》1 卷）、《珞珢子疏》5 卷（宋朝李仝注、東方明疏，《宋史・藝文志》中《珞珢子賦》1卷題爲宋李企注，「企」字當爲「仝」字誤。《珞珢子賦》或無東方明疏，故僅有一卷）。《永樂大典》還收錄有《徐氏珞珢子賦注》2 卷（徐子平注，此注本當源於宋末元初或元時）。這些著作，雖然注疏者各有不同，但基本上都源於同一種文獻──《珞珢子賦》。《珞珢子賦》源於何時，至今已不可考。今所知最早版本，是出現於嘉祐四年（1059）李仝注、東方明疏的《珞珢子疏》。清朝瞿鏞在《鐵琴銅劍樓藏書目錄》第 15 卷《子部三》中錄有宋影抄本《新雕注疏珞珢子三命消息賦》3 卷（附李燕《陰陽三命》2 卷），該書有嘉祐四年仝序。〔註 12〕故可據此判定此書的出現至遲是在北宋中期。〔註 13〕

　　不過，宋代以來就不斷有人對這種說法提出質疑和反駁。如《珞珢子賦》的注解者之一王廷光便指出其說之謬：「此篇言懸壺化杖之事，及卷終舉論郭景純、董仲舒、管公明、司馬季主，皆漢故事，前後不同。所謂珞珞如石，珢珢如玉，此書如玉石之參會，萬古不毀，使知者以道取之可也。」〔註 14〕王廷光不僅在這裡指出了該賦時間上的矛盾，而且也指明了珞珢子的本義。又，朱弁在《曲洧舊聞》中也駁斥道：「考其賦所引秦河上公如懸壺化杖之事，則皆後漢末壺公、費長房之徒，則非周靈王太子晉明矣。賦爲六義之一，蓋《詩》之附庸也。屈、宋導其源，而司馬相如斥而大之。今其賦氣質卑弱，

〔註 12〕　瞿鏞撰：《鐵琴銅劍樓藏書目錄》卷 15《子部三》，《宋元明清書目題跋叢刊》（第十冊），中華書局，2006 年，第 224 頁。

〔註 13〕　劉國忠認爲《珞珢子》的成書不會晚於唐代，我們應籠統地將之視爲唐宋時期的祿命作品。劉國忠所依證據是相傳爲唐代祿命家李虛中的作品《五行要論》。該書曾提到《珞珢子》一書，是以知《珞珢子》在唐代已有。參見劉國忠《四庫本〈珞珢子賦注〉研究》，見氏著《唐宋時期命理文獻初探》，黑龍江人民出版社，2009 年。不過，考之《五行要論》亦只出現在南宋廖中所著《五行精紀》一書中，之前並無文獻提及，此書應爲宋人作品；且唐代李虛中也未見有作品傳世，宋代所謂《李虛中命書》等託名爲李虛中所著之命理著作，只是坊間營銷的手段，不足以信以爲眞。另外，活躍於兩宋之交的祿命家釋曇瑩在其《珞珢子賦注》前原序中也談到「鄭潾、李仝得志於前」，可見北宋時期除了李仝外，還出現了鄭潾的注本，而且鄭潾注本出現的時間可能還在李仝之前。參見《珞珢子賦注・原序》，文淵閣《四庫全書》第 809 冊，第 106 頁。

〔註 14〕　（宋）釋曇瑩等撰：《珞珢子賦注》卷上，文淵閣《四庫全書》第 809 冊，第119 頁。

辭語僞淺，去古人遠甚，殆近世村夫子所爲也。」〔註15〕朱弁首先否定了珞瑜子爲周太子晉的說法，緊接著又指出《珞瑜子賦》語言的僞淺卑弱，只能是近人村夫野老所爲。趙彥衛贊同朱弁的觀點，並從歷史的角度出發，認爲命理術只是近世的術數，並不可能出現在三代：「古惟有卜相與夫陰陽星數而已，未有以人之生月日時支干配合著論者，今取世俗所謂命書觀之，往往皆近時語，推尊《珞瑜子》，尤非古文，蓋知始於李常容明甚。業其術者，託名於鬼谷子、王子晉，可謂忘本矣。」〔註16〕總之，這種將命理術始祖定爲珞瑜子且推爲周代王子晉的說法，毫無根據，因而在宋代就已被不少人駁斥。宋代以後，也很少有士人再將珞瑜子視爲命理術的始祖了。〔註17〕

宋明時期有關命理術起源於先秦的說法還有兩種。一是命理術起於黃帝說。最先持這種說法而今日可考者，是元人吳萊（1297～1340）。吳萊認爲：「天文、星曆、五行之說尚矣。黃帝、風后、漢河上公有三命一家，《藝文志》不著錄也。」〔註18〕這裡，吳萊所謂的起於黃帝、風后、河上公一說，應該還是本於當時流行的《珞瑜子賦》某一注本。事實上，以黃帝或黃帝近臣爲術數始祖的說法由來已久。考《漢書‧藝文志》、《隋書‧經籍志》、《舊唐書‧經籍志》、《新唐書‧藝文志》中都有不少以黃帝、風后等命名的或託名於其下的術數著作。命理術在這裡也未能免俗。當然，這種晚出的說法很快遭到了後人的反駁。明初宋濂（1310～1381）在《祿命辯》中駁斥了命理術起於黃帝、風后的說法：

> 「三命之說，古有之乎？」曰：「無有也。」曰：「世之相傳有黃帝、風后三命一家，而河上公實能言之。信乎？」曰：「吾聞黃帝探五行之精，占斗罡所建，命大撓作甲子矣，所以定歲月，推時候，

〔註15〕（宋）朱弁撰、孔凡禮點校：《曲洧舊聞》卷8《〈珞瑜子三命賦〉非周靈王太子晉作》，第201頁。

〔註16〕（宋）趙彥衛撰：《雲麓漫抄》卷13，文津閣《四庫全書》第286冊，第277頁。

〔註17〕然而明代一些重要的命理學著作在追溯命理術早期發展史時，仍將珞瑜子視爲戰國時期的一位命理大家。如《三命通會》卷7《子平說辯》參照明人戴冠的《濯纓亭筆記》說法，寫到子平術起源於戰國珞瑜子。此說在明以後影響甚大，甚至成爲命理學史的一篇重要參考文獻。其起源於戰國珞瑜子的說法也爲後世命理術士們廣爲接受。

〔註18〕（元）吳萊撰：《淵穎集》卷12《王氏範圍要訣後序》，文津閣《四庫全書》第404冊，第66頁。

以示民用也，他未之前聞也。」〔註19〕

　　宋濂對命理術的起源的考證是較為嚴謹的，沒有盲從民間的傳言而人云亦云。他雖確信命理術起於先秦，但從自己掌握的資料來看，認為並沒有證據顯示黃帝時期已出現了命理術。考慮到宋濂在明清兩代的士人中間的影響，他的觀點在後世得到了相當的認可。

　　二是命理術起於鬼谷子說。宋人趙彥衛言及當時命理術士「業其術者，託名於鬼谷子、王子晉」，可知宋人視鬼谷子是與王子晉（珞琭子）齊名的命理界祖師。這種觀念在宋代雖未佔據主流，但卻在民間長期傳承不衰。明人戴冠（1442～1512）在其著作《濯纓亭筆記》中就承襲了這一說法：「其源蓋出於戰國初之珞琭子，稱珞琭子者，取老子珞珞如玉、琭琭如石之義。世有《原理消息賦》一篇，謂是其所作。然觀其文，殆後人偽撰，非珞琭之本真也。珞琭同時有鬼谷子……」〔註20〕值得指出的是，戴冠的這篇文章後來被《三命通會》的作者萬民英（1521～1603）轉載，而後其說輾轉流傳於明清兩代的命理文獻中，其影響可謂甚劇。又，宋以來，託名於鬼谷子的著作並不少。《五行精紀》中轉引了《鬼谷子遺文》、《鬼谷子要訣》、《鬼谷子命格》。清代《四庫全書》編纂者們從《永樂大典》輯出《李虛中命書》3卷，題鬼谷子撰，唐李虛中注，並提及李虛中自序一篇云：「司馬季主於壺山之陽遇鬼谷子，出逸文九篇，論幽微之理，虛中為掇拾諸家注釋成集。」〔註21〕四庫館臣這篇提要裏，將命理術的鼻祖追溯到鬼谷子。雖然司馬季主遇鬼谷子之說宛如關公戰秦瓊之鬧劇，但是由於此篇提要影響深遠，不少不明就裏的命理術士往往對其所言深信不疑。而且相對於子虛烏有的珞琭子，鬼谷子作為歷史上真實的人物，更易為後人所接受。

　　除去上述三種命理術起自三代時期命理始祖之說外，還有一種觀點沒有從命理始祖上去追溯，而是從古籍中尋找依據，並且也得出了命理術起於三代的結論。這一說法的代表者是宋朝的晁公武（1105～1180）和岳珂（1183～1243）。晁公武在《郡齋讀書志》卷14《五行類》中曾有一段論述命理術起

〔註19〕　（明）宋濂撰：《文憲集》卷27《祿命辯》，文津閣《四庫全書》第409冊，第138頁。

〔註20〕　（明）戴冠撰：《濯纓亭筆記》卷8，《續修四庫全書》第1170冊，上海古籍出版社，2002年，第483、484頁。

〔註21〕　《四庫全書總目》卷109《子部·術數類二》，中華書局，1965年，第925、926頁。

源的話：「……推人生休咎、否泰之法。箕子曰：『五行：水、火、金、木、土。』禹曰：『辛壬癸甲。』則甲子、五行之名，蓋起於堯、舜、三代之時矣。鄭氏釋『天命之謂性』，曰：『謂木神則仁，金神則義之類。』又釋『我辰安在』，曰：『謂六物之吉凶。』此以五行、甲子推知休咎否泰於其傳者也。……且小運之法，本於《說文》己字之訓；空亡之說，本於《史記》孤虛之術，多有所自來，故精於其術者，巧發奇中最多。」〔註22〕晁公武所言之甲子五行出現於三代的史實確有所據（本文另有專門章節考證天干地支與陰陽五行的結合問題，事實上二者的出現雖然較早，但是結合已到了西漢後期）。至於鄭玄（127～200）所釋之「天命之謂性」及「我辰安在」等語句，晁公武堅信其所言充分證明了三代之時命理術的推命方法已然產生了。其實，不論鄭氏論證是否充分，都只能透露出漢代人的一些命理觀念和命理知識而已。不過，晁氏所言，還是建立在考證的基礎上，這比之前的幾個說法無疑前進了一大步。晁公武的這個說法，後來為明初宋濂所承襲〔註23〕，於明清兩代產生了廣泛而深遠的影響。

　　稍後的岳珂為刻印的《五行精紀》中作序道：「自術家者流興，而其書蔓，又天下充棟汗牛，雖以畫墁專其門者，猶不能竟其說，世皆謂祿命始於漢，予固未暇考信，獨竊怪夫三代而上，官人以世，科目不立，以閭族黨之繁，殷俊秀選造之升矣，夫豈無一人焉。有庚丁戊己之同，甲辰癸丑之合，均得所養矣。祿固不可以輕重別，仕不出境矣。馬固不可以澄清期軍制於卿列，而將置閒士、止於奉璋，而天乙廢。不寧惟是，大撓作甲子，固今所謂納音之辨，笄儷用則釵釧何有，巢穴處而屋壁何居。夫漢之夾是術者，師說相承，

〔註22〕（宋）晁公武撰、孫猛校證：《郡齋讀書志校證》卷 14《五行類》，第 617、618 頁。

〔註23〕明初宋濂汲取了晁公武考證的成果，重申了命理術源於先秦的說法：「曰：『然則假以占命，果起於何時乎？』曰：『《詩》云：我辰安在？鄭氏謂六物之吉凶。王充《論衡》云：見骨體而知命祿，睹命祿而知骨體。皆是物也。況小運之法，本許慎《說文》己字之訓。空亡之說，原司馬遷《史記》孤虛之術。蓋以五行甲子推人休咎，其術之行已久矣，非如呂才所稱起於司馬季主也。』」參見（明）宋濂撰《文憲集》卷 27《祿命辯》，文津閣《四庫全書》第 409 冊，第 138 頁。明人張萱提到宋濂之說對後世命理界的廣泛影響：「祿命家言，（命理術）自周以來有之。《小雅》曰：『天之生我，我辰安在？』辰即所值歲時日月星辰五行之吉凶也。」參見（明）張萱撰《疑曜》卷 5《祿命家言》。文津閣《四庫全書》第 283 冊，第 110 頁。

要必有所祖，進則接於三代矣。」〔註24〕岳珂沒有盲從當時世人所謂的命理術始於漢代的說法，而傾向於認為命理術起於三代。其所據是祿、馬、納音等命理要素三代應該就已出現。況術數多靠師徒間的口耳相傳，若漢初已有命理術，豈非三代以來無傳承？

最後，綜合上述幾種說法，來檢討一下命理術起於先秦說的現實意義。上述諸說，除了晁公武和岳珂之言是基於考據外，其餘無非是宋代以後坊間傳言，本不足取信。然而，這些坊間所傳的版本卻在民間及術數界有著廣泛而長久的生命力。其中一些傳言至今仍為人津津樂道。這裡面的原因何在？對於這一問題，筆者嘗試引用國外學者探討中古道教「成仙」問題的研究中的一個觀點來予以回應：「仙術」知識的流傳有其秘傳文化（culture of esotericism），其中神授（divine revelation）和上古（如得自黃帝或大禹）兩種形態的遙遠起源是秘傳文本常見的說法。〔註25〕比如晉朝術士戴洋，後世對其的尊崇雖然來自於《晉書・戴洋傳》對其出神入化的術數的描繪，但是不能忽略的是他得到的這些術數的來源。其本傳有這樣一段記載：「戴洋，字國流，吳興長城人也。年十二，遇病死，五日而蘇。說死時天使其為酒藏吏，授符籙，給吏從幡麾，將上蓬萊、崑崙、積石、太室、恒、廬、衡等諸山。既而遣歸，逢一老父，謂之曰：『汝後當得道，為貴人所識。』及長，遂善風角。」〔註26〕可以這樣理解，正是因為戴洋的術數來自於神授，所以當時及後世之人對其術數的靈驗更無懷疑。雖然命理術有別於仙術，但二者的共通性也有不少。〔註27〕宋代以來，無論是卜算者還是刻印這些命理書籍的書商，都刻意強調自己（書籍）的命術起源於遠古的神仙或聖人。正是由於命術來源神聖或正統，所以應驗性極強，絕非今日江湖術士及荒蕪雜書可比。從考

〔註24〕《五行精紀・岳序》。

〔註25〕 Campany, Robert Ford. Making Transcendents: Ascetics and Social Memory in Early Medieval China. Honolulu: University of Hawai'I Press, 2009, 88-129.此處參考劉祥光著《宋代日常生活中的卜算與鬼怪》第156頁對該書觀點的引用。

〔註26〕（唐）房玄齡等撰：《晉書》卷95《戴洋傳》，中華書局，1974年，第2469頁。

〔註27〕如二者在神秘性方面多少有些近似。仙術指引人昇天成仙，命理術雖不具有此效，但是也可預測人之未來。命理術的這一功效，不僅在古人看來神秘莫測，即便今人也視之為神秘文化。筆者近年來接觸的一些老中青三代高校教師，雖多疏於對此術的研究，卻皆對其預言效果膜拜而深信不疑，認為此乃先賢流傳於世間的「天機」。高校教師尚且如此，平常百姓對於術數神秘性的認可當又在其上。

證的角度來講，命理術起源越早，考證的難度也越大，然而其術的神授和上古神聖性也就越強，也就越容易爲世人所推崇敬畏。這恐怕是古人謠傳命理術起於三代甚至黃帝的最重要的形成原因。

二、兩漢時期說

相對於上述命理術起自先秦說所蘊含的虛無縹緲色彩，命理術起於漢代的說法更多的是建立在考證的基礎上。最早提出命理術起於漢初說法的人是唐初的呂才（605～665）。唐太宗並不相信算命，他召見呂才詢問祿命術。呂才因而進《敘祿命》一文以明祿命術之無稽。在該文中，呂才依據《史記》、《論衡》二書所載，認爲祿命術起於漢初甚或更早時候：

> 謹按《史記》，宋忠、賈誼譏司馬季主云：「夫卜筮高人祿命，以悅人心，矯言禍福，以盡人財。」又按王充《論衡》云：「見骨體而知命祿，睹祿命而知骨體。」此則祿命之書，行之久矣。〔註28〕

賈誼、宋忠遇司馬季主於長安卜肆之事，發生在漢初。呂才據此認定當時已有命理術。呂才的這一論斷並非毫無所據，司馬遷的確在《史記》中爲卜算術士司馬季主立傳（亦是該傳中唯一被立傳的人物）。《史記·日者列傳》詳細描述了賈誼、宋忠遇司馬季主以及三人之間對話的情景：

> 司馬季主者，楚人也。卜於長安東市。宋忠爲中大夫，賈誼爲博士，同日俱出洗沐，……二人即同輿而之市，遊於卜肆中。天新雨，道少人，司馬季主閒坐，弟子三四人侍，方辯天地之道，日月之運，陰陽吉凶之本。二大夫再拜謁。司馬季主視其狀貌，如類有知者，即禮之，使弟子延之坐。坐定，司馬季主復理前語，分別天地之終始，日月星辰之紀，差次仁義之際，列吉凶之符，語數千言，莫不順理。宋忠、賈誼瞿然而悟，獵纓正襟危坐……二君曰：「尊官厚祿，世之所高也，賢才處之。今所處非其地，故謂之卑。言不信，行不驗，取不當，故謂之污。夫卜筮者，世俗之所賤簡也。世皆言曰：『夫卜者多言誇嚴以得人情，虛高人祿命以說人志，擅言禍災以傷人心，矯言鬼神以盡人財，厚求拜謝以私於己。』此吾之所恥，故謂之卑污也。」

〔註28〕 （後晉）劉昫等撰：《舊唐書》卷79《呂才傳》，中華書局，1975年，第2721頁。

……

（司馬季主言）「述而不作，君子義也。今夫卜者，必法天地，象四時，順於仁義，分策定卦，旋式正棋，然後言天地利害，事之成敗。昔先王之定國家，必先龜策日月，而後乃敢代；正時日，乃後入家；產子必先占吉凶，後乃有之。自伏羲作八卦，周文王演三百八十四爻而天下治。越王句踐放文王八卦以破敵國，霸天下。由是言之，卜筮有何負哉！

「且夫卜筮者，埽除設坐，正其冠帶，然後乃言事，此有禮也。言而鬼神或以饗，忠臣以事其上，孝子以養其親，慈父以畜其子，此有德者也。而以義置數十百錢，病者或以愈，且死或以生，患或以免，事或以成，嫁子娶婦或以養生：此之爲德，豈直數十百錢哉！此夫老子所謂『上德不德，是以有德』。今夫卜筮者利大而謝少，老子之云豈異於是乎？

「莊子曰：『君子內無飢寒之患，外無劫奪之憂，居上而敬，居下不爲害，君子之道也。』今夫卜筮者之爲業也，積之無委聚，藏之不用府庫，徙之不用輜車，負裝之不重，止而用之無盡索之時。持不盡索之物，遊於無窮之世，雖莊氏之行未能增於是也，子何故而云不可卜哉？天不足西北，星辰西北移；地不足東南，以海爲池；日中必移，月滿必虧；先王之道，乍存乍亡。公責卜者言必信，不亦惑乎！」

……

宋忠、賈誼忽而自失，芒乎無色，悵然噤口不能言。於是攝衣而起，再拜而辭。行洋洋也，出門僅能自上車，伏軾低頭，卒不能出氣。〔註29〕

　　司馬季主在與賈誼、宋忠的幾番對話中，頗顯示出幾分術數大家的風範。文中，司馬季主「辯天地之道，日月之運，陰陽吉凶之本」，且言「今夫卜者，必法天地，象四時，順於仁義，分策定卦，旋式正釭，然後言天地利害，事之成敗」。這些似乎都可以作爲命理術推命所必須遵循的基本法則。作爲正史

〔註29〕（漢）司馬遷撰：《史記》卷127《日者列傳》，中華書局，2011年，第2787～2791頁。

中第一個被立傳的卜算術士，呂才將其視作命理術的先驅也是情理中事。從《史記‧日者列傳》全文來看，西漢初年的術數已發展地比較成熟，不僅在長安街頭可以看到占命的卜肆，而且術數的種類也爲數不少。〔註30〕只是，上文所引的這則典故中，司馬季主的這番話能否作爲命理術於當時已產生的依據，呂才對這一問題似乎沒有太多的辨析。細看該段史料，其實並沒有確鑿的命理術推命的痕跡。所謂的「辯天地之道，日月之運，陰陽吉凶之本」、「今夫卜者，必法天地，象四時，順於仁義」等語句，可看作是古代術數所遵循的普遍原則，並非僅命理術所獨有。然而，呂才之後的人幾乎都在全盤接受他的觀點，而沒有人對其說法產生過懷疑。事實上，司馬季主的故事取自《史記‧日者列傳》，漢時日者之術，就是擇日術（擇吉術）。擇日術是古時人們日常所用的體系非常龐雜的術數。各種式法和星占都可以用來擇日。擇日術可能涉及到人的出生時間，但是既便是以人之出生時間爲依據來推斷時日禁忌的擇日術，也是要依據出生時間的星位來定吉凶的，並非古時的命理術。

其次，呂才所引王充的「見骨體而知命祿，睹命祿而知骨體」，則是有關漢代相術的知識，實與命理術毫不相關。所謂「見骨體而知命祿」，即是通過看骨相來判斷一個人的官祿壽夭；「睹命祿而知骨體」，則是指知道了一個人的官祿壽夭信息就可以推斷出其人的骨相。漢代相術盛行，王充在《論衡》中多次引用相術的知識。「知命之工，察骨體之證，睹富貴貧賤。」「富貴之骨，不遇貧賤之苦；貧賤之相，不遭富貴之樂。」〔註31〕呂才之所以引用這兩句話，很可能是他誤以爲王充提到的「命祿」一詞就是唐初流行的祿命術之「祿命」概念。

雖然在今天看來，呂才判斷命理術出現的這兩點支撐史料均不足爲憑，但是古人卻沒有對此有所懷疑，呂才所依據的這兩條史料也爲後人反覆索引，成爲後世追溯命理術史時不可或缺的資料。〔註32〕宋代以來，人們深受

〔註30〕《史記‧日者列傳》載，漢武帝時，「聚會占家問之，某日可取婦乎？五行家曰可，堪輿家曰不可，建除家曰不吉，叢辰家曰大凶，曆家曰小凶，天人家曰小吉，太一家曰大吉。辯訟不決，以狀聞」。從中可以見到當時術數家種類之繁多。參見（漢）司馬遷撰：《史記》卷127《日者列傳》，第2793頁。

〔註31〕（漢）王充撰：《論衡校注》卷3《骨相篇》，張宗祥校注、鄭紹昌標點，上海古籍出版社，2010年，第56～60頁。

〔註32〕有關賈誼謁見司馬季主之事，宋代謝伯采在《密齋筆記》卷5、晁公武在《郡齋讀書志》卷14《五行類》、周必大在《五行精紀‧周序》、元代許有壬在《至

呂才觀念的影響，認爲命理術起於漢，「世皆謂祿命始於漢」〔註33〕。「春秋戰國前，善相者多，若推祿命，則盛於漢。」〔註34〕直到近年，一些學者才開始著手對其內容的考辨，指出其不足以爲證。〔註35〕雖然學者們尚未發現命理術出現在漢代的證據，但是不容否認的是，命理術推命所需要的許多基礎知識，在兩漢時期基本上已得到滿足。〔註36〕故而自唐至今，命理術形成於漢代之說不絕於耳。

最後，需要注意到的是，漢代時期的術數發展儘管已較爲繁榮成熟，但是其關注的對象卻並非個人（尤其是普通人）的命運。江曉原曾在其著作《歷史上的星占學》中對漢初司馬遷所作的《史記・天官書》中占辭作了以下的分類統計〔註37〕：

《史記・天官書》中占辭分類統計表

分類項目	占辭數目	分類項目	占辭數目
戰爭	93	民安與否	4
水旱災害與年成豐歉	45	亡國	4

正集》卷33《送廖如川序》、舒頔在《貞素齋集》卷2《贈星者房景星序》中均有所引用；另，上文中呂才所引王充在《論衡》中的這兩句話，宋濂在《祿命辯》、王世貞在《弇州四部稿》卷160《說部》、清人趙翼在《陔餘叢考》卷34《子平說命》中又反覆轉引。除了上述這些人直接以此論證命理術之起源外，宋以後還有不少人提及呂才觀點，恕不一一列舉。

〔註33〕（宋）岳珂：《五行精紀・岳序》。

〔註34〕（宋）周必大：《五行精紀・周序》。

〔註35〕如學者趙益在糾正明人張萱《疑耀》中認爲的《史記・日者列傳》及《論衡・命義》所載的祿命證據證明漢時已有祿命之說時指出，漢代祿命之術既未獨立，同時亦不具系統，《漢書・藝文志》不載此類專書即是明證。有關個人命運的占卜本不是古代術數重心所在，直到魏晉南北朝時期這一傳統才得以改變，術數體系在精英學術中日趨邊緣化，而在民間信仰中逐漸佔據重要的位置。祿命術在此時漸具系統。《隋書・經籍志》已出現祿命專書，但數量不多，可見其尚在形成階段。參見趙益著《古典術數文獻述論稿》，中華書局，2005年，第111、112頁。

〔註36〕張榮明對命理術的基礎理論做過一番考證，認爲命理術的眾多基礎理論，包括納音五行、五行生剋及四季旺衰、干支配五行、五行配四時五方、五行寄生十二宮、地支三合、推胎元、起小運等理論，都可以在漢代文獻典籍中找到它們的淵源。因此，他認爲漢代是命理術形成的時代。參見氏著《方術與中國傳統文化》，學林出版社，2000年，第13～28頁。

〔註37〕江曉原著：《歷史上的星占學》，上海科技教育出版社，1995年，第278、279頁。

王朝盛衰治亂	23	土功	3
帝王將相安危	11	可否舉事	3
君臣關係	10	王者英明有道與否	2
喪	10	得女失女	2
領土得失	8	哭泣之聲	2
得天下	7	天下革政	1
吉凶（抽象泛指者）	7	有歸國者	1
疾	5	物價	1

由該表可以看到，當時術數家關注的對象主要是軍國大事及帝王將相家的婚喪大事，普通百姓甚至一般官吏的個人榮辱、貴賤得失在這裡並不佔據任何位置。正如該書作者指出的：「上面這份統計表生動反映了古代中國星占學的特徵：首先，前三類占辭佔了占辭總數（242 條）的 67%，表明戰爭、年成、治亂這類主題受到特殊重視的程度。其次，全部占辭中沒有任何一類、任何一條不屬於軍國大事的範圍之內。『喪』通常指君主王侯之喪，『疾』常指疾疫流行，『哭泣之聲』也是指國喪或民眾的悲苦，『得女失女』專指王朝君主之間的政治婚姻（比如『昭君出塞』在單于是得女，在漢朝是失女）。總之，都不是對個人事務而言的。平頭百姓的個人生死榮辱、悲歡離合等等，在中國星占學中沒有任何位置。」〔註 38〕非獨星占術如此，其餘各類術數也多為國家皇室服務。這些術士們由國家供養著，並非宋代時期服務於百姓的街邊卜肆者可比。命理術是推算個人榮辱貴賤得失的一門術數，它只有深植於民間才會有生存的空間。漢代時期的各門術數，多不具備在民間生存的土壤，只能被束之高閣。既然當時所有卜算的內容都無關個人得失，那麼命理術生存的土壤又何在呢？

綜上所述，雖然自古至今言命理術起於漢代之說不絕於耳，但是上述這些說法都只是關注到個別的史料或其部分理論形成的時間，而未從歷史背景上作整體的分析。一門術數的獨立形成，既取決於其理論的成熟，也取決於其生存環境的成熟。在這兩方面條件都達到時，這門術數才會有獨立存在的可能。從這個意義上來講，兩漢時期，只是命理術理論成型的重要時期。命理術要作為一門獨立的術數登上歷史舞臺，還需要更多的理論及社會條件。這些條件，到魏晉南北朝時期才趨成熟。

〔註 38〕江曉原著：《歷史上的星占學》，第 279 頁。

第二節　命理術的發軔及獨立：魏晉南北朝

一、魏晉：命理術發軔時期

在考察完了先秦至兩漢的相關史料後，並未發現任何命理術顯現的痕跡。那麼，是否基本上就可以排除命理術誕生於兩漢之說呢？早期的命理術又究竟發軔於何時呢？通過對現存史料的分析，命理術最早可能出現於東漢末年，但是直至魏晉時期，才發現記載其出現痕跡的史料。因此，保守地推斷，命理術至遲發軔於魏晉時期。

東漢末年及魏晉南北朝時期，社會動盪，戰亂頻仍，人們的命運在亂世中起伏不定。當時的術數從以預測國運興衰爲主，開始轉向以預測個人命運爲主。再加上東漢時期讖緯文化在社會上的氾濫以及魏晉時期以王弼（226～249）爲代表的周易義理派的興起所導致的周易象數派地逐漸邊緣化與民間化，命理術等以個人命運爲關注對象的術數成長發展所需的溫床逐漸形成。因此，正是在這一時期，命理術古法開始逐漸顯現、成形。〔註39〕這一時期的著名術士或精通術數之士大夫有三國時期的管輅（209～256）與東晉的戴洋。

管輅是這一時期最早的知名術士。從《三國志・魏書・管輅傳》的記載來看，他最擅長使用的方法是易占及筮占，有時還兼採相術及占星術等當時盛行的術數。裴松之注管輅本傳曰：「及成人，果明周易，仰觀、風角、占、相之道，無不精微。」雖然管輅流傳下來的「神跡」不少，但是卻難見命理術論命的痕跡。其中最接近於命理術推命特徵的描述是其本傳中管輅對自己的一段評述：「輅曰：『吾額上無生骨，眼中無守精，鼻無樑柱，腳無天根，背無三甲，腹無三壬，此皆不壽之驗。又吾本命在寅，加月食夜生。天有常數，不可得諱，但人不知耳。吾前後相當死者過百人，略無錯也。』」〔註40〕在這段話中，除了看到管輅用相術對自己陽壽進行判斷外，還看到他關注到自己的「本命在寅」，說明以年支爲本命的說法在三國時已然存在。但是，僅憑這一項是無法證明命理術的存在的。

〔註39〕趙益認爲，祿命術的發展是古代術數從「天道人事」逐漸轉向個人命運的表現。這種轉變出現於魏晉南北朝時期，而《隋志》以後則趨於明顯，以祿命術的獨立與盛行爲代表。參見氏著《古典術數文獻述論稿》，第198頁。
〔註40〕（晉）陳壽撰：《三國志》卷29《魏書・管輅傳》，中華書局，1959年。

　　東晉的戴洋所擅長的術數大體上與管輅類似。從《晉書‧戴洋傳》的記載來看，此人於風角、星占尤爲擅長。雖然其本傳中並沒有提到其人能以人之生年月日時所值干支推人祿命，然而，其文中的兩段記載，卻極易引發對其與命理術之間的聯想：

　　　　王導遇病，召洋問之。洋曰：「君侯本命在申，金爲土使之主，而於申上石頭立冶，火光照天，此爲金火相爍，水火相煎，以故受害耳。」導即移居東府，病遂差。

　　　　……

　　　　尋傳賊當來攻城，洋曰：「十月丁亥夜半時得賊問，干爲君，支爲臣，丁爲征西府，亥爲邾城，功曹爲賊神，加子時十月水王木相，王相氣合，賊必來。寅數七，子數九，賊高可九千人，下可七千人。從魁爲貴人加丁，下剋上，有空亡之事，不敢進武昌也。」賊果陷邾城而去。〔註41〕

　　第一件事，王導得病，請戴洋診視（此可作爲古代巫醫或卜醫不分的證據）。戴洋首先指明王導本命在申（金），今其坐鎮冶城，烈火冶金，金火相爍，安得不病。王導在其啓發下，遂移居東府。戴洋在這裡還是以一個人的年命五行作爲推命的主要依據。第二件事，是賊眾來攻邾城，時虞亮坐鎮武昌征西府，遣毛寶守邾城。戴洋以術數對當時的局勢進行了分析。他以十月丁亥之干支爲君臣，其中丁代表征西府，亥代表邾城。寅爲功曹，代表賊眾。賊眾於十月（亥月）子時攻城，恰是水旺之時，水又生寅，旺相氣盛，賊必來。戴洋又以太玄先天數之寅七子九來判斷賊眾人數，以空亡來斷其不能進武昌城。第二件事，雖未有以人之生年月日時等爲依據推人祿命，但是其使用的方法卻與命理術極爲類似，均是以干支五行的生剋來推演人事的吉凶。戴洋此處的推算方法之基本知識與命理術是極爲相合的。大膽設想一下，如果說戴洋能以賊眾攻城時間來推斷未來的話，那麼他爲什麼不能以同樣的知識，以人的出生時間來推知一個人的未來呢？基於此，可以較爲肯定地認爲，命理術之古法時期至遲發軔於此時。

二、南北朝：命理術獨立發展時期

　　稍晚的南北朝時期，命理術作爲術數的一種開始正式登上歷史舞臺。這

────────────

〔註41〕　（唐）房玄齡等撰：《晉書》卷95《戴洋傳》，第2470、2475頁。

一時期與命理術有牽連的著名術士或精通術士的士大夫有北魏的孫紹、北齊的魏寧、許遵、南朝齊、梁間的陶弘景（456～536）、南朝梁的王生以及由南北朝而入隋的臨孝恭和蕭吉。

北齊的魏寧以善推祿命而被武成帝招爲館客。《北齊書》卷49《魏寧傳》載：「魏寧，鉅鹿人，以善推祿命徵爲館客。武成親試之，皆中。乃以己生年月託爲異人而問之，寧曰：『極富貴，今年入墓。』武成驚曰：『是我！』寧變辭曰：『若帝王，自有法。』」〔註42〕在此傳中，北齊武成帝將自己出生的年月託詞爲他人的，讓魏寧來推算祿命。沒想到魏寧不僅推算出此命極富貴，而且說出命主該年將死。很有可能當時的武成帝已病入膏肓，聽此言不禁大驚失色，承認魏寧推算的準確。雖然該傳極短，沒有記載相關的推算方法，但是據此可以證實命理術作爲一門獨立的術數已於南北朝時期出現。

南北朝時期，還有一些術士或士大夫也擅長推祿命。但由於史書的語焉不詳，無法得知這些人所推祿命之法是否與祿命術等同，姑且錄之於下：北魏高官孫紹「善推祿命，事驗甚多，知者異之」〔註43〕；北齊許遵被高祖引爲館客後，還「自言祿命不富貴，不橫死，是以任性疏誕，多所犯忤，高祖常容借之」〔註44〕；南朝梁的一位王姓術士似也善推祿命。《南史》卷55《吉士瞻傳》記載：「（吉士瞻）少有志氣，不事生業，……年逾四十，忽忽不得志，乃就江陵卜者王先生計祿命。王生曰：『君擁旄杖節非一州，後一年當得戎馬大郡。』」〔註45〕

以上這些史料，直接或間接地證明命理術作爲一門獨立的術數開始逐漸登上歷史舞臺。此外，證明此時命理術已獨立成型的另一個有力的證據是命理專書及有關命理理論基礎的陰陽五行類書的出現。這一時期的命理專書，有名可考的是《澠河祿命》和隋代臨孝恭的《祿命書》；陰陽五行類書，最有代表性的是隋代蕭吉的《五行大義》。

《澠河祿命》出現在《隋書經籍志》中，其書早已佚失，今日只能見其書名。澠河，在《唐六典》卷十四《太常寺》有提及。「凡祿命之義六」注曰：「一曰祿，二曰命，三曰驛馬，四曰納音，五曰澠河，六曰月之宿也。」

〔註42〕（唐）李百藥撰：《北齊書》卷49《魏寧傳》，中華書局，1972年，第679頁。

〔註43〕（北齊）魏收撰：《魏書》卷78《孫紹傳》，中華書局，1974年，第1726頁。

〔註44〕（唐）李百藥撰：《北齊書》卷49《許遵傳》，第676頁。

〔註45〕（唐）李延壽撰：《南史》卷55《吉士瞻傳》，中華書局，1975年，第1363頁。

〔註46〕這段話是解釋唐代祿命的含義的。由其解釋可知，祿命概念在唐代已等同於命理術。這段話提到了澀河，由此可以判定它和「祿」、「命」、「驛馬」、「納音」等一樣，也是一個命理術中的名詞。但是這段話對「澀河」並無解釋。還好，沈括（1031～1095）在《夢溪筆談》中有對這一問題的回應：

> 《唐六典》述五行，有「祿」、「命」、「驛馬」、「澀河」之目，人多不曉「澀河」之義。予在鄜延，見安南行營諸將閱兵馬籍，有稱「過范河損失」。問其何謂「范河」，乃越人謂淖沙爲「范河」，北人謂之「活沙」。予嘗過無定河，度活沙，人馬履之，百步之外皆動，潙潙然如人行幕上。其下足處雖甚堅，若遇其一陷，則人馬駝車應時皆沒，至有數百人平陷無子遺者。或謂此即流沙也；又謂沙隨風流，謂之流沙。「澀」，字書亦作「墾」。按古文「墾」，深泥也。術書有「澀河」者，蓋謂陷運，如今之「空亡」也。〔註47〕

依照沈括的解釋，澀河一詞之義，類似空亡。其後宋人程大昌（1123～1195）又進一步釋「澀河」爲「陷河」，指出「（陷河）即沈氏謂命家借之以喻沉滯者也」，並說「驛馬者，陰陽相交，第第接續，如《詩》所謂『驛驛其達』者，正其義也。夫其『驛馬』、『陷河』，對立而命之名，則『陷河』之與『驛馬』，必如『長生』之對『七殺』也。」〔註48〕沈、程二人的解釋，基本上澄清了澀河一詞在命理術中的含義。當然，由於該詞在宋代以後的命理術中已經消失，今天也無法確知其具體使用方法。不過可以肯定的是，澀河是唐以前命理術中常見的詞彙之一。《澀河祿命》應該是專言沉滯空亡之命者的命理專書。〔註49〕考慮到該書出現的時代背景，其很有可能是基於星占的元辰祿命術和各種式占尤其是以干支組合定神殺的六壬術的結合。如果真的如此，那麼《澀河祿命》就是以干支組合直接推斷吉凶的祿命專書。

〔註46〕（唐）李林甫等撰：《唐六典》卷14《太常寺》，中華書局，1992年，第413頁。

〔註47〕胡道靜著：《新校正夢溪筆談》卷3《辯證一》，載《新校正夢溪筆談·夢溪筆談補證稿》，上海人民出版社，2011年，第29、30頁。

〔註48〕（宋）程大昌撰《演繁露》卷1，《四庫提要著錄叢書》影印明嘉靖三十年刻本，北京出版社，2011年，第374、375頁。胡道靜在《新校正夢溪筆談》卷3《辯證一》中首次使用此則史料。

〔註49〕趙益著：《古典術數文獻述論稿》，第115頁。

如果說把《漉河祿命》作爲南北朝時期的一本祿命專書來看待，尚缺乏確鑿的證據的話，那麼稍晚些時候的另外一部著作《祿命書》，則毫無疑問是一部命理學古法時期的著作了。這部著作是由隋代的臨孝恭完成的。之所以將其視作南北朝時期的命理學著作而非隋代的作品，是因爲臨孝恭編纂此書時是以當時社會上流行的多種祿命書爲資料來源編纂而成的。《隋書》卷2《高祖下》載，仁壽二年（602）閏月甲申，隋文帝「詔尙書左僕射楊素與諸術者刊定陰陽舛謬」。〔註50〕在這次勘定陰陽舛謬的諸術者中，便包含有臨孝恭。《隋書‧臨孝恭傳》載：「臨孝恭，京兆人也。明天文算術，高祖甚親遇之。每言災祥之事，未嘗不中，上因令考定陰陽。官至上儀同。」由於有國家政府的大力支持，這次對先秦以來陰陽術數書籍的整理成果是極爲顯著的。史書載臨孝恭「著《欹器圖》三卷，《地動銅儀經》一卷，《九宮五墓》一卷，《遁甲月令》十卷，《元辰經》十卷，《元辰厄》一百九卷，《百怪書》十八卷，《祿命書》二十卷，《九宮龜經》一百一十卷，《太一式經》三十卷，《孔子馬頭易卜書》一卷，並行於世」。〔註51〕很顯然，術數種類如此之多、數量如此之巨的作品並非皆出自臨孝恭一人之手，這很有可能是當時眾人對隋朝以前術數書籍文獻整理的結果。在這些書籍中，便包含有二十卷的《祿命書》。由其卷帙浩繁的情況，大致可以判定，該書雖完成於隋代，實際上卻是前朝眾多祿命書的集大成之作。因此，《祿命書》反映的其實是南北朝時期命理術的情況。該書雖早已佚失，幸而唐初呂才在《序祿命》一文中多有提及，使得後人可以判知此書確爲命理書無疑。〔註52〕《敘祿命》乃是呂才爲唐初新刊定的《祿命書》所作之序文。雖然呂才沒有對此書的來由做一介紹，但是其所依必是唐以前之祿命專著。這一祿命專著，依筆者推測，很可能就是臨孝恭的《祿命書》。

仁壽二年這次校訂天下陰陽術數書的工程，留給後世最寶貴的一筆財富，當屬蕭吉編纂的《五行大義》。「及隋受禪，進（蕭吉）上儀同，以本官太常考定古今陰陽書。」可見蕭吉也是這次編纂活動的參與者。《隋書》卷78《蕭吉傳》載蕭吉「著《金海》三十卷，《相經要錄》一卷，《宅經》八卷，《葬經》六卷，《樂譜》二十卷及《帝王養生方》二卷，《相手版要決》一卷，《太

〔註50〕（唐）魏徵等撰：《隋書》卷2《高祖下》，中華書局，1973年，第48頁。

〔註51〕（唐）魏徵等撰：《隋書》卷78《臨孝恭傳》，第1778頁。

〔註52〕有關呂才《序祿命》一文，後文還有詳細分析，此處暫且不述。

一立成》一卷，並行於世」。〔註53〕和臨孝恭一樣，蕭吉在這次勘定陰陽舛謬的工程中，得政府資助，也完成了大量的術數類書的整理歸類工作。不過奇怪的是，本傳於此處卻未提及《五行大義》一書。對於這一疑點，劉國忠曾有過專門考證，給出了確鑿的證據證明該書爲蕭吉所作無疑。至於《隋書》本傳未載，只是因爲編史者「偶未見耳」。〔註54〕不管怎樣，該書是這次陰陽術數類書勘定工程流傳下來的主要的成果，因此其文獻價值不可忽視。《五行大義》爲漢代以後陰陽五行理論的匯總之作，雖非術數專書，卻爲唐宋以後的命理術的發展提供了重要的理論參考。因此，研究唐宋命理術的學者，尤應重視此書。近年來，劉國忠先生曾以此書爲研究對象，寫出博士論文《五行大義研究》，論述已詳，故本文不再贅述。從《五行大義》的內容看，該書引用了先秦至南北朝文獻 70 餘部，是今人研究隋以前中國古代陰陽五行知識的重要參考文獻。該書詳述了干支五行的含義及指代、納音五行的生成、五行生剋及四時旺相休囚死、干支的刑沖會合害等諸多命理術基本內容。因此，該書同樣也是今人研究隋以前中國命理術的重要參考書。如上所述，《五行大義》絕非僅僅是一本普普通通的陰陽五行之書，它實際上也間接代表了隋代以前命理學發展的面貌。由書中豐富的命理知識，可以想見當時的命理術已是相當成熟了。

《隋書‧經籍志》中出現的「元辰」類書，也有命理術的影子。何謂「元辰」？《禮記‧月令》中說「（孟春之月）乃擇元辰，天子親載耒耜」。鄭玄注云：「蓋郊後吉辰也。」〔註55〕元辰，也就是吉辰。《隋書‧經籍志》中的元辰諸書，應該就是擇吉術之書。擇吉，是古代日者最普遍使用的術數，也是漢代以來人們使用最普遍、最日用的術數。古時，無論婚喪嫁娶、生子拜官等人生大事，還是出行歸來、建造裁衣等日常瑣事，人們都喜歡求助於擇吉術，看看辦這些事情時於何時不宜。擇吉術，通常以人們提供的日辰、時辰及行年結合五星宿度來判定一件事情在具體時間上的吉凶。命理術之古法，不少即取自擇吉術。〔註56〕魏晉南北朝時期，不少命理術仍與時日禁忌緊密結合（這種情形一直到宋代也還存在）。趙益指出，《隋書‧經籍志》中

〔註53〕（唐）魏徵等撰：《隋書》卷 78《蕭吉傳》，第 1777 頁。

〔註54〕劉國忠著：《五行大義研究》，遼寧教育出版社，1999 年，第 41～44 頁。

〔註55〕潛苗金譯注：《禮記譯注》，浙江古籍出版社，2007 年，第 180 頁。

〔註56〕有關命理術取自擇吉術的更多解釋，參見後文的論述。

的「元辰」類，本質上屬於選擇術（擇吉術），但又發展出與祿命的結合。「元辰」一類很可能絕大部分都偏重於祿命。他因此把《隋書‧經籍志》中的《孝經元辰決》（九卷及一卷）、《孝經元辰》（二卷）、《元辰五羅算》（一卷）、《孝經元辰》（四卷）、《雜元辰祿命》（二卷）、《五行元辰厄會》（十三卷）、《孝經元辰會》（九卷）等諸書都歸於祿命類。〔註57〕需要指出的是，趙益所指的祿命術等同於星命術，即除了命理術外，星占部分的內容他也歸於祿命之中了。這就勢必將祿命包涵的內容擴展不少。如《元辰五羅算》就不會屬於命理書，但應屬於星命書。《雜元辰祿命》很可能是包含著命理術內容的擇吉術。而那些冠以「孝經」之名的元辰諸書，據趙益的考證，是在東漢時讖緯大興之後，在擇日術專門化的基礎上出現的一種時日禁忌之書，也屬於偏重於星命的書籍。〔註58〕

　　最後，再來談談南朝陶弘景的《三命抄略》。宋代以後的人們，常常傳頌陶弘景著有《三命抄略》一書，作為南北朝時期命理術已然存在之證據。考《梁書‧陶弘景傳》，其人為道教上清派的重要傳承人，也是道教茅山派的創始人。陶弘景留給後人的著作極多，據統計，其全部作品達到七八十種，涉及了道教上清派著作、道教養生學、醫藥學、煉丹服餌著作等諸方面。〔註59〕然本傳中並未有提到其對命理術的涉獵，更沒有什麼《三命抄略》這類作品。《三命抄略》一書今已不可見。考之《隋書‧經籍志》及《舊唐書‧經籍志》、《新唐書‧藝文志》，均未提及此書。最早著錄此書的是鄭樵的《通志》。〔註60〕考慮到宋代卜算書籍的大量刻印及當時造神運動的氾濫，古代術數大師「遺作」被宋人「發掘」的現象層出不窮，令人不禁質疑此書的來歷。鄭樵之後，元明兩代不斷轉載這條記載，尤其是明初宋濂於《祿命辯》中將其作為古代命理術史之重要文獻後，後人轉載其說者不計其數。〔註61〕

〔註57〕參見趙益著《古典術數文獻述論稿》，中華書局，2005年，第112～115頁。
〔註58〕參見趙益著《古典術數文獻述論稿》，第115頁。
〔註59〕參見李平君編著《術士》，中國社會出版社，2009年，第48～50頁。
〔註60〕（宋）鄭樵撰：《通志二十略‧藝文略第六‧三命類》，中華書局，1995年，第1692頁。
〔註61〕最早將陶弘景與《三命抄略》放入古代命理學史的是元人吳萊，見氏著《淵穎集》卷12《王氏範圍要訣後序》，文淵閣《四庫全書》影印本。明初宋濂重申此說（《文憲集》卷27《祿命辯》）。明代以後承襲宋濂《祿命辯》中說法的人有孫瑴（《古微書》卷29）、王世貞（《弇州四部稿》卷160）、程敏正（《明文衡》卷13）等人。

其影響至今未消。〔註 62〕其實稍加思索，後人便可得知此書乃宋人所作偽書。「三命」一詞，不見於唐以前。唐代始有該詞，其本源於道教。〔註 63〕宋初宋太宗時發佈有《禁天文、相術、六壬、遁甲、三命及陰陽書詔》〔註 64〕。三命一詞首次見於官方文獻。宋人以三命代指命理術，一如唐人以祿命代之。陶弘景既是南朝人，又如何寫有《三命抄略》這樣的極富宋代時代特徵稱謂的命理術著作？宋代術士及書商不通命理淵微，致使出現陶弘景歷史穿越鬧劇。余嘉錫所謂「瞽史之流，又不知學術，宜無有能言其源流者矣」〔註 65〕的感慨於此可證無疑。

〔註 62〕 今人張榮明、陸致極、董向慧等仍於其著作中引用陶弘景《三命抄略》一則來敘述魏晉南北朝時期的命理學發展史。參見張榮明著《方術與中國傳統文化》，第 28 頁；陸致極著《中國命理學史論》，第 82 頁；董向慧著《中國人的命理信仰》，第 46 頁。

〔註 63〕 漢代王充於《論衡·命義篇》中也提到了「三命」的概念，但是王氏所指三命乃「正命、隨命、遭命」。「正命謂本稟之自得吉也。性然骨善，故不假操行以求福而吉自至，故曰正命。隨命者，戮力操行而吉福至，縱情施欲而凶禍到，故曰隨命。遭命者，行善得惡，非所冀望，逢遭於外而得凶禍，故曰遭命。」參見氏著《論衡校注》卷 2《命義篇》，第 26 頁。很顯然，這裡的三命概念和宋代以來的命理術中的三命概念並非一致。三命一詞，最早見於唐代道教文獻。晚唐五代著名道士杜光庭（850～933）在《廣成集》中多次談到三命一詞。如《上官子榮黃籙齋詞》中提到：「某氏以今年大小行運之內，恐三命衰微；陰陽宿曜之中，恐五星照臨。」又如在《三會醮籙詞》提到：「善功未立，過咎易彰。真氣靈官，未垂應祐。玄司天府，譴責不專。三命五行，災衰未蕩。旦夕憂懼，冰炭在懷。」參見（唐）杜光庭撰、董恩林點校《廣成集》卷 4《上官子榮黃籙齋詞》、卷 6《三會醮籙詞》，中華書局，2011 年，第 49、80 頁。杜光庭所提到的三命，雖然未給予解釋說明，但是很顯然是與五行、祿命等內容緊密相連的，應為宋代三命一詞之直接來源。而在宋代張君房於宋真宗時期編纂而成的《雲笈七籤》中，則對道教中的三命一詞給予了解釋：「夫人身有三魂，謂之三命。一主命，一主財祿，一主災衰。」「第一魂胎光，屬之於天。常欲得人清淨，欲與生人延益壽算，絕穢亂之想。久居人身中，則生道備矣。第二魂爽靈，屬之於五行。常欲人機謀萬物，搖役百神，多生禍福災衰刑害之事。第三魂幽精，屬之於地，常欲人好色嗜欲、穢亂昏暗、耽著睡眠。」參見（宋）張君房編、李永晟點校《雲笈七籤》卷 54《魂神·說魂魄》，中華書局，2003 年，第 1188～1190 頁。從《說魂魄》一文中的描述來看，三命本於三魂，三魂又主命、祿、身。這與宋代命理術中三命所指基本一致。因此，我們可以肯定地說，三命一詞是起源於唐代道教，大約至晚唐五代之時被引入命理術中，並於宋代逐漸成為命理術之代稱。

〔註 64〕 參見《宋大詔令集》卷 198《禁天文、相術、六壬、遁甲、三命及陰陽書詔》，中華書局，1977 年，第 731 頁。

〔註 65〕 余嘉錫著：《四庫提要辯證》卷 13《子部四》，第 766 頁。

第三節 命理術古法的早期發展：隋唐

一、從呂才《序祿命》所見唐初命理術論命特點

隋唐五代時期，命理術古法逐漸完善定型。雖然由於文獻的缺乏，今人難以全面考量這一時期命理術的發展狀況，但是從隋代唐初留下的一些記載以及近代以來發現的敦煌文獻的相關文書中，還是可以看到當時命理術發展的大體情況。隋代時間短暫，雖然隋文帝時政府徵集大量人力物力勘定天下陰陽術數書之舛謬，釐定出篇幅浩繁的諸類術數文獻，但是由於戰火及印刷術未能普及等原因，這些勘定的陰陽術數書籍，除了蕭吉的《五行精紀》外，其餘今天幾乎都已不可得見。隋代最著名的命理著作——臨孝恭所編纂的二十卷《祿命書》，也在唐代以後逐漸消失在世人的視野。幸而得唐初呂才對此書多有引用，今人才可窺知隋唐之際命理術的一些特點。中唐時期，韓愈為擅長命理術的李虛中所作的墓誌銘，成為後人追述這位命理界名人的唯一依據。這段墓誌銘，也是中唐時期為數不多的命理術史料之一，為今人瞭解當時的「李虛中術」留下了寶貴資料。除了上述兩條史料外，唐五代時期敦煌文獻中也留下了有關命理術的部分文獻。這些文獻，主要集中在晚唐五代時期，雖多為殘頁隻語，卻也有助於今人一探當時命理術的推命方法。總而言之，上述三種文獻，雖多有短缺不足之憾，但是卻為後人瞭解自隋代至五代的命理術推命的方法提供了重要的參考依據。而且，從對這些文獻的分析考察中，可以發現，隋唐五代時期的命理術論命方法基本上在宋代命理文獻中還都可以找到。從這些方法幾乎為宋人全盤接受的事實上去分析，似乎可以得出這樣的結論，那就是以宋代命理術為代表的命理術古法，在隋唐就已確立，之後的唐五代的漫長時期只是在進行一些細節上的不斷的豐富積累，而並未出現革命性的變革。隋唐五代時期恰恰就是有史可考的命理術古法的早期發展時期。

宋代時，有人將命理術的起源追溯至唐初。這是宋代人們據呂才《敘祿命》一文而提出的一種說法。呂才的《序祿命》，雖非命理術專門文獻，卻是今天能見到的最早的有關命理術的文獻。雖然呂才本人在《敘祿命》中自有其命理起源說，而且影響了後世不少人，但是宋代以後，部分人沒有隨大流認為命理術起源於三代或漢代，而是從更為確實的證據《序祿命》一文中證明命理術至遲起源於唐代以前。因為在該文中，呂才列舉了不少宋代命理術

所使用的專門詞彙及推命方法。《序祿命》主要內容如下：

> ……但以積善餘慶，不假建祿之吉；積惡餘殃，豈由劫煞之災？
> 皇天無親，常與善人，禍福之應，其猶影響。故有夏多罪，天命剿
> 絕；宋景修德，妖孛夜移。學也祿在，豈待生當建學。文王勤憂損
> 壽，不關月值空亡。長平坑卒，未聞共犯三刑；南陽貴士，何必俱
> 當六合？歷陽成湖，非獨河魁之上；蜀郡炎燎，豈由災厄之下？今
> 時亦有同年同祿，而貴賤懸殊；共命共胎，而夭壽更異。

> 案《春秋》，魯桓公六年七月，魯莊公生。今檢《長曆》，莊公
> 生當乙亥之歲，建申之月。以此推之，莊公乃當祿之空亡。依祿命
> 書，法合貧賤，又犯勾絞六害，背驛馬三刑，當此三者，並無官爵。
> 火命七月，生當病鄉，爲人尪弱，身合矬陋。今案《齊詩》譏莊公
> 「猗嗟昌兮，頎若長兮。美目揚兮，巧趨蹌兮。」唯有向命一條，
> 法當長命。依檢《春秋》，莊公薨時計年四十五矣。此則祿命不驗一
> 也。又案《史記》，秦莊襄王四十八年，始皇帝生，宋忠注云：「因
> 正月生，乃名政。」依檢襄王四十八年，歲在壬寅。此年正月生者，
> 命當背祿，法無官爵，假得祿合，奴婢尚少。始皇又當破驛馬三刑，
> 身剋驛馬，法當望官不到，金命正月，生當絕下，爲人無始有終，
> 老而彌吉。今檢《史記》，始皇乃是有始無終，老更彌凶。唯建命生，
> 法合長壽，計其崩時，不過五十。祿命不驗二也。又漢武故事，武
> 帝以乙酉之歲七月七日平旦時生。亦當祿空亡下，法無官爵，雖向
> 驛馬，尚隔四辰。依祿命法，少無官榮，老而方盛。今檢《漢書》，
> 武帝即位，年始十六，末年已後，戶口減半。祿命不驗三也。又按
> 《後魏書》云：孝文皇帝皇興元年八月生。今按《長曆》，其年歲在
> 丁未。以此推之，孝文皇帝背祿命並驛馬三刑，身剋驛馬。依祿命
> 書，法無官爵，命當父死中生，法當生不見父。今檢《魏書》，孝文
> 皇帝身受其父顯祖之禪。禮云：「嗣子位定於初喪，逾年之後，方始
> 正號。是以天子無父，事三老也。」孝文受禪，異於常禮，躬率天
> 下，以事其親，而祿命云不合識父。祿命不驗四也。又按沈約《宋
> 書》云：「宋高祖癸亥歲三月生。」依此而推，祿之與命，並當空亡。
> 依祿命書，法無官爵；又當子墓中生，唯宜嫡子，假有次子，法當
> 早卒。今檢《宋書》，高祖長子先被篡弒，次子義隆，享國多年。高

祖又當祖祿下生，法得嫡孫財祿。今檢《宋書》其孫劉劭、劉濬並
爲篡逆，幾失宗祧。祿命不驗五也。〔註66〕

　　檢要此文，其中的建祿、劫殺、建學、空亡、三刑、六合、河魁、災厄、
祿、胎、勾絞、六害、驛馬、病鄉、背祿、祿合、墓等詞彙皆是宋代及以後
命理術常見用語。此篇題名《敘祿命》，乃其新刊定的《祿命書》之序文。雖
然呂才沒有對此書的來由做一介紹，但是其所依必是唐以前之祿命專著。這
些祿命書，很可能就包含著《漹河祿命》以及臨孝恭的《祿命書》。從推命方
法上來看，當時的命理術重神殺，單憑一些神殺就可以推知一個人命運如何。
尤其是各種祿、空亡、三刑、驛馬，它們在推命的過程中起著舉足輕重的作
用。這些都是宋代命理術推命的主要手段。此外，在呂才所舉的幾則命例中，
還可以發現年柱相較於其他各柱的重要性。比如，依秦始皇「金命正月，生
當絕下，爲人無始有終，老而彌吉」，可知當時是以年柱納音五行爲身命之所
在。又比如，文中諸命例，可以沒有日柱、時柱，但要有年柱及月柱。依照
宋人的推命習慣，命局往往不必四（五）柱齊備，只要有年柱及其他一二柱
足矣。年柱又爲月柱之所依，眾多神殺因此而定。因此，年柱依然是論命的
根本。依此檢索此文諸命例推命描述，發現唐初亦然。如魯莊公生於乙亥之
歲，建申之月，其空亡之斷即是以年柱干支爲依，而合於月柱地支；秦始皇
生於壬寅年正月。秦始皇年柱爲壬寅，其祿在亥，驛馬在申。呂才言秦始皇
「命當背祿，法無官爵，假得祿合，奴婢尚少」。按司馬貞於《史記》中的索
引，秦以亥月爲正月。〔註67〕秦始皇生於正月，即亥月，正合其祿，其命並
非背祿。但是呂才顯然是將這裡的正月看做寅月。若秦始皇生於寅月，則月
支背祿而又與祿合。且其年支寅與驛馬申相刑又相沖，故又稱「始皇又當破
驛馬三刑，身剋驛馬」；再看漢武帝，生於乙酉年七月七日，也即乙酉年癸未
月。以乙酉來推，其驛馬在亥，月支未雖不背馬而向馬，但距驛馬亥尚有四
辰；以乙酉爲據，其月支未又恰逢空亡。故曰「亦當祿空亡下，法無官爵，
雖向驛馬，尚隔四辰」。綜上所述，大體可以斷定，隋唐時期命理家推命，皆

〔註66〕（後晉）劉昫等撰：《舊唐書》卷79《呂才傳》，第2721～2723頁。
〔註67〕司馬貞索引言：「古曆者，謂黃帝調曆以前有上元太初曆等，皆以建寅爲正，
　　　　謂之孟春也。及顓頊、夏禹亦以建寅爲正。唯黃帝及殷、周、魯並建子爲正。
　　　　而秦正建亥，漢初因之。至武帝元封七年始改用太初曆，仍以周正建子爲十
　　　　一月朔旦冬至，改元太初焉。」參見（漢）司馬遷撰《史記》卷26《曆書》，
　　　　第1255頁。

以年柱爲主，其斷命依據之神殺，也是以年柱爲主而推出的。所有這一切，都在顯示一條重要信息：歷經數百年發展的命理術在隋唐之際已經走向定型。其推命方法不僅成熟，而且一直流傳於宋，爲宋人所繼承。唐初的命理術完全可以視作命理術古法時期的早期發展階段。之後的宋代命理術，作爲古法時期的繁榮階段，只是隋唐五代時期命理術的繼續。

　　大概也正因爲呂才這篇文章包含著確切的命理術古法記載，所以宋元時期一些人便據此來推測命理術的起源。「呂才稱（命理術）起於司馬季主及王充，其言淺哉。然（呂）才所詆建祿、背祿、三刑、劫殺、建學、空亡、勾絞、六害、驛馬之類，皆今世三命之術也。（命理術之產生）亦在才之前矣。」〔註68〕「祿命有書尚矣。唐太常博士（呂才）嘗刊定而敘之。然論長平坑卒、南陽貴士，則深斥其三刑六合之非。」〔註69〕有趣的是，更有甚者無視呂才反對命理術之初衷，竟將其視作命理術的始祖。如宋人蔡襄（1012～1067）便將命理術之起源直追溯至呂才，認爲「唐初乃有論命之說」〔註70〕。

二、李虛中墓誌銘與「李虛中術」

　　唐代另一篇有關命理文化的著名的文獻乃是韓愈（768～824）爲李虛中（761～813）所作的《殿中侍御史李君墓誌銘》。在這篇墓誌銘中，韓愈簡略講解了李虛中及其所用之術：「殿中侍御史李君，名虛中，字常容。其十一世祖沖，貴顯拓跋世。父憚，河南溫縣尉，娶陳留太守薛江童女，生六子，君最後生，愛於其父母。年少長，喜學；學無所不通，最深於五行書。以人之始生年、月、日、所值日辰，支干相生、勝、衰、死、王、相斟酌，推人壽夭、貴賤、利不利；輒先處其年時，百不失一二。其說汪洋奧美，關節開解，萬端千緒，參錯重出。學者就傳其法，初若可取，卒然失之。星官曆翁，莫能與其校得失。」〔註71〕這段話所提到的命理術非常簡單：「以人之始生年、

〔註68〕　（宋）晁公武撰、（宋）姚應績編、（清）王先謙校：《衢本郡齋讀書志》卷14《五行類》，《宋元明清書目題跋叢刊》（第二冊），第677頁。

〔註69〕　（元）陳基撰：《夷白齋稿·外集》卷上《贈黃瑞卿》。文津閣《四庫全書》第408冊，第360頁。

〔註70〕　（宋）蔡襄撰：《端明集》卷34《雜說》，文津閣《四庫全書》第364冊，第503頁。

〔註71〕　（唐）韓愈撰、馬通伯校注：《韓昌黎文集校注》卷6《殿中侍御史李君墓誌銘》，古典文獻出版社，1957年，第253、254頁。韓愈與此處誤將李虛中作北魏侍中李沖的十一世孫，據晁公武糾正，李虛中乃爲李沖的八世孫。見（宋）

月、日、所值日辰，支干相生、勝、衰、死、王、相斟酌，推人壽夭、貴賤、利不利；……」就是以年、月、日、時四柱的天干和地支爲依據，根據干支之間生剋刑合等關係來推測人生的貴賤壽夭。這句話並沒有提到其術是否以年柱爲主，不過考慮到唐初呂才已將年柱放在核心的位置，而後的宋代也繼承了這一傳統，因此很明顯，李虛中的四柱命理術應該也是以年柱爲推命核心的。然而對於這句話的理解，歷史上人們卻發生了嚴重的分歧。由於斷句不明，宋代以來就有不少人誤將此句讀作「以人之始生年、月、日所值日辰，……」。這樣一來，其術就變成了年、月、日三柱的命理術。宋代袁文（1119～1190）曾因社會的訛傳而發出這樣的疑惑：「舊聞李虛中論命不用生時。今觀《夷堅志》載季勳論命亦不用生時。此異事也。余曩時嘗與人論命，皆云惟生時爲最緊要。夫一時中有淺深，且分爲初、中、末。以此定禍福，猶恐有誤，今乃不用生時，何以取決乎？」〔註72〕不僅宋人有此誤解，明清以來不少術士甚至士人也以訛傳訛，終至四庫館臣將此觀點帶入《四庫全書》中。〔註73〕不過，稍後的紀昀便於《閱微草堂筆記》中糾正了自己所犯的錯誤。〔註74〕余嘉錫先生更是以眾多的史實精詳考證了唐李虛中時已出現了四柱論命的命理術。〔註75〕總之，經過千餘年來的爭論，基本上已澄清了李虛中算命使用四柱的事實。李虛中所用之術，與宋代命理術同屬於命理術之古法。所以宋代以後，人們往往以「李虛中術」來指代當時的命理術。李虛中也就逐漸成爲了命理術的代言人甚至創造者。

三、敦煌文書中的晚唐五代命理術

李虛中之後，在唐代歷史上似乎再很難見到有關命理術的任何記載。不過，隨著敦煌文書的發現，有關唐五代時期的占卜文書的出現在一定程度上

晁公武撰、孫猛校證《郡齋讀書志校證》卷14《五行類》，第620頁。

〔註72〕（宋）袁文撰：《甕牖閒評》卷7，《叢書集成初編》，中華書局，1985年，第67頁。

〔註73〕如四庫館臣在《徐氏珞琭子賦注》的《提要》中說：「然祿命之說，至唐李虛中尚僅以年月日起算，未有所謂八字者。」又比如，四庫館臣在《李虛中命書》的《提要》中也持有相同觀點：「詳勘書中義例，首論六十甲子，不及生人時刻干支，其法頗與韓愈墓誌銘所言始生年、月、日者相合。」參見《四庫全書總目》卷109《子部·術數類二》，第926頁。

〔註74〕（清）紀昀撰：《閱微草堂筆記》卷12《槐西雜志》卷2，上海古籍出版社，2010年，第290頁。

〔註75〕余嘉錫著：《四庫提要辯證》卷13《子部四》，第760～766頁。

彌補了這一研究的空白。近年來，黃正建的《敦煌占卜文書與唐五代占卜研究》就為世人介紹了敦煌文獻中有關占卜部分的情況。他對敦煌占卜文書進行了細緻的分類，並將其卜算方法與傳世典籍進行了比較結合，總結出當時各種術數的發展情況。在這些術數中，就包含有唐代的命理術。本文在黃正建總結的基礎上，進一步細化唐（主要是晚唐）五代時期命理術的發展情況。

黃正建對唐代祿命術的定義是較為寬泛的。「舉凡以人之生年（或月或日）來推算人之富貴貧賤、壽夭病厄的，無論是用五行八卦，還是用七曜九宮」，均屬於祿命術。他認為，敦煌祿命文獻可以分為兩類，一類是有著若干外來因素的、與星座宮宿有關的祿命術，也即星命術；另一類是用中國傳統的干支八卦五行來推算的祿命術。這兩類祿命文書，共約 34 件，其中星命術類祿命術文書 12 件，祿命術類文書 22 件。〔註 76〕很顯然，本文研究的命理術屬於黃氏所指的第二類。不過即便是在第二類祿命術中，也包含著一些命理術以外或邊緣的術數知識。所以在下面的論述分析中，還應注意區分它們與宋代命理術的聯繫。

在黃氏所列的 22 件敦煌命理文獻中，有些純以「遊年八卦」、九宮來論命，有些只提到遊年、行年或年立（即宋代命理術中之小運，相關內容參見本文第四章第五節「小運與太歲」）等內容。這些內容，很少出現在宋代命理術中。比如遊年八卦的內容，筆者並未在《五行精紀》或其他宋代命理文獻中發現。至於九宮、行年、年立等內容，雖然在《五行精紀》中也有論及，但是所佔篇幅甚少，只能說是宋代命理術的邊緣知識。宋代以來的命理術，無論是宋時所謂的李虛中術，還是明清時期的徐子平術，均是以人出生的時間所構成的多柱干支為分析對象，通過干支之間的刑沖會合害等關係來推算人的吉凶。在命理術漫長的演變過程中，或論命的重心有所偏移，或局中的神殺有所增減，但無論如何，其分析對象及知識框架未發生根本性的改變。敦煌文獻中所提到的遊年八卦、九宮等內容，從本質上來講，並不屬於命理術的研究對象，故而本文未將其列入命理文獻的考察範圍。在黃氏所列舉的 22 件敦煌命理文獻中，嚴格符合要求的大概只有 10 件。下面，就以這 10 件敦煌命理文獻為研究對象，來看看晚唐五代時期命理術的一些情況。

〔註 76〕黃正建著：《敦煌占卜文書與唐五代占卜研究》，學苑出版社，2001 年，第 107、108、119 頁。

　　P.3066。首尾殘。前有二殘片，其餘則有約 24 行。文書以年爲序，有較完整的 56 歲至 59 歲內容。如：「年五十八：男立癸亥，忌十月四月。所作不成，口舌竟起。弔死問病凶。算盡。女立乙亥，忌十月四月。犯地網。勿動土。患氣傷折之厄。算有二。」〔註 77〕此處應是以年立（即行年，也即宋代命理術中小運）來推算吉凶的。此算法以年立爲主，有關年立的推算方法，《五行大義・論人遊年年立》這樣規定到：「……遊年從八卦而數，年立從六甲而行。六甲者，男從丙寅左行，女從壬申右轉，並至其年數而止，即是行年所至，立於其處也。若欲算知之者，男以實年加二算而左數，女以實年加一算而右數，並從甲子旬始，盡其算，即是立處也。」〔註 78〕按《五行大義》之法，男子以丙寅始而推演，那麼其 58 歲時年立正好在癸亥之上；女子以壬申始而推演，那麼其 58 歲時年立正好在乙亥之上。

　　P.2856。本件文書甚長，文書首錄有一段與推祿命相關的文字。該段以年歲尾綱，分上中下三欄，推算宜忌。該段文字始於 16 歲，終於 78 歲。如：「年十九：男立甲申，算二，忌灶。女立甲寅，算盡，溺水。」〔註 79〕按上文中年立推法，男子十九歲，年立在甲申；女子十九歲，年立在甲寅。可見，這也是涉及到命理術古法之行小運之法的一段文字。其文書形成年代應與上一個文書相差不遠。

　　P.3896V。首尾殘，中有斷裂，存 23 行左右，但整件文書殘破文字難以辨認。從可以辨認的幾行文字看，它也屬於推男女小運之法：「年十八：男立癸未，算有二，水、灶厄。口（女）立乙卯，算生，忌水口……」黃正建認爲，這也是一件推男女年立法性質的文書，而且很有可能與 P.2856 是同一件文書。〔註 80〕

　　S.6215。首尾殘，後有《捨布施迴向疏》。殘存三行文字，分上下欄。如：「五十，乙卯，水，厄二月八月……五十二，辛金，四月十月三煞地網之厄。」〔註 81〕從內容上看，這份文獻也是有關命理術小運的。以上四件文獻，記錄的算命方法基本上都是小運推吉凶法。類似的方法在宋代的《五行精紀》中

〔註 77〕轉引自黃正建著《敦煌占卜文書與唐五代占卜研究》，第 124 頁。
〔註 78〕（隋）蕭吉撰：《五行大義》卷 5《論人遊年年立》，第 288 頁。
〔註 79〕轉引自黃正建著《敦煌占卜文書與唐五代占卜研究》，第 124、125 頁。
〔註 80〕轉引自黃正建著《敦煌占卜文書與唐五代占卜研究》，第 125 頁。
〔註 81〕轉引自黃正建著《敦煌占卜文書與唐五代占卜研究》，第 125 頁。

也有所反映。〔註82〕這些文獻時代不明，從其內容來看，或爲中晚唐時期文獻。由此可見，命理術中行小運之法當時已相當普及。

P.3175。前有六十甲子納音推命內容，首尾全。存23行。其文爲：「納音甲子占人姓行法：」甲子乙丑金，石中金，強不伏人。丙寅丁卯火，申宿火，乍急乍緩，惡口妨口。」戊辰己巳木，口生木，無定性，患偏風，多病⋯⋯壬戌癸」亥水，海中水，咸煞萬物，富貴。」天福十四年戊申歲十月十六日報恩寺僧口德寫訖耳。」〔註83〕該文書以六十甲子納音所成之象直推人性行、福禍，與《五行精紀‧論六甲納音法》一章內容極爲契合。然而這裡的納音五行所成之象與《五行精紀》及後世的六甲納音表內容卻又有所異。這很有可能是世人見到的最早的納音五行表。雖然內容殘缺不全，但是其於命理學史的文獻價值不容小視。另外一個重要信息是，該文書結尾處注有「天福十四年戊申歲十月十六日報恩寺僧口德寫訖耳」的字眼，由此可以斷定其文書出現在五代後漢乾祐二年（949）。〔註84〕

S.3724V。前爲六十甲子納音內容。其文曰：「六十甲子納音性行法：甲子乙丑金，石中金，剛強不伏」人。丙寅丁卯火，申宿火，乍急乍緩，惡撰方小子。戊」辰己巳木，臥生木，無定性，患偏風多病。」〔註85〕從內容看，這件文書與上一個P.3175基本相同，可視作同一時期的資料。

S.6258。殘存24行，分兩部分，其中後一部分17行也爲「納音甲子占人性行法」。開頭幾行爲：「甲子乙丑石急金，堅急如石。口陳之金而不柔軟，人性亦如之。煞妻。」丙寅丁卯申宿火，人性乍緣乍口，口口火不調，乍急乍（緩），煞少子。」戊辰己巳臥生木，性志卑下，不能高秀直上。人亦如之，多病。」〔註86〕從推命方法上來看，這件文書與上兩件文書應一致。所不同的是，該文獻對由納音五行所推出的人性特點描述地更爲詳細些。以上三件文書，均是以納音五行喻象分析手段來推測個人性行及命運。這些文書的年

〔註82〕 參見（宋）廖中撰《五行精紀》卷33《論小運》、卷34《論二運》，第259～262頁。

〔註83〕 轉引自黃正建著《敦煌占卜文書與唐五代占卜研究》，第128頁。

〔註84〕 按，天福元年爲後晉石敬瑭統治時期的936年，其後後晉出帝與後漢高祖也先後使用過天福年號。該年號爲後晉、後漢兩代三朝斷斷續續使用了9年。然而此處敦煌文獻卻寫有天福十四年的字眼，很顯然，當時的邊遠地區百姓不知中原年號的更替情況甚至改朝換代的情況，故有此誤。

〔註85〕 轉引自黃正建著《敦煌占卜文書與唐五代占卜研究》，第129頁。

〔註86〕 轉引自黃正建著《敦煌占卜文書與唐五代占卜研究》，第129頁。

代，大概皆爲五代時期。其所使用的方法，則廣泛見於宋代命理文獻中。無論從年代來看，還是從命理術方法來看，這三件文書對於今人瞭解唐宋之際命理術的納音五行喻象分析法都起到了關鍵的作用。

　　S.6157。很可能是一部祿命書中的部分內容。其命理部分內容包括：1、六十甲子推人小運法：畫有一圖，中爲圓圈，周寫六十甲子和所屬五行；圓圈四周寫八卦方位，並有「凡人欲得知本命相屬，皆從」太歲逆數，即知本命相屬……」凡數行年法，男從丙寅順〔數〕，……」女從壬申逆行」」。2、推人祿合法：「〔凡人行〕年至祿合者，君子其年求」官必得……」；推人驛馬合法：「凡人行〔年〕至驛馬合者，君子求」官必得祿位，大吉……」。〔註87〕該文書不僅再次提到推小運法，而且提到了命理術中推人祿合、驛馬合的知識。祿，指爵祿，十天干臨官之地爲祿。凡與人祿所在地支相合者，即爲祿合。按，宋代命理術中，以人年干爲主來查各支中祿，則十干人之祿與祿合分別爲：甲人祿在寅，祿合在亥；乙人祿在卯，祿合在戌；丙人祿在巳，祿合在申；丁人祿在午，祿合在未；戊人祿在巳，祿合在申；己人祿在午，祿合在未；庚人祿在申，祿合在巳；辛人祿在酉，祿合在辰；壬人祿在亥，祿合在寅；癸人祿在子，祿合在丑。該文書所謂「〔凡人行〕年至祿合者，君子其年求」官必得……」是指行年（小運）地支恰爲命主祿合地支時，命主該年求官必得。驛馬，指古代驛站中傳遞文書時奔走不息的馬匹。其在命理術中往往代表著走動、遷徙、職位調動等事項。宋代驛馬的查法，往往以人年支爲主，其具體查法如下：申子辰人驛馬在寅，寅午戌人驛馬在申，巳酉丑人驛馬在亥，亥卯未人驛馬在巳。驛馬合，則是指與驛馬相合之地支。如：申子辰人驛馬合在亥，寅午戌人驛馬合在巳，巳酉丑人驛馬合在寅，亥卯未人驛馬合在申。此文書所謂「凡人行〔年〕至驛馬合者，君子求」官必得祿位，大吉……」即是指命主行年地支恰爲驛馬合時，其人求官必得祿位。整體而言，此文書的推命細則較之前幾篇文書更爲細緻。而使用人生年及小運來推祿（合）推驛馬（合）等，都是宋代命理術常用的推命法。不過需要指出的是，上述這些推命知識並非於此處率先出現，在唐初呂才的《序祿命》一文中已然見到。這再一次證明了自隋代唐初至宋代，命理術的基本推命法則早已確立，期間並未發生根本的變革。

　　S.0612V。前半抄寫整齊，主要爲擇吉術內容，後半抄寫混亂，字體不同，

〔註87〕轉引自黃正建著《敦煌占卜文書與唐五代占卜研究》，第126頁。

為命理術基本知識。存 140 行左右，並有一幅圖。其中命理術基本知識內容部分包括：1、十干及十二支。2、辨父母兄弟妻財子孫法。3、五子元例正建法。4、推祿法。5、推驛馬法。6、五行相生、相剋法。7、五行十干方位。8、十二支相沖、相合、相害、相刑法。9、天道、歲德、月德、月空例。10、天恩、母倉、天赦吉日。11、飛廉惡煞。〔註 88〕上述十一項內容，絕大部分應屬於命理術知識體系。其中的推祿法、推驛馬法上件文書已經涉及。五行相生相剋、五行十干方位與十二支相沖、相合、相害、相刑法在隋代《五行大義》及更早的五行著作中都可以查到具體內容及淵源。至於「天道、歲德、月德、月空、天恩、母倉、天赦、飛廉惡煞」等內容，應該都屬於命理術中的神殺。前已提到，唐初呂才在《序祿命》中就引用了大量神殺，如建祿、劫殺、建學、空亡、河魁、祿、勾絞、驛馬等。而 S.0612V 提到的神殺又有不少新的面孔。事實上，當人們著眼於以宋代命理術為代表的命理術古法時，就會發現古法時期的神殺是在不斷增加中的。S.0612V 的出現既然很可能是在晚唐五代，那麼其時命理術中的神殺當較之唐初有不少增加。還有「五子元例正建法」，該法是用年天干推月天干的方法。《五行精紀‧雜釋諸例》有「五虎遁」歌訣講到這種方法，其歌訣曰：「甲己之年丙作首，乙庚之歲戊為頭，丙辛庚位依次數，丁壬壬起順行流，戊癸更徙何處起，正月便向甲寅求。」〔註89〕在敦煌文獻未發現之前，《五行精紀》中的「五虎遁」歌訣是今天所見到的命理文獻中最早記載以年干確定月干方法的資料。S.0612V 的出現，將這一方法的記載時間又提前不少。「推祿法」則提到「十干為祿，十二支為命」的說法。宋人往往將命理術稱之為「三命術」，就是因為宋代命理術視干為祿、支為命、納音為身。干、支、納音所代表的祿、命、身即為三命。王廷光和《金書命訣》都講到了三命所指：

> 談命者當分祿命身，以干配祿，以支合命，以納音論身，之謂
> 三命。〔註90〕

> 干為祿，定貴賤，支為命，定修短，納音為身，察盛衰。〔註91〕

〔註88〕 轉引自黃正建著《敦煌占卜文書與唐五代占卜研究》，第 126、127 頁。其中部分命理基礎知識內容筆者重做分類。
〔註89〕 （宋）廖中撰：《五行精紀》卷 28《雜釋諸例》，第 217 頁。該歌訣的具體使用方法，參見本文第四章第二節「命局的構成」。
〔註90〕 （宋）廖中撰：《五行精紀》卷 6《並論干神》，第 49 頁。
〔註91〕 （宋）廖中撰：《五行精紀》卷 9《論五行三》，第 76 頁。

由此可以明確三命即指祿——年干、命——年支、身——年柱納音。年干爲祿，定貴賤；年支爲命，定修短；年柱納音爲身，察盛衰。此件文書雖則未提到納音爲身的說法，但是它還是早在宋人之前提到了干爲祿、支爲命的說法。

　　Ф.362A。《俄藏敦煌文獻》編者將這件文書定名爲《星占流年》，然而細看其內容，則主要是講命理術之大運：「一論流運者，是一世？之動，作百年之期。凡大運」如大軍，如小卑將，大歲爲人君，三者相」和，然後濟事。大運五歲令八個月逆行。」今大運見居甲午金。今詳此運：貴神在位，」諸煞伏藏。一德扶身，眾凶皆散。此運之內，己」身亨通。此運之中，財物散失。此運之中，」大歲四十五歲，兼有遠行之災，不」爲害矣。四十六、七、八，財帛進旺，稍有」破財不利爲忌。四十九、五十歲，雖有」空亡暗合主氣，丁壬化木之本位。以此」（下缺）」〔註92〕該文書或許是最早記載大運內容的命理文獻。關於大運的起法及編排，宋人王廷光有一段提綱挈領式的論述。〔註93〕由於這裡的論述有限，且不明命主的性別，故而尚難斷言此處的起大運之法及大運編排之法。不過，文中所謂「大運五歲令八個月逆行」應是大運的起運時間無疑。按《珞琭子》「運行則一辰十歲」〔註94〕的說法，該命主應在五歲、十五歲、二十五歲、三十五歲、四十五歲……每隔十年轉運一次。而文書中記載：「今大運見居甲午金。今詳此運：貴神在位，」諸煞伏藏。一德扶身，眾凶皆散。此運之內，己」身亨通。此運之中，財物散失。此運之中，」大歲四十五歲，兼有遠行之災，不」爲害矣。四十六、七、八，財帛進旺，稍有」破財不利爲忌。四十九、五十歲，雖有」空亡暗合主氣，丁壬化木之本位。」可以推知，此處就是按照「運行則一辰十歲」的規定在行大運，且文中分析了命主四十五歲至五十歲期間新的大運的運勢好壞情況。所以，據此推斷，Ф.362A 中的大運使用方法應與後來宋代命理術中大運使用方法一致。若果真如此，那麼命理術的起大運法則至遲在唐代就已出現。

〔註92〕轉引自黃正建著《敦煌占卜文書與唐五代占卜研究》，第131頁。

〔註93〕王廷光曰：「論折除之法，必用生者，實歷過日時，數其節氣，以合歲月之數，乃若陽男陰女，大運以生日後，未來節氣日時爲數，順而行之。陰男陽女，大運以生日前過去節氣日時爲數，逆而行之。」見（宋）廖中撰《五行精紀》卷33《論大運》，第252頁。有關大運的具體起法及編排，本文於第四章第四節「大運」中有詳述，此不贅述。

〔註94〕（宋）廖中撰：《五行精紀》卷33《論大運》，第252頁。

S.6157、S.0612V、Φ.362A 這三件文書，涉及到的命理術知識較多，部分內容可以在唐初的《序祿命》或隋代的《五行大義》中找到類似論述，部分內容則是首次出現，且有些爲後來宋代命理術所繼承發揚。

從命理術發展階段來分析，上述 10 件文書很可能都形成於晚唐五代時期。這個時間段，上距隋代唐初已愈二百餘年，下距宋初尚有數十年至百年，可謂唐宋時期命理學之承前啓後的重要時期。長期以來，由於文獻的缺乏，世人一直無法得知這段時間命理術發展的狀況。敦煌文獻的發現，在一定程度上解決了這個問題。從這些文書的記載內容來看，命理術的算命方法在這段時期並未停滯不前，雖然沒有發生質的改變，但是其內容卻有所增益。正如筆者前文所提到的，自隋代唐初至宋代，命理術的基本推命法則早已確立，期間並未發生根本的變革。不過從目前掌握的文獻來看，無論是唐初還是五代，命理術的推命似乎還是較爲零散、未成體系。隋唐五代，只能看作是古代命理術古法時期的早期發展階段，它的進一步完善要留待宋人的努力了。

第二章　走向輝煌：宋代命理術的發展

第一節 宋代術數的繁榮

　　命理學發展到宋代，終於迎來了它的第一個輝煌的時期。〔註1〕宋代的命理市場，不僅集中於京城及各大城市，而且也遍及鄉村縣城。無論是廟堂之高還是江湖之遠，都可以見到命理術士們的身影。上至高官皇親，下至平民百姓，各個階層人們的生活都離不開術數的參與。命理術作爲當時流行的術數的一種，越來越多地爲人們所熟知。命理學的理論於此時出現重大的變革，古法日趨完善，新法日漸形成。在這一時期，命理學不僅迎來了古法時期的高峰，而且也逐漸開啓了今法時期的序幕。眾多的命理文獻，不僅其數遠遠超過了前朝的總和，而且其文也深深影響了後來的明清命理學。總之，無論是從市場繁榮，還是從理論發展、文獻數量、普及程度而言，宋代命理學的發展都遠遠勝過前朝。

一、宋代城鄉經濟的繁榮與術數行業的發展

（一）宋代城市卜算市場的繁榮：以開封、臨安為關注點

　　唐宋時期中國社會處於歷史變革期的觀點，已成爲多數學人的共識。尤其是宋代社會，無論在地權關係、經濟結構、階級構成、政治體制、賦役制度，還是在社會習俗、意識形態等諸方面，都發生著一些重大變化。葛金芳

〔註1〕 筆者認爲中國命理學在歷史上曾有過三次發展的黃金時期，第一次是在宋代，第二次是在明代中後期至清代，第三次是在晚清民國時期。

先生認爲，這些變化的實質性內涵，就是我國中古社會正經歷著由封建前期向後期轉化的過渡時期。宋代相對於漢唐，可以說是異質社會。它雖仍以農業立國，但在高度發達的農業經濟基礎上，已經生長出城市、貨幣、信用、商業等很多工商業文明因子。商品經濟成分在傳統社會母胎中急速成長。都市化進程加速，草市鎮勃興，地方性市場初步形成。〔註2〕包括命理術在內的整個術數市場的繁榮與宋代建立以來城鄉經濟的繁榮密不可分。從目前遺存文獻來看，文人們有關算命活動的記載絕大多數都發生在城市尤其是都城之中。這固然與記載者大多身處城市有關，但不容否認的是，宋代城市經濟的持續發展造就了卜算市場的繁榮。宋代以前長期盛行的城市管理制度「坊市制」退出了歷史舞臺，代之以適應新的商品經濟十分發達的城市管理制度「廂坊制」。城市經濟開始向著近代化開放式城市發展。城市的經濟意義明顯增長。在這樣一些空前繁榮的城市中，無論是命理術還是其他術數，都可以找到自己廣闊的市場。

以北宋都城東京開封爲例。開封在唐末即成爲中原地區東部的經濟與交通中心。五代及北宋多選址開封爲都，更多地考慮到其交通、經濟中心的作用。開封城是當時世界上擁有百萬人口的特大城市〔註3〕，商業空前繁榮，城內形成幾個繁華的商業街區。宮城正南門宣德門前的御街，自州橋出朱雀門，直至龍津橋，是主要飲食中心，尤以夜市著名，常常營業直至三更。內城的「潘樓街，街南曰『鷹店』，只下販鷹鶻客，餘皆眞珠、匹帛、香藥鋪席。南通一巷謂之『界身』，並是金錢彩帛交易之所，屋宇雄壯，門面廣闊，望之森然，每一交易，動即千萬，駭人聞見」。大相國寺每月初一、十五及逢三、八開放交易，不僅是著名的商業市場，而且還是開封城最重要的卜算市場。另外，城中還有許多娛樂消費場所勾欄瓦市，包括卜算在內的一些商業活動多在此進行：「街南桑家瓦子，近北則中瓦，次裏瓦。其中大小勾欄五十餘座。內中瓦子、蓮花棚、牡丹棚、裏瓦子、夜叉棚、象棚最大，可容數千人。自

〔註2〕　參見葛金芳著《兩宋社會經濟研究》，天津古籍出版社，2010 年，第 14、33
　　　　～36 頁。

〔註3〕　據周寶珠先生估算，「北宋東京最盛時有戶 13.7 萬戶左右，人 150 萬左右，是
　　　　當時世界上人口最多的城市」。參見周寶珠著《宋代東京研究》，河南大學出
　　　　版社，1992 年，第 338 頁。另一學者吳松弟亦按當時開封城內有 13.7 萬戶、
　　　　每戶 7 口計，統計城內有口百萬餘眾。參見吳松弟著《中國人口史》（第 3 卷），
　　　　復旦大學出版社，2005 年，第 574 頁。

丁先現、王團子、張七聖輩，後來可有人於此作場。瓦中多有貨藥、賣卦、喝故衣、探搏、飲食、剃剪、紙畫、令曲之類。終日居此，不覺抵暮。」〔註4〕城市經濟的繁榮，爲卜算市場的建立奠定了堅實的基礎。每日前來卜算市場問卦的，不僅有爲數甚多的市民，更有出手闊綽的高官顯貴。一些知名術士，常常出入將相之門，甚至直接以官員府邸爲其辦公場所。逢科考之時，還會有大批應考之人占問功名。因此，開封城是術士聚集之地。

首先來看北宋都城開封的卜算市場之規模。王安石曾對開封的卜算市場規模有過一個估量：「舉天下（卜者）而籍之，以是自名者，蓋數萬不啻，而汴不與焉；舉汴而籍之，蓋亦以萬計。」〔註5〕僅僅一個都城開封，從事卜算行業的術者就以萬計。王安石之語難免使人不生疑惑，但是考慮到開封城市經濟的繁盛狀況，今人周寶珠、吳松弟等人對當時開封城人口規模的推算，以及下文中有關宋人熱衷算命活動的記載，這一切似乎又在情理之中。

北宋開封的最大的卜算市場，就是大相國寺。據孟元老的《東京夢華錄》記載，當時的大相國寺「每月五次開放，萬姓交易」，在其後廊「皆日者貨術、傳神之類」。〔註6〕在大相國寺這樣一個商業大舞臺上，不少術士在此執業，想來問命圍觀的人絡繹不絕。宋代文獻中不乏當時的士大夫甚至王侯前來問卦的記錄。本文試舉數例，以見當時大相國寺卜算市場之繁盛。范鎮（1008～1088）在《東齋記事》中記錄了宋初四宰相同去相國寺卦攤前算命的故事：

> 張鄧公嘗謂予曰：「某舉進士時，寇萊公同遊相國寺前，詣一卜肆。卜者曰：『二人皆宰相也。』既出，逢張相齊賢、王相隨，復往詣之。卜者大驚曰：『一日之內，而有四人宰相。』相顧大笑而退。因是卜者聲望日消，亦不復有人問之，卒窮餓以死。」四人其後皆爲宰相，共欲爲之作傳，未能也。是時，鄧公已致仕，猶能道其姓名。今予則又忘其姓名矣。其人亦可哀哉！〔註7〕

〔註4〕　（宋）孟元老撰：《東京夢華錄箋注》卷2《東角樓街巷》，伊永文箋注，中華書局，2006年，第144～163頁。

〔註5〕　（宋）王安石撰：《王安石全集》卷70《汴説》，吉林人民出版社，1996年，第752頁。

〔註6〕　（宋）孟元老撰：《東京夢華錄箋注》卷3《相國寺內萬姓交易》，伊永文箋注，第288、289頁。

〔註7〕　（宋）范鎮撰：《東齋記事》卷3，中華書局，1980年，第28頁。此故事後又被陳鵠的《西塘集耆舊續聞》卷7（上海古籍出版社，1993年，第57、58頁）、江少虞的《宋朝事實類苑》卷49《卜者一日閲四宰相》（上海古籍出版

故事中的敘述者張士遜（964～1049）自敘曾與寇準（961～1040）、張齊賢（942～1014）、王隨（約975～1033）三人同往大相國寺一個算命攤位前問命。彼時四人尚未官居兩府。那位術士卻驚曰：「一日之內，而有四人宰相。」這不僅讓這四人「相顧大笑而退」，而且必也導致市場周圍人恥笑。於是前往此卦攤問命的人日漸稀少，逐至此術士窮餓以死。待此四人先後坐到宰相高位時，才意識到此術士術數之精，共欲爲之作傳，但其人久已離世。在這則典故中，不僅應注意到四位政府官員（或即將成爲政府官員的進士）前往相國寺問卦的事實，更應注意到這位術士窮餓以死的原因——在當時圍觀算命的人中，必有不少的顧客及周圍擺攤的術士。正是這些人，構成了大相國寺卜算市場的主體。這個市場的競爭必是極爲激烈殘酷的，若一個術士沒有好的口碑，恐怕很快就會被這個市場的主體所淘汰。很不幸，如果不是此人在當時市場中大膽預言四位顧客的前途，他也不會招致圍觀眾人的恥笑而搞砸自己的口碑，並最終門可羅雀，窮餓而死。

另一則在大相國寺看命的故事發生在鄭居中（1059～1123）、鄭紳（？～1127）身上。南宋陳鵠在《西塘集耆舊續聞》中記載了二人於相國寺卦攤前一卦萬錢看命的故事：

> 鄭燕公居中達夫，開封人。少遊上庠，登舍選。職學事，每休沐，常與鄭紳遊，紳嘗爲省直官，官罷，貧不事生產，公每給之。一日，同至相國寺，有日者榜卦肆，一卦萬錢，公如其數扣之。日者云：此命大貴，與蔡太師相類。究其詳，則拾起卦子，不復言矣。行數步許，語鄭曰：汝試令看。鄭笑曰：我有萬錢，即登旗亭痛飲，決不與此曹。公云：吾爲償金。強之往。日者曰：吾每日只推算一命，要看時，可預錄下，來日見訪。二人如期而往，日者默然良久，云：怪吒！這五行又與孟太尉相類。公頗不樂而去。蓋公少年馳聲學校，意氣方盛，得日者言益喜，試以鄭驗其術，何從解貴。然心懷覬望，又語鄭曰：吾二人更各以五千令覆算。日者不納。諭以覆看前二命，乃受，曰：二命皆大貴。先看者，將來與蔡太師同官。後看者卻先發，大抵相去不遠。公復問：何時當貴？日者曰：若見雪紛紛下時，卻來相謝。公戲鄭曰：術者道我貴，吾今已升舍，若登甲科，貴亦不難。謂汝貴時，恐無此理。鄭徐答曰：我亦有少寅

社，1981年，第645頁）所轉載，足見此事於兩宋間流傳甚廣。

緣，但不欲言。公力詰之，乃曰：某自喪偶後，有息女甫七歲，無人鞠養，將與中貴為養女，聞當進入內，性極慧黠，頗得寵遇。恐異時因此進身未可期。某以私告，切勿語人。公聞之，沾沾自喜，且欲驗日者之言，與鄭劇飲而歸。後復與鄭同行，忽遇雪下。公笑曰：日者言雪下時汝當貴。鄭曰：今得一杯暖寒足矣，望豈及此？公因留外館，流連逾日。忽有快行屢至學，尋問頗急，學廝輩不知公寓處，及歸，乃以告。公亦驚訝，未知何事。語未竟，復至，喜曰：幸得見學士。慈德宮鄭押班欲尋其父，遍問莫有知其家者，聞常與學士相過。公曰：少頃須至。但貧甚，吾每賙之，更寬兩日，為辦些衣服方可去。時公新婚，衾具甚厚，有銀盂在側，持以予之，曰：漫為酒資，可以此意覆知押班。快行得之殊過望，悉以其語達，押班甚德之。及鄭入見，具言居貧，每藉公賙恤，誼過手足。鄭自此有居第，應供日豐，與公往還，情好愈篤。及徽廟登極，慈德太后以押班賜上，封賢妃。未幾，為貴妃，恩寵日盛，六宮無出其右。政和元年冊后，以紳為樂平郡王。公初擢第，任真定教官。紹聖初，為太學博士。上即位，遷大宗正丞。崇寧間，自禮部郎召試中書舍人，除知樞密，以後故也。政和三年，再知院。六年，拜少保、太宰、兼門下侍郎。蔡儋州再入，正與之同相。日者之言異哉。葛文安公與公之孫為僚婿，嘗語余云。〔註8〕

此二人一擲萬錢在大相國寺一卦攤前求算一命。卦資之高，令人乍舌。可是更讓人唏噓的是，此術士每日只看一命，多則不看。二鄭所看此相國寺術士，大概屬於該市中的頂級術士吧。從其「每日只推算一命，要看時，可預錄下，來日見訪」的言語中，可以看出他不僅要價極高，而且態度亦有些倨傲。這從一個層面反映出這個市場生意的紅火——試想，如果沒有絡繹不絕的高官顯貴（且不論普通的顧客）每日來相國寺光臨問卜，又如何造就這一市場的天價術數大師。與上一個案例中的術士不同，此術士顯然深諳該市場生存之道。當然，與絕大部分此類記載一樣，此術士的推算是精確無差的，後來他的預言一一得中。鄭居中捲入北宋後期激烈的黨爭，並一度與蔡京同相。鄭紳則憑藉女兒在宮中的得寵而飛黃騰達。

〔註8〕　陳鵠撰：《西塘集耆舊續聞》卷7，第55、56頁。

　　有關於大相國寺卜算市場發生的離奇故事當然不止這些。〔註9〕上文所舉二例旨在說明這個市場的繁榮情況。前來大相國寺卜算市場光顧的顧客，主體應是開封各階層的居民，這其中就包括開封市的平民及各級政府官員。有如此繁榮的卜算市場，再考慮到北宋開封城的人口規模，那麼就可以感受到王安石所說的「舉汴而籍之，蓋亦以萬計」的卜者數字或許並非誇張。其實在當時的開封，術士們行走的地方絕不僅限于相國寺一地。據劉祥光的觀點，當時的汴河岸邊也是術士聚集之地。〔註10〕不過，這一市場的規模應該小於大相國寺內的卜算市場。今日在《清明上河圖》中，就能看到兩位術士的身影。一位遊走於汴河岸邊，衣衫襤褸，似食不果腹的樣子；一位衣衫整齊，端坐於卜肆之中，一人入座問卜，旁有數人圍觀。除此之外，《清明上河圖》中未見更多的卦攤與看命活動。

《清明上河圖》中的算命攤位圖〔註11〕

〔註9〕　有關大相國寺卜算市場發生的故事，還可以參閱（宋）江少虞撰《宋朝事實類苑》卷73，上海古籍出版社，1981年，第645頁；（宋）洪邁撰《夷堅志補》卷18《侯郎中》，中華書局，1981年，第1718、1719頁；（宋）蔡條撰《鐵圍山叢談》卷3，中華書局，1983年，第41～43頁。
〔註10〕劉祥光著：《宋代日常生活中的卜算與鬼怪》，第42頁。
〔註11〕圖片資料來源：故宮博物館資料信息中心，轉引自楊新等著《清明上河圖的

《清明上河圖》中的遊方術士圖〔註12〕

　　和北宋的都城開封一樣，南宋的行在臨安也是一個人口在百萬上下浮動的繁華都市。南宋時，這裡成為天下術士聚集之地。「臨安中瓦，在御街中，士大夫必遊之地，天下術士皆聚焉。凡挾術者，易得厚獲。」〔註13〕南宋士人的筆記中，不乏發生在臨安卜肆中的傳奇故事。這一點，在洪邁的《夷堅志》中可見一斑：《狄俏卦影》講述了狄青之孫狄俏在臨安以費孝先卦影術賣卜之事。〔註14〕《夏巨源》中術士夏巨源設卜肆於臨安中瓦，標價每卦五百

故事》，北京：故宮出版社，2012年，第15頁。圖中的卦肆位於虹橋與東角子門之間的繁華路段旁。卦肆蓬簷下掛著三塊招牌，上書「神課」、「看命」、「決疑」。坐中術士衣冠整齊，經濟條件較好。這也是筆者所見汴河邊唯一一所卦肆。

〔註12〕圖片資料來源：故宮博物館資料信息中心，轉引自楊新等著《清明上河圖的故事》，第11頁。在郊外汴河岸邊，搬運工堆放的糧包旁邊，有一位彎腰駝背、面容憔悴的算命先生（圖中右上）。他左手拿著一個招幌，右手招呼一路人，似在為其指點迷津。作為一名遊方術士，他的經濟狀況似乎不及上面那位卜肆中的術士。這也是筆者所見汴河邊唯一的一位遊方術士。參見陳詔著《解讀清明上河圖》，上海古籍出版社，2010年，第29頁。

〔註13〕（宋）張端義撰：《貴耳集》卷下，文津閣《四庫全書》第286冊，第579頁。

〔註14〕（宋）洪邁撰：《夷堅甲志》卷38《狄俏卦影》，中華書局，1981年，第109頁。

錢。〔註15〕《鐵掃帚》講一不知姓名的臨安術士常著道服，標榜曰鐵掃帚，設卜肆於執政府牆下。〔註16〕《李汪二公卜相》裏有一相士，於臨安卜肆中曳一牌，長三尺，題云「尋今年狀元」。〔註17〕《孫生沙卦》講到臨安術士孫自虛擺卦於軍將橋瓦市，雖不學無術，然口若懸河，俗謂之沙卦。〔註18〕

卜算市場還有夜市，宋人吳自牧在《夢粱錄》中描繪了臨安卜算市場的夜市中的繁榮景況：

> 大街更有夜市賣卦：蔣星堂、玉蓮相、花字青、霄三命、玉壺五星、草窗五星、沈南天五星、簡堂石鼓、野庵五星、泰來心、鑒三命。中瓦子浮鋪有西山神女賣卦，灌肺嶺曹德明易課。又有盤街賣卦人，如心鑒及甘羅沙、北算子者。更有叫「時運來時，買莊田，取老婆」賣卦者。有在新街融和坊賣卦，名「桃花三月放」者。其餘橋道坊巷，亦有夜市撲賣果子糖等物，亦有賣卦人盤街叫賣，如頂盤擔架賣市食，至三更不絕。冬月雖大雨雪，亦有夜市盤賣。〔註19〕

筆者在有關北宋東京開封的卜算市場史料中尚未發現夜市記載。無論北宋的東京開封還是南宋的行在臨安，都不乏熱鬧繁華的夜市。不過，開封的重要卜算市場位於大相國寺內。由於大相國寺山門有開放關閉時間，這裡當然不可能通宵營業。〔註20〕因此，卜算市場大規模夜市的出現很有可能始於南宋時期的臨安。南宋時期臨安夜卜市場的出現，是城市經濟進一步發展的

〔註15〕（宋）洪邁撰：《夷堅支丁》卷5《夏巨源》，中華書局，1981年，第1003、1004頁。

〔註16〕（宋）洪邁撰：《夷堅支戊》卷3《鐵掃帚》，中華書局，1981年，第1073、1074頁。

〔註17〕（宋）洪邁撰：《夷堅支戊》卷10《李汪二公卜相》，中華書局，1981年，第1133頁。

〔註18〕（宋）洪邁撰：《夷堅志補》卷18《孫生沙卦》，中華書局，1981年，第1721、1722頁。

〔註19〕（宋）吳自牧撰：《夢粱錄》卷13《夜市》，文津閣《四庫全書》第195冊，第783頁。

〔註20〕蔡絛的《鐵圍山叢談》記錄了宋徽宗趙佶尚為端王時使人持其八字前往大相國寺卜肆問命之事，就提到了大相國寺開山門後諸卜肆方營業的情況：「太上皇帝端邸時多徵兆，心獨自負。一日呼直省官者謂之曰：『汝於大相國寺遲其開寺時，持我命八字往，即詣卦肆，遍問以吉凶來。第言汝命，勿謂我也。』直省官如言，至歷就諸肆問禍福，……翌日，還白端正。王默然，因又戒訪：『汝遲開寺，宜再一往見。第言我命，不必更隱。』」參見（宋）蔡絛撰《鐵圍山叢談》卷3，中華書局，1983年，第41～43頁。

顯現。這從一個側面說明，南宋時期的都城的卜算市場的繁榮程度不僅不在北宋東京城之下，反而還在其上。總之，宋代城市的卜算市場一直是城市商業或文化活動中不可忽視的一個版塊，是宋代術數文化發展的一個重要特色。

（二）宋代鄉村鎮市的術數活動

走出城市，再把關注的目光投向宋代的鄉村鎮市的卜算市場與術士。宋代的卜算市場不僅僅出現在當時的城市中，更遍及廣大的鄉村鎮市（當然規模要小很多）。由於社會經濟的發展，宋代出現了作爲鄉村經濟中心的新型的「鎮」、「市」。〔註21〕和宋代城市中卜算市場的發展原因相近，宋代鄉村鎮、市等邊遠偏僻之地卜算市場的存在，不僅顯示出中國民間自古以來就有的卜算之風，而且也反映出宋代鄉村經濟的高度發展。

先秦以來，占卜活動就已成爲人們日常生活中必不可少的內容。南宋遺民鄭思肖（1241～1318）認爲春秋時期人們已開始以占卜擇墓地吉凶：「《莊子》曰：『衛靈公死，卜葬於故墓不吉，卜葬於沙丘而吉。掘之數仞，得石槨焉。』則周末已重卜葬之吉凶矣。」〔註22〕1975 年考古學家在中國湖北省雲夢縣西睡虎地發現的秦簡中，就包含有《日書》，文中所載乃是當時選擇吉凶的擇吉術。漢代以後直至唐代以前，由於正史的記載多在上層士人身上，人們對民間的術數流行情況很難確切統計。不過，比較《漢書‧藝文志》（以下簡稱《漢志》）與《隋書‧經籍志》（以下簡稱《隋志》）有關術數書籍的著錄，還是大體可以看到這一時期術數在民間的發展狀況。趙益在這方面曾做過細緻的研究，他認爲東漢以後術數的義理化過程已經大致停止，在精英學術體系中不斷趨於邊緣。術數復歸民間，其應用愈多，變化愈雜。《隋志》與《漢志》相較，術數類書籍呈現出以下幾個變化特點：一是《漢志》尚無明確的「風角」書，《隋志》「風角」書數量極夥，且與五音、鳥情等術相結合；二是《漢志》雖已出現式法類書籍，但數量極少，《隋志》中式法類書籍數量則蔚爲大觀，並已細分爲太一、遁甲、六壬之術；三是《漢志》基本不載讖緯

〔註21〕 有關宋代鄉村草市以及在此基礎上形成的「鎮」的論述，參見葛金芳著《中國經濟通史》（第五卷）第十二章第三節「草市勃興與部分地區市鎮網絡體系的形成」，湖南人民出版社，2002 年，第 481～495 頁；另可參見白壽彝總主編、陳振主編的《中國通史》第七卷《中古時代‧五代遼宋夏金時期》（上冊），第 702～705 頁。

〔註22〕 （元）鄭思肖撰：《鄭所南先生文集‧答吳山人問遠遊觀地理書》，《續修四庫全書》第 1320 冊，第 130、131 頁。

之書，《隋志》中則有不少讖緯與術數結合的書籍；四是易占書數量大增，並出現許多新的門類；五是《隋志》中出現了祿命專書，反映出當時的祿命學開始獨立，並趨於系統；六是《隋志》中行法類（包括相地、相宅術、相人術、相牲畜術、相器物術等）呈現出新的發展。〔註23〕通過趙氏的總結分析，可以想見這期間術數在民間成長發展的狀況。

唐代，是中國古代術數發展的一個重要時期。術數對民間生活的滲透也愈加深入。唐初呂才在《序葬書》一文中說到：「暨乎近代以來，加之陰陽葬法，或選年月便利，或量墓田遠近，一事失所，禍及死生。巫者利其貨賄，莫不擅加妨害。遂使葬書一術，乃有百二十家。各說吉凶，拘而多忌。」〔註24〕唐初術數諸家中，僅葬術就可分為百二十家。則當時民間術數之繁可想而知。唐代民間算命風氣盛行，《太平廣記》中收錄有不少這樣的故事。〔註25〕而敦煌文書中有關占卜的文書約有 230 件，涉及到唐、五代時期百姓生活的方方面面，數量之多，甚至超過了「儒典」文書。〔註26〕這正是占卜之風在民間廣泛流行的一個有力證明。總而言之，上述史料及研究成果較充分地表明，宋代以前民間占卜算命風氣就已非常盛行。

宋代的鄉野村鎮人民秉承了前人求卜問命的遺風。這從宋人的筆記中可以大致看出一些端倪。宋初蜀人黃休復在《茅亭客話》講到了當時蜀地靈池縣一帶村民的卜算之風：「靈池縣洛帶村民郝二者，不記名，嘗說其祖父以醫卜為業，其四遠村邑，請召曾無少暇。畫一孫眞人，從以赤虎，懸於縣市卜肆中。」〔註27〕村民郝二祖父以醫卜為業，附近村民問卜求醫者少不了麻煩他。雖然不詳郝二祖父醫術、卜術的精湛程度，但從「請召曾無少暇」的描述來看，其口碑、生意應該俱佳。此人並非赤腳醫生或遊走四方的算命先生，他在縣裏還開有卜肆。雖然在如此偏遠的鄉野，未必形成有規模的卜算市場，但是行業內的競爭恐怕是存在的。從中不難發現，宋初算命之風早已深入到蜀地的鄉野縣城中。

蜀地如此，中原鄉野的卜算之風又如何？沈括在《夢溪筆談》中透漏了

〔註23〕趙益著：《古典術數文獻述論稿》，第 142～167、171 頁。
〔註24〕（後晉）劉昫等撰：《舊唐書》卷 79《呂才傳》，第 2723 頁。
〔註25〕相關論述，參見劉祥光著《宋代日常生活中的卜算與鬼怪》，第 43、44 頁。
〔註26〕黃正建著：《敦煌占卜文書與唐五代占卜研究》，第 2、3 頁。
〔註27〕（宋）黃休復撰：《茅亭客話》卷 8《好畫虎》，文津閣《四庫全書》第 347 冊，第 258 頁。

一些這方面的線索：「潁昌陽翟縣有一杜生者，不知其名，邑人但謂之杜五郎。所居去縣三十餘里，唯有屋兩間，其一間自居，一間其子居之。室之前有空地丈餘，即是籬門，杜生不出籬門，凡三十年矣。……問其所以為生，曰：『昔時居邑之南，有田五十畝，與兄同耕。後兄之子娶婦，度所耕不足贍，乃以田與兄，攜妻子至此。偶有鄉人藉此屋，遂居之。唯與人擇日，又賣一藥，以具饘粥，亦有時不繼。後子能耕，鄉人見憐，與田三十畝，令子耕之，尚有餘力，又為人傭耕，自此食足。鄉人貧，以醫卜自給者甚多，自食既足，不當更兼鄉人之利，自爾擇日賣藥，一切不為。」〔註28〕據文中主人公杜五郎所述，他在去河南潁昌陽翟縣三十餘里的鄉野居住，以醫卜為生。在這樣一個窮鄉僻壤裏，居然「以醫卜自給者多」。可知此地卜算需求量不小。偏僻之地尚且如此，中原的縣城鄉村卜算之風之炙熱亦可見一斑。

　　南宋時，鄉村卜算之風不減。洪邁在《夷堅志》的幾個故事中展現了當時浮梁鄉村間卜算之風的盛行。《凌二賭博》的故事中，家住浮梁西村的村民凌二嗜賭如命，常以卜筮來決輸贏。〔註29〕《浮梁二士》中，浮梁壽安鄉讀書人馮一飛秋試罷歸鄉，道遇一賣豆腐的村民為其相夢，斷定馮一飛必奪魁。後果真如此。〔註30〕而在第三個故事《方大年星禽》中，浮梁村落間的術士方大年甚至直接協助官府緝拿盜賊：

　　　　乾道中，浮梁村落間有術士方大年，精於禽課，邑人稱為方星禽。但極嗜酒，無日不醉。值其醒時，卜應如響。西鄉張氏富於財，遭凶盜肆劫，捕之不獲。府縣以責尉盛生，懼譴，然無所施力。弓級詹通，奮以訪逐為己任。盛問有何所據，對曰：「恰行市中，逢方星禽醒然無醉態，因命之作卦，曰『賊已去此五百里，急往追之，尚可得。然須在絲竹管絃之下。』其言辭必可信，友給引帖以行。」即挾一客能物色奸惡者，俗謂之眼，與之俱西。到江州，寓旅邸。……越三日，了無所遇。共過一茶肆，肆之後皆作僦舍，商賈雜沓。見一人，布袍獨坐。為眼者異之，近其側，詳扣鄉里蹤跡。其人應答窘怍，欲起不能。眼者叱使住，目詹執縛。其人束手就擒，承伏厥罪。詹偶舉首仰視，則笙簫鼓笛，列掛壁間，始驗方生之術。歸縣

〔註28〕　胡道靜著：《新校正夢溪筆談》卷9《人事一》，第73頁。
〔註29〕　（宋）洪邁撰：《夷堅支戊》卷10《凌二賭博》，中華書局，1981年，第1134頁。
〔註30〕　（宋）洪邁撰：《夷堅支庚》卷2《浮梁二士》，第1149、1150頁。

誦言之，從此增價。而方不能節飲，竟以酒病亡。有弟大昌猶在，

然推算非兄比也。【右四事子理說。】〔註31〕

上述這三則故事，都發生在浮梁附近的村落，故事中的求卜之人，有村氓賭徒，有書生，甚至還有官府衙役。而占卜之人，既有普通村民，亦有專業術士。所佔之事，形形色色，包括賭博、功名以及官府的刑事案件。占卜活動深入到鄉間百姓生活的方方面面，牽涉到各色人群。一些卦資不菲的明星術士也開始在鄉間卜市中嶄露頭腳。僅浮梁一地鄉村間，就有如此多的占卜記載，宋代廣袤的鄉村鎮市中卜算活動之頻繁必不難想像。這些現象都揭示出南宋鄉村經濟的進一步發展以及由此帶動的卜市的成熟。

宋代鄉村鎮市百姓熟悉術士算命手段到什麼程度，通過宋代話本《三現身》中人物之口能略知一二。在這個故事的開頭，有一位來自東京開封府的術士李傑在兗州府奉符縣開了一個卜肆，書中描寫道：「今日且說個賣卦先生，姓李，名傑，是東京開封府人。去兗州府奉符縣前開個卜肆，用金紙糊著一把太阿寶劍，底下一個招兒，寫道：『斬天下無學同聲。』這個先生果是陰陽有準。」這個術士在一個小縣城裏開個卜肆，居然還爲自己大作廣告，反映出當時卜算市場的成熟程度。很快，故事隨著一位縣押司孫文的前來問卦而展開。奇怪的是，孫押司在報完生辰八字後，術士李傑一再拒絕算命，表示「這命算不得」。後經不住孫押司的一再請求，他才告知孫押司當於本日三更子時死。結果是，孫押司與術士李傑扭打在一起。恰好此時幾個司事人從縣衙裏走出來，他們攔住了孫押司，問清了緣由，於是對孫押司說：「若信卜，賣了屋；賣卦口，沒量斗。」然後他們又埋怨術士李傑道：「李先生，你觸了這個有名的押司，想也在此賣卦不成了。從來『貧好斷，賤好斷，只有壽數難斷』。你又不是閻王的老子，判官的哥哥，那裡便斷生斷死，刻時刻日，這般有準。說話也該放寬緩些。」〔註32〕後面的故事情節暫且不表，但就這一段的描述來說，顯然可以看出當時的百姓對算命活動是再熟悉不過了。或許是因爲自己及身邊人多有問命看相的經歷，長期的耳濡目染使得當時百姓對於算命活動的本質瞭解的一清二楚。這從「若信卜，賣了屋；賣卦口，沒量斗」這樣的民謠中可以很清楚地看出。至於「貧好斷，賤好斷，只有壽數

〔註31〕（宋）洪邁撰：《夷堅支庚》卷2《方大年星禽》，第1151頁。

〔註32〕《三現身》，選自程毅中輯注《宋元小說家話本集》，齊魯書社，2000年，第54、55頁。

難斷」這樣的話，更顯示出縣裏的這些百姓對於賣卦先生的算命伎倆掌握的一清二楚。僅僅從這一小段的描述中，就看出了算命活動在宋代縣鄉中是怎樣地爲百姓所熟知。

（三）活躍於宋代城鄉間的遊方術士

宋代城鄉間流動人口數量較之前朝大大增加。流動人口在宋代的大量出現並不是偶然的。從唐到宋，最重要的社會變遷之一是賤民的解放。在宋代，人民由貴族的奴隸身份得到解放，成爲佃客。新的勞動形態出現，莊園閉鎖經濟已告消失。農民居住權在制度上獲得自由。越來越多的自由民被捲入宋代經濟發展的浪潮中。〔註33〕法國學者謝和耐認爲，11～13 世紀的中國人較之於漢代、六朝或唐代更經常也更樂意流動。事實上，商業大潮流帶動著人流。農村生活困難，城市中職業數量與類別繁多，作爲財富中心與娛樂中心的城市富於吸引力，凡此種種都促使游民與貧農流向大居民點。總之，這是一個比前代更爲流動的社會。〔註34〕正是這樣一個流動的社會，造就了宋代大量的遊方術士。

宋代的遊方術士，流動性很強。他們往來於城鄉之間，居無定所，宋代北方人稱其爲「巡官」。陸游曾說：「今北人謂卜相之士爲巡官。巡官，唐、五代郡僚之名。或謂以其巡遊賣術，故有此稱。」〔註35〕這種遊方術士常年漂泊在外。他們於城市中走街串巷爲人看命，於鄉村中沿鄉叫賣卜算之術。《夷堅志》中記錄了一位饒州石門術士李天祐「常時遊行他郡，不遠千里」。他在吉州賣卜，一住三歲，乃還家。〔註36〕可見這種遊方術士生活是很艱苦的。南宋劉剋莊（1187～1269）給一位術士施伯山的序中說到施某「客四方，遊三邊，進不能取一命，退不能謀把茅丘田」〔註37〕，語氣中充滿了同情憐憫。在城鄉中，這種遊街串巷的術士應該隨處可見。〔註38〕劉剋莊談到當時術士

〔註33〕 張其凡著：《兩宋歷史文化概論》，廣東人民出版社，2002 年，第 44～52 頁。
〔註34〕 謝和耐著，黃建華、黃迅余譯：《中國社會史》，第 280、281 頁。
〔註35〕 （宋）陸游撰：《老學庵筆記》卷 2，中華書局，1979 年，第 25 頁。
〔註36〕 （宋）洪邁撰：《夷堅三志辛》卷 10《李天祐》，第 1460、1461 頁。
〔註37〕 （宋）劉剋莊撰：《後村先生大全集》卷 109《術者施元龍行卷》，《宋集珍本叢刊》，線裝書局，2004 年，第 117 頁。
〔註38〕 我們試舉數例來說明城鄉間遊方術士的隨處可見。據釋文瑩《玉壺清話》卷 4 載，宋真宗尚爲開封府尹時，曾在街上找來一位瞽卜者看其左右人之命。見釋文瑩撰《玉壺清話》卷 4；還有一些士人在外應舉，往往路遇術士爲其占卦功名，相關記載可見（宋）王辟之撰《澠水燕談錄》，中華書局，1981 年，第 74 頁；（宋）洪邁撰《夷堅支庚》卷 2《浮梁二士》，第 1149、1150 頁；（宋）

遊走四方的場景道：「太史公傳日者不三二人，……今挾術浪走四方者如麻粟，……有盤街不售，有守門不得見，有不問而告者矣。」〔註39〕正因爲遊方術士隨處可見，所以至有士大夫召喚術士上門服務時，其府邸前往往術士盈門。陸九淵（1139～1193）就講到當時士大夫門前之應召術士竟有「一日之間，旁午於道」的景象：「小命之術，起來久矣，於今尤盛。余又聞近時府第呼召術士，有一日之間，而使人旁午於道者。」〔註40〕

　　遊方術士不僅自己雲遊四海，尋找生意，更有一些人隨外出赴任官員同行，爲其卜算行路吉凶。宋代官員外出赴任，似乎有攜帶術士同行的癖好。這大概是因爲他們在路途上難免會遇到種種困難吧，讓術士伴其左右，以便問卜一路上前途之吉凶。這一點，可以在當時宋人的一些筆記小說中得到部分答案。〔註41〕當然，這種癖好是朝廷所不能容忍的。《州縣提綱》告誡赴任官員「親隨僕，若醫，若僧道，四者俱不宜帶」〔註42〕。李元弼作於政和七年（1117）的《作邑自箴》，也提到了剛剛到任的官員，有必要於任所告知眾人自己沒有攜帶術士及雜色人等：「才禮上，便出榜十數，要鬧處、井鎮市曉諭無親戚、門客、秀才、醫、術、道、僧、人力之類隨行，仍牒管下官監場務照會。」〔註43〕官員如此大張旗鼓表示自己未與術士同來，雖爲避嫌，但也頗有此地無銀三百兩之意味。

　　在這些遊方術士中，有一些人挾術遊於公卿間，名利雙收。他們經常出入權貴府邸，服務於朝中顯貴。他們既不用走街串巷，亦不用在士大夫府邸前苦苦守候。這類術士，由於有貴人的幫扶，生活條件非常優越。王安石記錄下了當時這類術士出入將相之門及錦衣玉食的生活：

　　　　江少虞編《宋朝事實類苑》卷45，上海古籍出版社，1981年，第593頁。文多不載。

〔註39〕（宋）劉克莊撰：《後村先生大全集》卷109《術者施元龍行卷》，《宋集珍本叢刊》，第117頁。

〔註40〕（宋）陸九淵撰：《陸九淵集》卷20《贈黃誼舜》，鍾哲點校，中華書局，1960年，第247頁。

〔註41〕參見（宋）洪邁撰《夷堅支丁》卷5《潘見鬼卜》、《夏巨源》，第1003、1004頁；（宋）王辟之撰《澠水燕談錄》卷6《進士李某》，中華書局，1981年，第77頁。

〔註42〕（宋）佚名撰：《州縣提綱》卷1《四不宜帶》，文津閣《四庫全書》第199冊，第744頁。

〔註43〕（宋）李元弼撰：《作邑自箴》卷1《處事》，《續修四庫全書》本第753冊，第139頁。

予嘗視卜汴之術士，善挾奇而以動人者，大抵宮廬、服輿、食
飲之華，封君不如也。其出也，或召焉，問之，某人也，朝貴人也；
其歸也，或賜焉，問之，某人也，朝貴人也。〔註44〕

這些出入公卿之門的術士在宋人的筆記小說中並不少見。〔註45〕此類術
士挾術自重，又得顯貴照顧，故難免有些睥睨一切的氣勢。〔註46〕王辟之在
《澠水燕談錄》中記下了一位在呂夷簡（979～1044）府前因吃閉門羹而破口
大罵的術士「史不拘」的活靈活現的形象：

史延壽，嘉州人，以善相遊京師，貴人爭延之。視貴賤如一，
坐輒箕踞稱爾我，人號曰史不拘，又曰史我。呂文靖公嘗邀之，延
壽至，怒閽者不開門，叱之。閽者曰：「此相公宅，雖侍臣亦就客次。」
延壽曰：「彼來者皆有求於相公，我無求，相公自欲見我耳。不開門，
我竟還矣。」閽者走白公，公開門迎之。延壽挾術以遊於世，無心
於用舍，故能自重也如此。〔註47〕

無獨有偶，沈括在《夢溪筆談》中也記有這樣一位因在貴人府邸門前吃
閉門羹而拂袖而去的術士的故事。只是這次的主人公變成了賈昌朝（998～
1065）和術士「許我」。而故事的結尾是，儘管賈昌朝「又使人謝而召之，終
不至」。〔註48〕

其中一些明星術士，往往館於公卿府邸，甚至直接以此為其生意場所。
如曾館於曾布相府的術士「劉快活」就是一例：「劉快活，信之黥卒也，不知
何地人。始以倡狂避罪入山中，適有所遇，遂能出神，多作變怪。與人言，
率道人吉凶，雅有驗。每自稱『快活』，故時人呼之為『劉快活』。喜出入將
相貴人門，……嘗從丞相曾佈在東府。」〔註49〕另有徽宗時期大名鼎鼎的術
士「洞微先生」王老志也曾館於蔡京之邸。時士大夫求卜問命者不絕，「故其
門如市」。大概蔡京不滿自己的府邸因之變成卜算市場，故上奏皇帝曰：「慶

〔註44〕（宋）王安石撰：《王安石全集》卷70《汴說》，第752頁。
〔註45〕參見劉祥光著《宋代日常生活中的卜算與鬼怪》，第31～35頁。
〔註46〕政、宣年間（1111～1125），朝廷重術數，朝士多結交術士。一些術士公然宣
　　　　稱「士大夫窮達在我可否之間」。參見周輝撰《清波雜志校注》卷3《日者談
　　　　休咎》，中華書局，1994年，第104頁。
〔註47〕（宋）王辟之撰：《澠水燕談錄》卷4，中華書局，1981年，第47頁。
〔註48〕（宋）沈括撰：《夢溪筆談校證》卷18《技藝》，上海古籍出版社，1987年，
　　　　第177頁。
〔註49〕（宋）蔡絛撰：《鐵圍山叢談》卷5，中華書局，1983年，第86頁。

賞刑威，乃上之柄；縉紳不應從方士驗禍福，且不經。」其後，王老志「亦謹畏，乃奏斷之」。〔註50〕

　　另有一些遊方術士，不僅以術數結交權貴獲得厚祿，而且竟以此獲得功名。如「孟翊有古學而精於《易》。魯公（蔡京）重之，用爲學官」〔註51〕。又如著名術士蜀人謝石「宣和歲壬寅到輦下，以術得名。善相字，使人書一字，即知人之用意，以卜吉凶，其應如響，遂得榮顯」。謝石後「以武弁獲美官」。〔註52〕更有浙江術士陳彥，本在開封落魄不堪，因在宋徽宗趙佶尚爲端王時查驗出其八字有天子之命，而得趙佶器重，後於趙佶登基後官至節度使：「逾年，太上皇帝（趙佶）即位，彥亦遭遇，後官至節度使。」〔註53〕陳彥發跡之速，令人咋舌，一時名揚京城，都人稱其爲「賣卦陳」。〔註54〕

　　遊方術士的大量存在，既是宋代城鄉人口流動加劇的真實寫照，也是城鄉社會經濟繁榮的反映。他們頻繁出沒於城鄉之間，居無定所，既爲宋代城市與鄉間的卜算市場搭建起了溝通的橋樑，也爲城鄉間經濟的發展注入了多樣的活力。

　　唐宋變革背景下宋代城市和鄉村的新型發展特點，造就了其城鄉經濟的繁榮。在此基礎上催生出的卜算市場較之前代也更具活力。不僅都市有大型卜算市場，即便如鄉野鎮市也有不同規模的卜市。越來越多的遊方術士開始從農村走向城市，爲當地的卜算市場乃至城市經濟的發展貢獻力量。總之，宋代卜算市場的繁榮，既是其城鄉經濟發展的結果，也是城鄉經濟繁榮的展現。

二、雕版印刷的普及與術數書籍在宋代的廣泛流通

　　宋代術數文化較之前朝傳播迅猛。這與當時術數（占卜）書籍的廣泛流通密不可分。建立在宋代出版產業成熟背景下的術數書籍的廣泛傳播，是宋代術數文化繁盛不衰的重要原因之一。由卜算市場需求帶動的術數書籍產業發展，最終在宋代形成了一個市場——書坊商——寫作者之間的產業鏈。

（一）雕版印刷：始於宋代普及的技術

　　術數在宋代較之前朝傳播迅猛的一個有力證明，是術數書籍的廣泛流

〔註50〕　（宋）蔡條撰：《鐵圍山叢談》卷5，第87、88頁。

〔註51〕　（宋）蔡條撰：《鐵圍山叢談》卷3，第41頁。

〔註52〕　（宋）蔡條撰：《鐵圍山叢談》卷3，第42頁。

〔註53〕　（宋）蔡條撰：《鐵圍山叢談》卷3，第41〜43頁。

〔註54〕　（宋）周煇撰：《清波雜志校注》卷6《賣卦陳》，第242頁。

通。而術數書籍的廣泛傳播又與當時雕版印刷業的興起有直接聯繫。雕版印刷術發明於唐代，但是在晚唐至宋初 200 餘年中，卻並未得到普及。「唐末年猶未有模印，多是傳寫。」〔註 55〕今天的唐代的雕版印刷物除了少量佛教經卷外，並無一部術數文獻傳世。北宋初年，這一情況並未得到有效改善，據蘇軾回憶，其幼時讀書人所讀之書仍多為手抄：「……欲求《史記》、《漢書》而不可得。幸而得之，皆手自書。」考慮到成都是宋代四大刻書中心之一，讀書人欲求一刻本尚且如此困難，則宋初各地刻本書籍的出版必不甚樂觀。

　　雕版印刷在宋代開始大規模地投入應用，應是在北宋中期。「近歲市人轉相募刻諸子百家之書，日傳萬紙，學者之於書，多且易致如此……」〔註 56〕雕版印刷術的普遍應用，使得宋朝書籍產量大增。田建平認為，書籍產量的巨大，導致了宋代書價的下降，基本上實現了書價的平民化。這在中國乃至世界書籍史上，堪稱「書價革命」。「書價革命」開啓了宋代書籍生產與消費的大眾化歷史。〔註 57〕宋代書價不高，書籍的利潤卻極高。以下這一表格的內容大體展現了宋代書價和賣書利潤的情況：

宋代書價和賣書利潤表〔註 58〕

項目／書名	冊數	刻地	時間	每部書價	每部工本費	每部盈利		資料來源
						數額	百分比	
《杜工部集》	10	蘇州	嘉祐四年（1059）	1000 文	／	全部盈利數千緡	接近100%	《吳郡志》
《小畜集》	8	黃州	紹興十七年（1147）	3970 文	1190 文	2780 文	233%	葉德輝《書林清話》
《大易粹言》	20	舒州	淳熙三年（1176）	8000 文	3480 文	4520 文	130%	葉夢得《石林燕語》
《漢雋》	2	象山	淳熙十年（1183）	600 文	356 文	244 文	70%	葉夢得《石林燕語》

〔註 55〕（宋）羅璧撰：《識遺》卷 1《成書得書難》，載（宋）王觀國、（宋）羅璧撰《學林・識遺》，王建、田吉校點，嶽麓書社，2010 年，第 3 頁。

〔註 56〕（宋）蘇軾撰：《蘇軾文集》卷 11《李氏山房藏書記》，中華書局，1986 年，第 359 頁。

〔註 57〕田建平：《書價革命：宋代書籍價格新考》，《河北大學學報》（哲學社會科學版）2013 年第 5 期。

〔註 58〕該表轉引自葛金芳著《中國經濟通史》（第五卷），第 370 頁。

　　如此高額的利潤，使得眾多私家刻書作坊如雨後春筍般湧現。何忠禮提到：「雕版印刷業到宋代有了突飛猛進的發展，官私刻本都很盛行。」〔註59〕這其中提到的私刻本又可分爲家刻與坊刻兩種。家刻本多爲士大夫家雇人雕刻的詩文集或筆記，基本上無關於社會需求；書坊所刻的坊刻本則以市場需求爲導向，以牟利爲目的。本文提到的宋代眾多術數類書籍多由當時書坊所刊刻。〔註60〕書坊刻書，在宋代幾乎遍及全國。南宋刻書地點有 170 多處，其中以兩浙路最多，江南東西路、荊湖南北路、福建路也不少。據考證，僅杭州一市有名可考的書鋪就有 16 處。〔註61〕汴京、臨安、成都、建安是宋代刻書的四大中心。〔註62〕兩宋雕版印刷業趨於鼎盛，刻本有數萬部之多。〔註63〕而能夠流傳至今的，也有六、七百種。〔註64〕

　　美國學者伊佩霞認爲，宋代雕版印刷術的普及有助於思想與實踐的傳播與統一，但它對地方社會結構的影響還不僅限於此。在宋代，社會上印刷的書籍不僅有歷史、儒學經典和話本，還包括有關農業、生育、占卜和藥學的手冊。這樣，以前主要靠口頭流傳的傳統知識被訴諸文字，有利於人們進行批評或付諸實踐。老百姓可以讀到以前只有專家掌握的知識，他們可以自行舉行葬禮、占卜，或爲自己的家人開方抓藥。〔註65〕簡言之，雕版印刷術的興起，已經深刻影響到宋代地方社會結構。而本文探討的宋代術數書籍產業，正是在這一影響下崛起的新興產業。

（二）術數書籍：宋代出版產業的重要板塊

　　當時民間需求量較大的書籍中，術數之書無疑是其中重要的組成部分。謝和耐（1921～2018）認爲，「有可能因複製宗教經文之需而引發的技術，首

〔註59〕 何忠禮著：《南宋科舉制度史》，人民出版社，2009 年，第 285 頁。

〔註60〕 然而一些士大夫依據個人喜好或牟利等原因也會刊刻一些市場上流行的術數書籍。如本文所倚重的宋代最重要命理文獻《五行精紀》就曾由岳珂刻印過，今書還留有其爲該書所作之序。

〔註61〕 以上數據統計主要參考自倪士毅著《中國古代目錄學史》，第 95、96 頁。

〔註62〕 有關宋代四大印刷中心的論述，參見萬金芳著《中國經濟通史》（第五卷），第 371～374 頁。

〔註63〕 白壽彝總主編、陳振主編《中國通史》第七卷《中古時代・五代遼宋夏金時期》（上），上海人民出版社，2004 年，第 611 頁。

〔註64〕 倪士毅著：《中國古代目錄學史》，杭州大學出版社，1998 年，第 101 頁。

〔註65〕 （美）伊佩霞著、趙世瑜、趙世玲、張宏艷譯：《劍橋插圖中國史》，山東畫報出版社，2002 年，第 113 頁。

次使用時便帶有民眾性與商業性」。〔註66〕劉國鈞明確指出，興起於晚唐的雕版印刷最初就是從印刷民間實用類書籍開始的，這其中就包含有大量的術數類書籍。〔註67〕《玉海》引《國史志》曰：「唐末益州始有墨板，多術數、字學小書。」〔註68〕《愛日齋叢鈔》轉引唐人柳玭《家訓序》中的記敘證明了這一點：「中和三年癸卯夏，鑾輿在蜀之三年也，余為中書舍人，旬休閱書於重城之東南，其書多陰陽雜說、占夢、相宅、九宮、五緯之流，又有字書小學，率雕版印紙，浸染不可盡曉。」〔註69〕術數類書籍的大量印刷，顯示了當時市場的需求量之大。

　　入宋以後，社會對術數書籍的需求不減。大量的術數著作寫就、印刻和流通。周必大（1126～1204）說：「今士大夫至田夫野老，人人喜於談命，故其書滿天下。」〔註70〕文天祥（1236～1283）亦言：「天下命書多矣。」〔註71〕呂南公（約 1047～1086）則提到了相墓相宅之書的氾濫：「墓宅之師，專門其書多與儒同。」〔註72〕究竟宋代的術數書籍多到什麼程度，雖然沒有當時確切的統計數據，但是還是可以從以下書錄的對比中得到一些啟示：

隋唐宋術數書籍數量統計表〔註73〕

分　類	收錄數	統計資料出處
五行	490 部 2381 卷	《隋書經籍志》

〔註66〕（法）謝和耐著，黃建華、黃迅余譯：《中國社會史》，人民出版社，2010 年，第 296 頁。

〔註67〕劉國鈞著：《中國書史簡編》，書目文獻出版社，1982 年，第 59 頁。

〔註68〕（宋）王應麟輯：《玉海》卷 43，廣陵書社，2003 年，第 811 頁。

〔註69〕（宋）佚名撰：《愛日齋叢鈔》卷 1，《叢書集成初編》，中華書局，1985 年，第 5 頁。

〔註70〕《五行精紀·周序》。

〔註71〕（宋）文天祥撰：《文山集》卷 13《贈談命朱斗南序》，文津閣《四庫全書》第 395 冊，第 688 頁。

〔註72〕（宋）呂南公撰：《灌園集》卷 8《相山新圖序》，文津閣《四庫全書》第 375 冊，第 268 頁。

〔註73〕本表中所統計的數字，《隋書經籍志》五行類中，實際著錄圖書 383 部，1389 卷。「梁有今亡」（唐初已經亡佚）的圖書 152 部，992 卷；《崇文總目》中，卜筮類占 60 部 114 卷，天文占書類占 51 部 197 卷，五行類占 165 部 838 卷；《宋國史藝文志》五行家中，《三朝志》占 442 部 1496 卷，《兩朝志》占 115 部 161 卷，《四朝志》占 134 部 392 卷；《宋史藝文志》中，五行類占 853 部，蓍龜類占 35 部。

五行	113 部 485 卷	《舊唐書經籍志》
五行	160 部 647 卷	《新唐書藝文志》
卜筮、天文占書、五行	276 部 1149 卷	《崇文總目》
五行	691 部 2049 卷	《宋國史藝文志》
五行、蓍龜	888 部 2520 卷	《宋史藝文志》

對於以上這個表格，首先需要注意到的是，隨著時代的推進，術數也在不斷的調整與演進中，因而不同時代之書籍對於術數的分類情況是有較大差異的。這就難免出現隋、唐、宋三代目錄著作中術數範圍的不一。因而其數據並不能嚴格反映術數書籍在這一漫長時期的增減情況。不過大體上是可以表現出術數書籍於這一時期的增減軌跡的。其次，《隋書經籍志》中對五行類的著錄包括隋以前之各代書籍，故其數量較多。《舊唐書經籍志》、《新唐書藝文志》、《崇文總目》、《宋國史藝文志》及《宋史藝文志》雖未全部標明其所收錄之書哪些是前朝的，哪些是本朝的，但考慮到術數類書籍在雕版印刷未普及之前存世極其困難〔註74〕，故而可以認為其所收錄之書絕大部分都是本朝新出文獻。最後，《宋史藝文志》雖然收錄了兩宋絕大多數時間的書籍，但由於其成書時缺漏情況也較明顯，因此，宋代術數書籍的實際數量應該要超過《宋史藝文志》中的統計數字。比如《宋朝事實類苑》就提到「書取天文、占候、讖緯、方術等書五千一十二卷，悉藏閣上」〔註75〕，說明了宋代的術數類書籍數量很可能遠遠超過《宋史藝文志》最後的統計數據。

在明確了上述三點後，再來看這個表格。對比該表中隋、唐、宋三朝術數類文獻的著錄情況，大體能看到以下兩點現象：一是宋代的術數書籍，無論是載於宋初的《崇文總目》、還是載於反映宋代大部分時期的《宋史藝文志》，都明顯高過唐代新、舊《唐志》中所著錄的同類書籍數量。無論是《宋國史藝文志》中所收的 691 部 2049 卷，還是《宋史藝文志》中所收的 888 部 2520 卷，這兩組數據幾乎都全面超過了隋代以前（包括隋代）術數類書籍的總和。尤其是《宋史藝文志》，其中的統計數據是唐代相同書目的數倍之多。這顯示出宋代術數書籍與前代相比在數量上有質的飛越。二是對比宋代不同

〔註74〕 比如《新唐書藝文志》中著錄的命理書籍，流傳至宋代的應該只有楊龍光的《推計祿命厄運詩》，但《宋史藝文志》題為《祿命厄運歌》，或其內容已有較大更改，只是宋代術士或坊間書商託古自重而已。

〔註75〕 （宋）江少虞編：《宋朝事實類苑》卷31《詞翰書籍‧藏書之府》，上海古籍出版社，1981年，第394頁。

時期的三部文獻，即宋初的《崇文總目》、反映北宋九朝的《宋國史藝文志》
以及反映宋代大部分時期的《宋史藝文志》，發現術數類新書的出現頻率在整
個宋代都處於較高的水平。兩宋三百餘年的歷史中，井噴式不斷湧現的術數
新書，使術數文化一直處於一個較快的發展流佈過程中。術數書籍也因此成
爲宋代出版產業的重要板塊。

（三）文人、術士、書坊商：宋代術數書籍出版產業鏈的構建者

由於宋代社會對術數書籍的需求量極大，故而當時不乏以獲名逐利爲目
的的文人、術士專爲書坊寫此類書。他們也因此成爲宋代術數書籍出版產業
鏈的重要生產者。朱熹（1130～1200）曾提到一本在當時頗爲流行的託名麻衣
道者所著的算命書《麻衣心易》（又名《麻衣易說》），後來他發現此書乃湘陰
主簿戴師愈所著。此戴師愈者，就是一個專應書坊商所邀撰寫術數書籍的士
人。朱熹前往此人家中時，發現其几案上所著術數雜書頗多。〔註76〕江西清
江鄉貢進士廖中薈萃五十餘命家之言，輯成《五行精紀》一書。周必大和岳
珂（1183～1243）先後爲此書作序，足見此書暢銷數十年不衰。〔註77〕歐陽
守道（1209～？）亦提及贛鄉貢進士廖老庵以郭璞《葬書》爲依據，集數百
上佳風水墓穴圖，而編成風水書一部。〔註78〕不知此作者是否就是廖中？此
戴氏已是湘陰主簿，廖氏也已是鄉貢進士，二人雖已取得一定社會地位或功
名，但卻似乎不以此爲滿足，反而常年以編寫術數書籍爲生。戴氏與廖氏皆
爲士人，而熱衷於此道，可知其中必有利益可圖。

宋代術數書籍的流佈很快，新出之書往往數年間就會暢銷各地。北宋晁
說之（1059～1129）自言於元祐三年（1088）在兗州習《京氏易傳》時，「乃
據其傳爲式」。這應該算是他編寫的一本術數書籍。「其後在江淮間，有好事
者頗傳。」〔註79〕正因爲此類書籍銷量不錯，因而宋代文人從事術數書籍寫
作的現象較爲普遍。何夢桂（1229～1303）提到士人王希聲「少好山水，壯

〔註76〕（宋）朱熹撰：《晦庵先生朱文公文集》卷81《書〈麻衣心易〉後》、《再跋〈麻
　　　　衣易說〉後》，見氏著《朱子全書》，第24冊，上海古籍出版社、安徽教育出
　　　　版社，2002年，第3833～3835頁。
〔註77〕見《五行精紀》《周序》及《岳序》。
〔註78〕（宋）歐陽守道撰：《巽齋文集》卷18《題廖老庵地理書》，文津閣《四庫全
　　　　書》第395冊，第462頁。
〔註79〕（宋）晁說之撰：《景迂生集》卷18《記京氏易傳後》，文津閣《四庫全書》
　　　　第373冊，第736頁。此外，《直齋書錄解題・卜筮類》中錄有署名晁說之的
　　　　《京氏易說》。不知此書是否就是流行於江淮的這本書。

而益精，輯次諸家之說，斷之己意，以成一書，名曰《陰陽理學》」。〔註80〕
呂午（1175～1255）說士人游務德「精於相地，手自注《狐首經》，書肆嘗爲
刊行」，「近又稍更定其注，且設爲《或問》」。〔註81〕游務德對《狐首經》一
再作注，看來此書頗有銷量。陳振孫（1183～約1261）《直齋書錄解題》中，
有不少標明爲當代文人所撰寫的術數書籍。〔註82〕從這些史料來看，宋代文
人從事術數書籍寫作的現象還是相當普遍的。

　　劉祥光總結了宋代文人撰寫術數書籍的情況，並認爲自南宋始，不少文
人開始摒棄行業偏見，專業卜筮。〔註83〕而從歷史記載看，因家道中落等原
因而專注於術數書籍撰寫甚或直接轉爲術士的宋朝文人並非個案。這在一定
程度上驗證了南宋袁采（約1140～1195）在《袁氏世範》中對子孫出路的設
定的社會合理性。袁采主張：「士大夫之子弟，苟無世祿可守，無常產可依，
而欲爲仰事俯育之計，莫如爲儒。……如不能爲儒，則巫醫、僧道、農圃、
商賈、伎術，凡可以養生而不至於辱先者，皆可爲也。」〔註84〕

　　儒者如此，術士們當然也積極搶佔這個市場份額。宋代士大夫不乏爲術
士新書作序作跋的記載，足見當時術士們競爭於宋代術數書籍市場的努力。
呂南公曾替術士吳智伯的新書《相山新圖》作序。〔註85〕周紫芝（1082～1155）
於靖康元年（1126）爲一李姓風水師的新作寫序。〔註86〕曾丰（1142～1224）
曾爲術士鄧浩所著的《立見曆》作序。〔註87〕文天祥也曾爲術士彭叔英的《談
命錄》作跋。〔註88〕士大夫們頻頻爲術士新書作序作跋，可以想見當時卜算

〔註80〕　（宋）何夢桂撰：《潛齋集》卷5《王希聲陰陽家理學序》，文津閣《四庫全書》
　　　　　第397冊，第162頁。
〔註81〕　（宋）呂午撰：《竹坡類稿》卷1《或問序》，《續修四庫全書》第1320冊，第
　　　　　212頁。
〔註82〕　參見（宋）陳振孫撰《直齋書錄解題》卷12《陰陽家類》、《卜筮類》相關著
　　　　　錄。
〔註83〕　劉祥光著：《宋代日常生活中的卜算與鬼怪》，第64～74、161～165頁。
〔註84〕　（宋）袁采撰：《袁氏世範》卷2《子弟當習儒業》，文津閣《四庫全書》第
　　　　　232冊，第207頁。
〔註85〕　（宋）呂南公撰：《灌園集》卷8《相山新圖序》，文津閣《四庫全書》第375
　　　　　冊，第268頁。
〔註86〕　（宋）周紫芝撰：《太倉稊米集》卷66《書枯冷道人李處士序後》，文津閣《四
　　　　　庫全書》第381冊，第411頁。
〔註87〕　（宋）曾丰撰：《緣督集》卷17《鄧氏〈立見曆〉序》，文津閣《四庫全書》
　　　　　第386冊，第377頁。
〔註88〕　（宋）文天祥撰：《文山集》卷14《跋彭叔英〈談命錄〉》，文津閣《四庫全書》

書市專業術士們的新作問世的頻率如何。

　　僅僅有文人、術士的參與創作還遠遠不夠，書坊商們在宋代術數書籍出版產業鏈中扮演至爲重要的角色。他們往往依據市場導向而出版時下流行的術數書籍，甚至專聘文人、術士來爲書坊捉刀。如本文前舉《麻衣心易》即爲一明例。又如《珞琭子》一書，兩宋注本甚多，雖「此書祿命家以爲本經」，但是據陳振孫的考證，該書「其言鄙俚，閭巷賣卜之所爲也」。〔註89〕又如《五星三命指南》一書，陳振孫注解到：「不知名氏。大抵書坊售利，求俗師爲之。」〔註90〕更有大量託古自重的僞書充斥書市，諸如《李虛中命書》（署名唐李虛中）、《鬼谷子遺文》、《鬼谷子要訣》、《鬼谷子命格》（以上三書皆署名鬼谷子）、《宰公要訣》（署名唐魏徵）、《隱迷賦》（署名漢司馬季主）、《指迷賦》（署名漢東方朔）、《太乙統紀書》（署名唐李吉甫）、《百忌曆》（署名唐呂才）、《太乙經》（署名袁天罡）、《化成書》（署名漢東方朔）等命學書籍。這些託古自重的僞作，恐怕也是宋代書坊商們書市促銷的傑作。〔註91〕

　　伴隨著雕版印刷術的普及，以市場爲導向的出版產業在宋代逐漸行成和發展，由此推動術數書籍和術數文化在宋代社會迅速走向成熟。宋代寫作者、書坊商、市場之間已經形成一定規模的產業鏈。眾多擁有術數知識的文人和術士，爲逐利而捲入這類書籍的寫作流水線中；書坊商們瞄準市場商機，大規模的刻印術數書籍或雇人捉刀；而廣大的消費者則在書市中尋找到自己生活所需的術數知識，並將這種文化逐漸蔓延開來。

三、宋代科舉所造就的卜算市場的繁榮

（一）宋代科舉促成了世人的讀書應舉之風

　　相比於經濟和科技所造就的術數行業的繁榮，宋代科舉的興起是促成宋代卜算市場興盛的另一個重要因素。宋代科舉較之前朝，有三點變化值得一提：一是取消了參加考試者的門第限制；二是擴大科舉取士人數；三是從優任命錄取之進士。這些方面的改革，促使宋代世人較之前人更加熱衷讀書應

第 395 冊，第 693 頁。

〔註89〕（宋）陳振孫撰：《直齋書錄解題》卷 12《陰陽家類》，第 371 頁。

〔註90〕（宋）陳振孫撰：《直齋書錄解題》卷 12《陰陽家類》，第 372 頁。

〔註91〕上述命理學文獻皆選自《五行精紀》。其作者統計情況，詳見劉國忠《〈五行精紀〉與〈三命通會〉》一文，見氏著《唐宋時期命理文獻初探》，第 122～144 頁。

舉，不少人終生奔走科場而樂此不疲。而預測科場功名的生意也因之日漸興隆起來。

　　首先來看宋代科考對門第限制的取消。唐代，參加科舉考試的士人，受到門第的嚴格限制。唐高宗時規定：「官人身及同居大功以上親，自執工商，家專其業者不得仕。」〔註92〕也就是說，既便是立有大功之人，只要堂兄弟一輩中及以上親人中有從事工商業者，或出身於奴婢、胥吏家庭者，就不能應舉。此外，據何忠禮先生考證，唐代雖未對農家子弟明文限制其參加科考，但是考慮到史籍中未找到他們應舉入仕的記載，因而農家子弟在唐代應該也被排斥在科場之外。〔註93〕宋代，科考基本上取消了門第限制，無論士、農、工、商，只要自身條件優秀，不冒貫匿服，不觸犯法律，不身有殘疾，皆可應舉入仕。故兩宋大臣中，不乏出身貧苦者。如王禹偁（954～1001）、李迪（971～1047）、王曾（978～1038）、張知白（956～1028）、杜衍（978～1057）、范仲淹（989～1052）、蔡襄（1012～1067）、歐陽修（1007～1072）、吳芾（1104～1183）、王十朋（1112～1171）、陳亮（1143～1194）、崔與之（1158～1239）等人，及第之前或是出身低微，或是家道中落，無不生活窘迫。〔註94〕考之《宋史》本傳、陳思的《兩宋名賢小集》，在南宋 49 榜進士中，竟無一人為權貴之子孫。而何忠禮先生統計的《寶祐四年登科錄》所載 601 名進士履歷中，三代皆未仕者達 307 人，占總數 53.9%；父親一代有官者（包括宗室）129人，占總數 22.6%。然而，既便是在這 129 名「官二代」中，絕大部分人的父輩也只是選人和小使臣一類的初品官，這其中一半以上都是從九品的小官。〔註95〕從中可見宋時中下層人民躋身仕宦的現象是多麼普遍。

　　其次是宋廷擴大科舉取士人數的舉措。宋初（尤其是宋太祖時期）承唐五代舊習，於科舉取士人數方面尚無大的變革。唐代科舉制中，除進士科外，有明經、明法、童子等科，稱為諸科。五代自後梁開平二年（908）開科取士，至後周顯德六年（959），除後梁、後晉時曾停舉數次外，大多數時間仍沿唐制舉行科舉考試。但是每科進士少至 4 人，多亦只有 25 人。宋初沿五代舊制，分進士科及諸科，每年舉行一次科舉考試。進士錄取名額亦少，通常為 10 餘

〔註92〕　（唐）長孫無忌等撰：《唐律疏議》卷25《詐假官假與人官》，《叢書集成初編》，中華書局，1985 年，第 579 頁。
〔註93〕　何忠禮著：《南宋科舉制度史》，第 20 頁。
〔註94〕　上述諸人的論證史料，參見何忠禮著《南宋科舉制度史》，第 269～271 頁。
〔註95〕　何忠禮著：《南宋科舉制度史》，第 271 頁。

名。宋代自太宗始擴大科舉取士。宋太宗繼位後，錄取人數開始顯著增加。如太平興國二年（977）正月舉行的科舉考試，宋廷取進士 109 人，諸科 207 人，又錄取參加過 15 次以上考試而未被錄取的進士及諸科 184 人，又取考「九經」而不合格的老年舉子 7 人，特賜「三傳」出身。以上總共錄取 507 人。自此以後，北宋雖然不是每年均舉行科舉，但是每舉取士動輒數百上千。英宗治平三年（1066），確定了三年大比的制度，且爲後世所沿襲。而每年進士錄取的人數，以皇祐四年（1052）錄取數的四分之三爲額，進士約 300 人，諸科錄取人數不得超過進士人數。〔註96〕據何忠禮先生統計，北宋一共舉行科舉 69 次，太祖一朝爲 15 次，平均每年取士 20 人；自太宗朝到徽宗朝爲 54 次，平均每年取士 225 人（還不包括人數眾多的特奏名進士、特奏名諸科）。後者相當於前者的十一倍多。〔註97〕宋廷於科舉中錄取人數之多，不僅空前，而且絕後。宋代讀書人應舉入仕之希望也因此大增。

　　最後是宋廷對新進士的從優錄用的優渥。宋代不僅擴大取士名額，而且從優錄用進士出身之人。大體而言，這主要表現在以下三個方面：一是及第即授官，不必再選試，或選試簡短易過。在唐代，科舉及第後只是選人，尚不能直接授官。選人若想做官，還須經吏部身、言、書、判的銓試。朝中無人的寒士，很難中選，「且有出身二十年不獲祿者」。如韓愈「三試於吏部無成，十年猶布衣」。〔註98〕宋初，新進士不必再參加選試，可直接爲官。宋眞宗景德二年（1005）後，雖然又增加選試環節，但是選期很短，新科進士還是會很快爲官。二是授官優渥。唐五代時期進士授官時，一般只授予從九品小官，多出任中小縣縣尉。入宋以來，尤其是太宗朝以來，情況大爲轉變，科舉考試不僅取士極多，而且授官優渥。新科進士不乏直接授予京官官職者。三是升遷迅速。宋代進士不僅授官優渥，而且其後升遷也較恩蔭者爲快。特別是進士高科，不幾年進入兩制，十餘年擢爲宰執者相當普遍。〔註99〕由科舉入仕所帶來的個人社會地位的迅速升遷顯然令當時世人爲之心動。一位宋人在勸學文中這樣勸誡後生：「今天子三年一選士，雖山野貧賤之家子弟，苟有文學，必賜科名，身享富貴，家門光寵，戶無徭役，麻蔭子孫，豈不爲盛

〔註96〕以上數據參閱自白壽彝總主編、陳振主編《中國通史》第七卷《中古時代·五代遼宋夏金時期》（上），第 973～980 頁。
〔註97〕何忠禮著：《南宋科舉制度史》，第 45 頁。
〔註98〕馬端臨撰：《文獻通考》卷 29《選舉考二》，第 280 頁。
〔註99〕以上論述，主要參考自何忠禮著《南宋科舉制度史》，第 45～48 頁。

事哉！」〔註100〕

　　宋廷對科舉制度大刀闊斧的改革，從根本上講，是欲以官僚政治替代門閥政治。科舉考試正是朝廷爲實現這一目的所採用的必要手段。隋唐二代，雖是科舉制度的初創時期，但由於受到之前察舉制和九品中正制的影響，以及門閥士族強大的客觀制約，錄取人數稀少，科舉考試並不能從根本上改變當時門閥政治的現狀。宋代建立以前，社會狀況則已經有了根本性的改變。曾經左右中國政治數百年的門閥勢力，經過唐代的安史之亂、藩鎮割據、黃巢起義以及五代二百年的戰亂後，基本上已經蕩然無存。軍官出身的宋太祖，並無門閥士族淵源。他爲了鞏固皇權，防止武人及世家大族擅權，開始重用沒有出身背景的文人。在這種背景下，朝廷對科舉制度進行改革已是勢在必行。

　　正是在官僚政治已經完全取代門閥政治的歷史背景下，宋代的上層官僚貴戚們也隨時面臨著家道中落、社會地位下降的可能。在宋代，官僚階層的子孫們淪落的例子比比皆是。日本學者宮崎市定（1901～1995）在 20 世紀 80年代發表的《從部曲到佃戶》一文中，就專門指出，中國的社會，在宋代以後，貴族、官僚、富豪的家族，無法持續長久，不像六朝隋唐的中世紀貴族社會，綿延不絕。宋代以後，廣泛實行著「社會流動」。因此，宋代以後的社會，實爲唯才是視的時代。〔註101〕具體而言，首先，在宋代，「除了少數高級官員的俸祿確實非常優厚以外，占官員絕大部分的低級官員的俸祿並不高」〔註102〕。且宋代官員沒有朝廷授予的永業田。因此，當官員致仕後，家境困頓並非沒有可能。其次，雖然宋代恩蔭盛行，但是對廣大官員的子孫而言，恩蔭不僅授官低，而且升遷也極爲困難。因此，宋代官僚貴戚欲使子孫富貴，家業持久，也只有讓他們參加科舉考試。他們寄希望於子孫贏得科場功名以避免家道中落。這樣，在平民子弟刻苦攻讀的同時，官僚子弟也熱衷於讀書應舉。在門閥士族走向末路的同時，一個由科舉而帶動起來的新的社會中堅階

〔註100〕　（宋）陳耆卿撰：《嘉定赤城志》卷37《風土門二·仙居令陳密學襄勸學文》，《宋元方志叢刊》，中華書局，1996 年。

〔註101〕　轉引自張其凡著《兩宋歷史文化概論》，廣東人民出版社，2002 年，第 50、51 頁。

〔註102〕　何忠禮：《宋代官吏的俸祿》，《歷史研究》1994 年第 3 期。另，張全明師亦有對宋代官員俸祿高低的論述，參見張全明《也論宋代官員的俸祿》，《歷史研究》1997 年第 2 期。

層逐漸形成。〔註103〕

　　正是由於宋初朝廷圍繞科舉考試進行了一系列的改革，社會上出現史無前例的讀書應舉熱潮。宋代社會讀書人之多，可以從遍佈全國的州縣學及書院的發展上得見一二。北宋前期，州縣學很少。「慶曆新政」前，已建州縣學尚只有五六十所。但是到了北宋末年，州縣學迎來了發展的黃金時期。以大觀三年而論，當時全國 24 路共有學生 167622 人，校舍 95298 楹；經費年收入錢 305872 貫，支出 267878 貫；糧食年收入 640291 斛，支出 337944 斛；學田 115990 頃，房廊 155454 楹。〔註104〕而到南宋，州縣學雖然因戰亂未能再次達到北宋末年的規模，不過，私人辦學得到很大發展，一些學者、讀書人紛紛建立書院，教授生徒。這時期先後建立的書院達 300 所以上。書院和州縣學，成為南宋地方主要教育機構。特別需要指出的是，宋代實際的讀書人還遠遠不止學校裏的這些學生。因為宋代州縣學、書院雖盛，但進入州縣學、書院學習的人畢竟是少數，大多數人仍主要從家館或塾師所設私館等私學中學習。〔註105〕是故宋代讀書人數眾多，應考的考生也如過江之鯽。兩宋時期，福州一地解試，哲宗時每次參加者達 3000 人，孝宗時增至 2 萬人；南宋時建寧府（今建甌）每次參加解試者達 1 萬餘人，連只有三縣的興化軍（今莆田）也達 6000 人。〔註106〕由於科舉考試在中國歷史上第一次成為社會下層人士進入社會上層的重要通道，因此越來越多的人參與到讀書趕考的隊伍裏。太宗朝時，社會上居然已經出現了「淄褐之流，多棄釋、老之業，反襲

〔註103〕張其凡師曾總結宮崎市定學說觀點，講到宮崎市定提出宋代因科舉制度而新興出一批官僚層。就文化而言，他們是讀書人；就政治而言，他們是官僚；就經濟而言，他們是地主、資本家。參見張其凡著《兩宋歷史文化概論》，第46 頁；包弼德在《斯文：唐宋思想的轉型》中指出唐宋社會一個重要的轉型變化就是「地方精英」階層的出現。參見（美）包弼德著、劉寧譯《斯文：唐宋思想的轉型》，江蘇人民出版社，2001 年；伊佩霞提到宋代應科舉取士制度而生的士大夫官僚階層的崛起。這一統治集團的成員自稱為士或士大夫，是中國文明獨一無二的現象，不存在於其他任何主要文明國家。參見伊佩霞著、趙世瑜、趙世玲、張宏艷譯《劍橋插圖中國史》，第 105～108 頁；林文勳在《唐宋社會變革論綱》中也提到了與科舉制度緊密相關的「富民」的概念。參見林文勳著《唐宋社會變革論綱》，人民出版社，2011 年。

〔註104〕《宋會要輯稿・崇儒》2 之 2，中華書局，1957 年，第 2188 頁。

〔註105〕白壽彝總主編、陳振主編：《中國通史》第七卷《中古時代・五代遼宋夏金時期》（上），第 991、992 頁。

〔註106〕白壽彝總主編、陳振主編：《中國通史》第七卷《中古時代・五代遼宋夏金時期》（上），第 984 頁。

襃博，來竊科名」〔註107〕的怪現象。可以說，由宋代科舉所促成的讀書應舉之風在宋初就已形成，並在隨後的時間內愈演愈烈。

（二）由科舉考試造就的宋代卜算市場的繁榮

在宋代，隨著參與到科舉考試中的考生規模越來越大，由此所形成的巨大消費市場開始逐漸引起世人的關注。以每次發解試和省試、殿試爲例，每逢此時就會有成千上萬的考生集中到州郡、轉運司所在地，或都城、行在來應試。而每次考生滯留的時間又多達十餘天或數十天不等。這對於當時的這些大中城市而言，無疑是一個巨大的消費群體。宋代時，人們當然也意識到了這其中的商機。「諸州士人，自二月間前後到都，各尋安泊待試，遂經部呈驗解牒，陳乞納卷用印，並收買試籃桌椅之類。試日已定，隔宿於貢院前賃房待試，就看坐圖。……此科舉試，三年一次，到省士人不下萬餘人，駢集都城。鋪席買賣如市，俗語云『趕試官生活』，應一時之需耳。」〔註108〕當時分得科舉市場一杯羹的商人及勞工，來自包括書坊、旅店、飯店、百貨、車船等各種不同的行業。而卜算行業，也在這個競爭激烈的市場中尋得了自己的一份蛋糕。

雖然宋代科舉考試取士人數較之前代與後代皆遠爲超出，但是應舉人數的逐年增加使得錄取比例越來越低。「至南宋中期，應試者更眾，往往在數百名參加發解試的士人中，只有一人能脫穎而出，獲取參加省試的資格。」〔註109〕科場競爭之激烈，亦可謂史無前例。在這種情勢下，每一位應試者，即使學問再好，也都難以把握自己未來的命運。面對殘酷的競爭，巨大的精神壓力普遍存在於每一位考生身上。於是，他們中的相當一部分人將希望寄託在了求神問卜之上。而有關科舉考試的迷信活動也在宋代應運而生。〔註110〕

就總體而言，有關宋代的科舉考試的迷信活動並非僅僅指士子們向術士們問卜自己科場前途的活動。何忠禮將宋人的科舉迷信歸結爲四大類。一是祈夢；二是看相、算命、卜問；三是神靈怪異示兆；四是積德、修德、因果

〔註107〕《宋會要輯稿》選舉三之四。

〔註108〕（宋）吳自牧撰：《夢粱錄》卷 2《諸州府得解士人赴省闈》，文津閣《四庫全書》第 195 冊，第 753、754 頁。

〔註109〕何忠禮著：《南宋科舉制度史》，第 313 頁。

〔註110〕唐代當然也有讀書人占問科場功名的典故。這在《太平廣記》中有多處記載。但是唐代應舉之人畢竟爲極少數，並不具備廣泛的社會效應，故而筆者認爲宋代才是科舉占卜風氣形成的時代。

報應。〔註111〕這說明並非所有迷信的考生都會求助於術士的幫助。劉祥光也提到，宋代士人關心科場功名，除了問命於日者外，還採用鏡聽、音卜一類自己預知未來的方法。〔註112〕歐陽秀敏對 33 例宋代士人科舉問卜故事進行了統計比較，發現這其中夢占所佔比例最高，一共 27 例，約占總數的 81.8%；而向專業占卜者求卜的比例並不高，她只發現了六例，僅占總數的 18.1%。〔註113〕雖然這個統計結果只是建立在她所搜集的比較片面的史料的基礎之上，但是這至少說明士人科舉迷信活動發生在卜算市場的比例還是有限的。然而，並不能就此誤以爲科舉考試對卜算市場的影響是微乎其微的。人們需要關注到的是，這個由科舉所造就的巨大的市場基數。即便是它只分給卜算行業一小杯羹，這一小杯羹對於眾多術士而言也是一項極大的業務。平日裏前來問命的平民和豪貴自然是術士們的日常座上客，而大考之年前來應考的讀書人則是這些賣卜者實現創收突破的主要來源。不少術士就是專靠這些客戶來覓得商機，發財致富的。北宋沈括便講到當時開封不少賣卜者唯利舉場，甚至有因此成名，終身享利者：

> 京師賣卜者，唯利舉場。時舉人占得失。取之各有術：有求目
> 下之利者，凡有人問，皆曰「必得」。士人樂得所欲，竟往問之。有
> 邀以後之利者，凡有人問，悉曰「不得」。下第者常過十分之七，皆
> 以謂術精而言直，後舉倍獲。有因此著名，終身饗利者。〔註114〕

這是一個非常有趣的現象。術士們當然知道應考者所佔問的無非是科場前途、何時中第。當時前來問卦的舉人之多必如過江之鯽。一些精明的術士將上訪的顧客分爲兩類，一類是喜聽榜上有名者，對於這類顧客，術士們往往就會許之「必得」，以樂其所欲；還有一類是明白今日科場競爭激烈，自己錄取希望不大者。對於這類顧客，術士們往往斷之「不得」。這種斷語雖未樂其所欲，但是舉人們聽後反而覺得術士術精而言直。他們中不少人必定奔走相告，讚揚這些術士德術雙馨。無論如何，術士們只要看準這些問卜者的心機，再稍作玄虛，直下斷語，那麼這些讀書人就會心甘情願地交上卜資，並爲其再做免費之宣傳。不少深諳此道的京城術士，面對這樣的穩賺不賠的大宗生

〔註111〕何忠禮著：《南宋科舉制度史》，第 307～311 頁。
〔註112〕參見劉祥光著《宋代日常生活中的卜算與鬼怪》，第 39、40 頁。
〔註113〕歐陽秀敏著：《宋代占卜風氣中的士人行爲與心態研究》，福建師範大學 2010
年碩士學位論文，第 54～61 頁。
〔註114〕胡道靜著：《新校正夢溪筆談》卷 22《謬誤》，第 157 頁。

意，「有因此著名，終身饗利者」，當然也就是在情理之中了。

在宋代，求助於術士詢問前程的士人比比皆是。宋初名臣錢若水（960
～1003）少時訪陳摶及麻衣道者（或曰白閣道者、柏閣道者、紫閣僧）相命
之事在兩宋間傳爲奇談。此事於北宋最早見載於楊億（974～1020）爲錢若
水撰寫的《錢若水墓誌銘》，後錢易的《洞微志》、釋文瑩的《湘山野錄》、
邵伯溫（1056～1134）的《邵氏聞見錄》又先後轉載，但情節略有更動。入
南宋後，江少虞、韓淲（1159～1224）、張端義、釋志磐等人也先後轉載此
事。〔註115〕足見此事於兩宋間久傳不衰。呂蒙正（944～1011）、張齊賢（942
～1014）、王隨（約975～1033）與錢若水四人少時隨洛人郭延卿學賦時，曾
隨郭氏同謁道士王抱一看自己的未來功名。〔註116〕相似的故事還有前文提
到的張士遜（964～1049）與寇準（961～1040）、張齊賢、王隨三人同往大
相國寺一個算命攤位前問命的故事。〔註117〕此故事後又被陳鵠的《西塘集
耆舊續聞》與江少虞的《宋朝事實類苑》所轉載，亦足見此事於兩宋士人中

〔註115〕北宋時對此事的記載主要見於（宋）楊億撰《武夷新集》卷9《錢若水墓誌
銘》，載《武夷新集・楊仲弘集》，福建人民出版社，2007年，第147頁；（宋）
錢易的《洞微志》（此書今佚不存，但《佛祖統紀》、《新編分門古今類事》均
對此有轉引）；（宋）釋文瑩撰《湘山野錄》卷下，中華書局，1984年，第47、
48頁；（宋）邵伯溫撰《邵氏聞見錄》卷7，中華書局，1983年，第70頁；
此外，歐陽修亦於《歸田錄》中說「錢副樞若水嘗遇異人傳相法，其事甚怪」，
但歐陽修未提及錢若水問命一事。見（宋）歐陽修撰《歸田錄》卷1，中華
書局，1981年，第3頁。入南宋後，江少虞的《宋朝事實類苑》卷48《占相
醫藥》，上海古籍出版社，1981年，第628頁；張端義的《貴耳集》卷中，
載《雞肋編・貴耳集》，上海古籍出版社，2012年，第111頁；釋志磐的《佛
祖統紀》卷44「開寶四年條」，上海古籍出版社，2012年，第1022頁；韓淲
的《澗泉日記》卷下，上海古籍出版社，1983年，第43頁；以及宋代佚名
的《新編分門古今類事》卷10《若水公卿》、《若水見僧》、《韓丞甚貴》（叢
書集成初編，中華書局，1985年，第124、125、130、131頁）等宋人著作
中亦有對此事的轉引。但是在常年的轉載中，這個故事也出現了多個版本。
其中，爲錢若水相面的麻衣道者在上述這些文獻中就有不同的稱謂。比如在
錢易的《洞微志》中，爲錢若水相面者爲白閣道者僧宗裔；在楊億撰寫的《錢
若水墓誌銘》中，爲其相面者爲柏閣道者僧宗裔；而在《新編分門古今類事》
卷10《韓丞甚貴》中，此人又被稱爲紫閣僧宗淵。有關錢若水微時訪陳摶等
異人看相之事，詳見（日）竺沙雅章文章《陳摶與麻衣道者——「若水見僧」
傳說之辯析》（原載《道教與宗教文化》，平河出版社，1987年），張其凡譯，
譯文載於《歷史文獻與傳統文化》（第二集），廣東人民出版社，1992年。
〔註116〕（宋）王銍撰：《默記》卷中，中華書局，1981年，第32、33頁。
〔註117〕（宋）范鎭撰：《東齋記事》卷3，中華書局，1980年，第28頁。

間流傳之廣。〔註 118〕馬遵（1011～1057）應舉時問命於著名術士程惟象。
後其仕途、婚姻與壽命皆如其言而一一應驗。〔註 119〕蔡碻（1037～1093）
與黃好謙（？～1087）同為陳州諸生時，聞楊山人善相，過使相之。〔註 120〕
除了這些名臣外，見載於《夷堅志》中的士人問卜科場前途的故事更是不勝
枚舉。〔註 121〕雖故事不盡真實，但是一樣反射出宋代士人問卜功名現象之
普遍。

　　既然有如此眾多的士子來問卜功名，那麼唯利舉場的賣卜者自然也不會
少。沈括在《夢溪筆談》中談到的現象就是很好的證明。而且，這其中賴此
成名立萬的術士也不在少數。南宋洪邁《夷堅志》中曾記丁謂（966～1037）
之子孫丁湜自建安來京赴試，專門至相國寺一相士卜肆前問名次。書中載該
術士「以技顯，其肆如市，大抵多舉子詢扣得失」〔註 122〕。北宋方勺於《泊
宅編》中亦記有一善相人功名的術士朱曉容。時有士人朱臨、姚闢。馮京（1021
～1094）榜中，二人俱赴廷對。在未唱名前數日，二人曾遍問京城術士考試
結果，然仍不滿意。後聽說朱曉容精於此道，便苦苦相尋，卻一直無緣得見。
及至「殿唱日，禁門未開，或云曉容在茶肆中。姚走見之，容方與一白袍偶
坐，指示姚曰：『狀元已在此。』（偶坐者，馮當世也）姚力挽就鄰邸燈下視
之，曰：『公第幾甲，朱第幾甲。』相次辨色，人聽臚傳，皆如師言。」不僅
朱、姚二人，該榜狀元馮京也慕名而至，求相於朱曉容。顯然，這是一位眾
多考生追捧的術士。後來，這位朱曉容還曾為朱臨之子看過功名，所言也一
字不差。〔註 123〕南宋紹興年間（1131～1162）著名術士曹谷亦以善言士人功
名而名重一時。南宋周密（1232～1298）在《齊東野語》中記錄了當時士人
假借曹谷預言以自重的故事：

〔註 118〕 （宋）陳鵠撰：《西塘集耆舊續聞》卷 7《相士趙裘衣及相國寺卜者》，中華
　　　　　書局 2002 年，第 363 頁；（宋）江少虞撰：《宋朝事實類苑》卷 49《卜者一
　　　　　日閱四宰相》，上海古籍出版社，1981 年，第 645 頁。
〔註 119〕 （宋）王辟之撰：《澠水燕談錄》卷 6《先兆》，中華書局，1981 年，第 75 頁。
〔註 120〕 （宋）陳師道撰：《後山叢談》卷 2《楊山人相蔡碻黃好謙》，中華書局，2007
　　　　　年，第 32、33 頁。
〔註 121〕 有關《夷堅志》中士人問卜科場功名的故事眾多，如《夷堅丁志》卷 19《史
　　　　　言命術》，第 693、694 頁；《夷堅甲志》卷 4《華延年》，第 739 頁；《夷堅支
　　　　　戊》卷 10《李汪二公卜相》，第 1133 頁；《夷堅支丁》卷 7《丁湜科名》，第
　　　　　1026 頁。
〔註 122〕 （宋）洪邁撰：《夷堅支丁》卷 7《丁湜科名》，第 1026 頁。
〔註 123〕 （宋）方勺撰：《泊宅編》卷下，中華書局，1983 年，第 93、94 頁。

鄭時中字復亨，三衢人。在上庠日，多遊朝紳間。好大言，嘗
語同舍曰：「前舉漕薦，乃術者曹谷先許，今復來矣。」有好事者聞
之曰：「此必谷又許之。」乃與偕走其肆，則鄭實未嘗先往。曹沉吟
久之，頻自搖首，推演再三，乃曰：「吾十年前，曾許此命來春必高
選，今所見乃不然。雖然，宋春定得官，但非登科耳。今秋得舉，
卻不必問。」〔註124〕

　　故事中的士人鄭時中，喜好吹牛，曾對人講他之前能通過漕試，乃是因
爲著名術士曹谷早已許之了。實則曹谷從未爲他看過命。後曹谷果眞來了，
他只好硬著頭皮又與友人通往問命。曹谷推演再三，頻自搖首，認爲此命不
是及第之命。不過，他預言鄭時中以後還是有官運的。後來事實也果眞如此。
而在另一本宋人筆記《西塘集耆舊續聞》中，作者也指出在南宋紹興初年，
曹谷是與另一位日者韓操並重一時的術士。該書中也記有曹谷爲士人看省試
結果的典故。〔註125〕由此可見，宋代能夠揚名場屋的人，不僅有及第之士子，
亦有許人前途的術士。

第二節　宋代命理術發展概況

一、命理術及命理文化在宋代的普及

　　命理術及命理文化於宋代較之前代已大爲普及。這從當時著錄的命理書
籍數量、命理術於眾多術數中的地位、宋人對其熟悉程度可判大概。

　　命理術及由此而形成的命理文化在宋代的普及與繁榮，不僅僅顯示在上
述的一連串數據中，更表現在宋代的文獻記載中。南宋晁公武稱：「自古術數
之學多矣。言五行則本《洪範》，言卜筮則本《周易》。近時兩者之學殆絕，
而最盛於世者，葬書、相術、五星、祿命、六壬、遁甲、星禽而已。」〔註126〕

〔註124〕　（宋）周密撰：《齊東野語》卷 8《鄭時中得官》，中華書局，1983 年，第 149
　　　　　頁。
〔註125〕　（宋）陳鵠撰：《西塘集耆舊聞續》卷 7《日者韓操曹谷》，中華書局，2002
　　　　　年，第 363、364 頁。
〔註126〕　（宋）晁公武撰：《郡齋讀書志》卷 14《五行類》，《宋元明清書目題跋叢刊》
　　　　　（第二冊），中華書局，2006 年，第 364 頁。晁公武此說雖有一定現實依據，
　　　　　但是我們還需要對他提到的這七種術數做具體分析。比如六壬、遁甲與太一
　　　　　（乙）皆爲「三式」，這三種術數於宋代基本上成爲官方掌控的秘學。南宋秦

依晁氏所言，命理術在宋代已是與葬書、相術、星禽等並爲世人熟悉的術數了。命理術於當時民間究竟有多麼普及，周必大在《五行精紀》序言中做出了回答。他說：「今士大夫至田夫野老，人人喜於談命，故其書滿天下。」〔註127〕周必大所處之南宋中期，命理術之普及範圍上至士大夫，下至田夫野老，幾乎無人不談命。而當時的命書也幾乎是滿天下。南宋費袞則進一步證實了這一說法：「近世士大夫多喜談命，往往自能推步，有精絕者。」〔註128〕宋末文天祥也提及當時的命理書籍的氾濫：「天下命書多矣。」〔註129〕看來直至南宋末年，命理術尚盛行不衰。元人宋禧則證明了南宋滅亡後，命理術之明星李虛中之名已廣爲當時婦人小兒所稱誦：「世談術家之善推命者，必曰唐李虛中氏。虛中儒者，而術家宗之，是得其學之一端耳。自古術數之學，無踰李淳風、浮屠一行者，而虛中與二子並著名於唐，至今雖婦人小兒皆稱之。則其於五行書信深矣。」〔註130〕由此可見，命理術於宋代的確是一門久盛不衰的術數，而在此基礎上形成的命理文化也逐漸深入人心。

　　從現有的文獻來看，幾則發生在北宋後期的故事證明了命理文化於當時的普及程度。據蔡條《鐵圍山叢談》載，宋徽宗趙佶（1082～1135）尚爲端王時曾使人持其八字前往相國寺問命：

> 　　太上皇帝端邸時多徵兆，心獨自負。一日呼直省官者謂之曰：「汝於大相國寺遲其開寺時，持我命八字往，即詣卦肆，遍問以吉凶來。第言汝命，勿謂我也。」直省官如言，至歷就諸肆問禍福，大抵常談，盡不合。末見一人，窮悴藍縷，坐諸肆後。試訪，曰：「浙人陳彥也。」直省官笑之，黽勉又出年命以示彥。彥曰：「必非汝命，此天子命也。」直省官大駭，狼狽走歸，不敢泄。翌日，還白端正。

九韶（1208～1261）曰：「太乙、壬、甲，謂之三式，皆曰内算，言其秘也。」（《數學九章・序》，文津閣《四庫全書》第264冊，第113頁）。雖然唐時政府並不禁止三式，入宋後習之者應也不少，但是隨著政府力量的介入，這三類術數逐漸退出了民間的卜算市場。一些學者認爲，至南宋末，精於三式者已經很少了。參見趙益著《古典術數文獻述論稿》，第195、196頁。

〔註127〕《五行精紀・周序》。

〔註128〕（宋）費袞撰：《梁溪漫志》卷9《談命》，金圓校點，上海古籍出版社，2001年。

〔註129〕（宋）文天祥撰：《文山集》卷13《贈談命朱斗南序》，文津閣《四庫全書》第395冊，第688頁。

〔註130〕（元）宋禧撰：《庸庵集》卷12《贈程隱微序》，文津閣《四庫全書》第408冊，第402頁。

> 王默然，因又戒詒：「汝遲開寺，宜再一往見。第言我命，不必更隱。」
> 於是直省官乃復見彥，具爲彥言。彥復諮嗟久之，即藉語顧直省官
> 曰：「汝歸可白王：王，天子命也。願自愛。」逾年，太上皇帝即位，
> 彥亦遭遇，後官至節度使。〔註131〕

在這則故事中，提到了有關大相國寺卜算市場的幾條信息。一是寺內卜算市場須於每日相國寺開寺後，方可營業。二是從端王趙佶兩次使人持其八字問命於卜算市場內各卦攤的情況來看，足見命理術是當時流行的算命方法。問卜者常以八字來詢問吉凶，各個卦攤術士亦多精通此術。

同樣是在《鐵圍山叢談》中，蔡絛還說起另一則發生在東京城的有關生辰八字的軼事。故事的主人公是一位與其父蔡京（1047～1126）生辰八字相同的少年：

> 先魯公生慶曆之丁亥，其月當壬寅，日當壬辰，時爲辛亥。在
> 昔幼時，言命者或不多取之，能道位極人臣則不過三數。及逢時遇
> 主，君臣相魚水，而後操術者人人爭談格局之高，推富貴之由，徒
> 足發賢者之一笑耳。大觀改元，歲復丁亥，東都順天門內有鄭氏者，
> 貨粉於市，家頗瞻給，俗號鄭粉家。偶以正月五日亥時生一子，歲
> 月日時適與魯公合。與是其家大喜，極意撫愛，謂且必貴，時人亦
> 爲之傾聳，長則恣其所欲，爲鬥雞走犬，一切不禁也。始年十有八，
> 春末攜妓從浮浪人躍犬馬，遊金明，自苑中歸，上下悉大醉矣。馬
> 忽駭，入波水中，浸而死。〔註132〕

蔡京微時，周圍術士少言其八字之貴。至蔡京貴盛後，操術者卻爭談格局之高，以致其八字成爲世人皆知的貴命典範。此事或在蔡絛看來，也近於荒唐。術士們對其父蔡京的生辰八字的態度轉變，說明他們不過是事後有先見之明耳。至於蔡京晚年又遭貶死，想必後來的術士們又有些說辭，只是蔡絛不曾記載下來。再說鄭氏子之遭遇。東京開封順天門內「鄭粉家」之子恰與蔡京八字同（當然要晚蔡京六十甲子年），於是家人及周圍皆貴此子，恣其所欲，鬥雞走犬，一切不禁。不想鄭氏子只活到十八歲，就狎妓時墜馬落金明湖而死。從這個故事中可見當時命理術之文化已多麼深入人心。凡有人家初生孩子生辰時間合於當朝某貴人八字者，人們便會爲之欣喜不已。所以，

〔註131〕（宋）蔡絛撰：《鐵圍山叢談》卷3，第41～43頁。
〔註132〕（宋）蔡絛撰：《鐵圍山叢談》卷3，第42頁。

貴盛之人如蔡京者之八字，不僅命理術士們當做貴格典範，就是市井人家亦熟知記誦。

有人因孩子生辰八字同於當朝權貴而欣喜雀躍，也有人因孩子出生時間不吉而哀痛不已。而這樣的哀痛恰恰發生在蔡京之弟蔡卞（1048～1117）身上。《揮塵錄》記載了這樣一個事情：

> 蔡元度娶荊公之女，封福國夫人，止一子，子因仍是也。談天者多言其壽命不永。元度夫婦憂之。一日，盡呼術者之有名如林開之徒，集於家，相與決其疑。云當止三十五歲。元度顧其室云：「吾夫婦老矣，可以放心。豈復見此逆境邪！」其後子因至乾道，中壽八十而終。然其初以恩倖爲徽猷閣學士，靖康初，既蔡氏敗，例遭削奪，恰年三十五。蓋其祿盡之歲。繇是而知五行亦不可不信也。〔註133〕

蔡卞，身爲蔡京之弟，王安石之婿，與蔡京同登宋神宗熙寧三年（1070）進士，紹聖年間，一度官拜尚書左丞。這樣一位位高權重的當朝重臣，竟也因爲兒子的生辰八字有缺而愁眉不展。爲此，蔡卞夫婦竟於一日延請多位知名術士於其府中爲子詳析八字。在這些知名術士中，甚至還包括了宋代最有名的命理術士之一的林開。〔註134〕然而，無論是林開這樣的命理大師，還是其他著名術士，都並不看好這個孩子的壽命。他們推算出孩子的壽命只有 35 年。蔡卞聽到這樣的結論，不禁悲從中來，顧其妻哀歎道：「吾夫婦老矣，可以放心，豈復見此逆境耶！」不過，與其他此類故事中術士料事如神的記載略有不同的是，這個故事的結局是蔡卞之子蔡仍活到了80 歲（與其叔父蔡京一般高壽），不過其祿盡之時恰爲 35 歲。王明清爲此認爲林開等術士也不能算是信口開河。與上一個故事一樣，這個故事也反映出北宋後期社會上命理文化對人們生活的滲透之深。但兩個故事的不同之處是，前者的命理文化更多的體現在市井人家中，而後者的命理文化顯然是深植於社會上層。

命理文化滲入宋代社會究竟有多深，僅從上文一兩個宋人的故事中，或許還不能得到滿意的答案。那麼，我們再將目光鎖定在《東京夢華錄》上，

〔註133〕（宋）王明清撰：《揮塵錄・餘話》卷 2，中華書局，1964 年，第 325、326 頁。

〔註134〕有關林開的事蹟及著作，本文於第二章第二節之「宋代命理文化造就的命理明星」中另有詳述。

看看北宋開封的民俗中命理文化到底扮演著怎樣的角色。在《東京夢華錄》卷5《娶婦》一節中,作者孟元老詳述了當時民間娶婦時的場景,其中亦有一處涉及到了命理文化:「凡娶媳婦,先起草帖子,兩家允許,然後起細帖子,序三代名諱,議親人有服親田產官職之類。」〔註135〕這段記載中講到了當時開封人娶妻嫁女前會先起草帖子與細帖子的事。其中的細帖子,應該就是當時的婚書了。婚書一旦締結,則婚姻既得到了民間的認可,也具有了法律效力。男女雙方家人各持對方細帖子,以作為婚姻的憑證和依據。細帖子依照男左女右格式,分別寫上男女姓名、生辰八字、籍貫以及祖宗三代名號等。細帖子在宋人婚姻中扮演著重要角色。在宋代話本《三現身》中,大孫押司的媳婦在大孫押司死後再嫁前,就曾與媒婆寫過這種細帖子。〔註136〕作為具有法律效力的婚書,上面赫然寫有男女雙方的生辰八字,可見宋人對命理術的篤信。即便是當時對命理術知之不深的百姓,也一樣浸染在其文化信仰之中,對命理術的預測結果篤信不疑。命理文化滲入到每一個宋人生活中,只是他們中的有些人或許日用而不知。

在對宋代命理術與宋人日常生活之間的關係有了這些基本的認識後,再來看宋人筆記中那些關於宋人迷信命理術到了荒謬的程度的記載,就不難理解這些故事的荒謬背後所蘊含的宋人的命理信仰。正是在這種堅定的信仰的基礎上,上至帝王將相,下至市井潑皮,都曾做出過一些在今天看來多少有些令人哭笑不得、匪夷所思之事。周煇(1127~?)《清波雜志》卷3《日者談休咎》記載:「政、宣間,除擢侍從以上,皆先命日者推步其五行休咎,然後出命。故一時術者,謂士大夫窮達在我可否之間。朝士例許於通衢下馬從醫卜,因是此輩益得以憑依。」〔註137〕任命官員前居然先令命理術士推步其命局中五行休咎,五行合格者方可任命。徽宗朝的這一舉措可謂是前無古人,後無來者。然而當今人回顧宋徽宗尚為端王時使人持其八字問命于相國寺陳彥的典故時,這一奇怪的舉措似乎也可以找到合理的解釋:既然自己的天子之命早已蘊藏在自己的生辰八字之中,那麼要想看清朝中官員是否稱職,只需找到高明的術士查驗他們的八字五行即可。如果再結合徽宗朝崇道的那些

〔註135〕 (宋)孟元老撰、伊永文箋注:《東京夢華錄箋注》卷5《娶婦》,中華書局,2006年,第479、480頁。

〔註136〕 參見《三現身》,載程毅中輯注《宋元小說家話本集》,第59、60頁。

〔註137〕 (宋)周煇撰、劉永翔校注:《清波雜志校注》,中華書局,1994年,第104頁。

記載，甚至宋徽宗自封為「道君皇帝」的事蹟，就更不難理解徽宗朝的這一舉措：最講術數的是道家，崇道的結果自然是術數的氾濫。大概正是在這種思維模式指導下和社會風潮的引領下，徽宗朝才會出現這種史無前例的用人模式。而在這種用人模式的驅使下，一些術士邀以得進，不少官員為了自己的仕途也免不了圍繞在這些術士周圍溜鬚拍馬。得寵的術士們在這樣的生存環境下，喊出「士大夫窮達在我可否之間」之狂言，也確實是言之有據。

在命理術大行於朝的當時，有的官員為了適應潮流及晉升之便，竟也上進新出的命理專著以應朝廷之需。清代瞿鏞（？～1864）在《鐵琴銅劍樓藏書目錄》中錄有六卷的影鈔元本《新編四家注解經進珞琭子消息賦》，作注者題為「保義郎監內香藥庫門臣王廷光、宜春李仝、嘉禾釋曇瑩、東海徐子平」，所謂的四家是也。卷首有王廷光進書序。〔註138〕雖然瞿鏞書中未錄有該序，但是幸運的是，在今天台北國家圖書館善本書室中仍藏有元刊本的《新編四家注解經進珞琭子消息賦》。書中序言寫於宣和五年（1123），上呈宋徽宗皇帝御覽。在序文中，王廷光說當時命書極多，而「議論有合於聖賢畫卦重爻立法，而得其指歸者，《珞琭子三命》而已」。〔註139〕王廷光進此書的時間恰好

〔註138〕（清）瞿鏞撰：《鐵琴銅劍樓藏書目錄》卷 15《子部三》，《宋元明清書目題跋叢刊》（第十冊），中華書局，2006 年，第 224 頁。此書於清末葉德輝的《郋園讀書志》中題為「《新編四家注解經進珞琭子三命消息賦》六卷，影為宋本」。參見葉德輝撰《郋園讀書志》卷 6《子部》，上海古籍出版社，2010 年，第 288 頁。葉德輝言此書得自瞿氏鐵琴銅劍樓藏，但他認為該書是宋本，且認定此四家注本是宋代徽宗時經進原書。這是不正確的。因為四人成注時間不一，他們不可能同上這樣一本書。瞿鏞在《鐵琴銅劍樓藏書目錄》卷15《子部三》中錄有「《新雕注疏珞琭子三命消息賦》三卷附校正李燕《陰陽三命》二卷，影鈔宋本」，該書題宜春李仝注，東方明疏。前有嘉祐四年李仝序。可見李仝注本早在仁宗時期就已出現。釋曇瑩在《珞琭子三命消息賦注》原序中也提到「鄭潾、李仝得志於前」。又依照《珞琭子三命消息賦注》原序，我們得知釋曇瑩注本成於建炎年間。《四庫全書總目》也說到「廷光之書，進於宣和癸卯，曇瑩之書，成於建炎丁未」。（見《四庫全書總目》卷109《子部・術數類二》，第927頁）至於徐子平注本的出現，更是在元代以後。所以說，四人注本不可能同時與北宋末年呈現。這本注本，最早見於元代，筆者推測，很有可能是元人依據之前四家注本而合併為一本刊刻而成的。因而，筆者的推測是，當時王廷光所進注本，很可能是他的單獨注本，或是包括了之前李仝注本的合注本。但總之，絕不可能是三家注本或四家注本。

〔註139〕王廷光：《新編四家注解經進珞琭子消息賦・序》，臺北國家圖書館藏。該元刊本不得見，序言轉引自劉祥光著《宋代日常生活中的卜算與鬼怪》，第 160、161 頁。

是「政、宣間，除擢侍從以上，皆先命日者推步其五行休咎，然後出命」的時代，而從其序言中大致可以得知其意圖。王氏是在向徽宗獻言，既然朝廷以官員出生時所蘊含的陰陽五行吉凶爲任職的重要依據，那麼選一本權威標準的命理著作是很重要的。而現在命書氾濫，標準不一，直接影響到朝廷的用人。所以王氏認爲很有必要進獻這樣一本由其親自注解的《珞琭子賦注》。有了這樣一本書，朝廷再推步官員的五行八字，就不會有失了。雖然王廷光的願望達成與否今人不得而知，但是由此事所反映出的當時朝廷對命理術的狂熱，今人是可以感受一二了。

上有所好，下必甚焉。既然政府機構尙以命理術決定官員仕途，那麼普通百姓又怎敢不信其術。所以，宋人不僅在婚喪大事中少不了命理術的參與，就是在暴民謀反之前也要問命於命理術士。洪邁在《夷堅志》中講述了這樣一個發生在紹興年間因八字泄秘而謀反失敗的故事：

> 紹興十年，明州僧法恩坐不軌誅。恩初以持穢跡咒著驗，郡人頗神之。不逞之徒冀因是幸富貴，約某月某日奉以爲主，舉兵盡戕官吏及巨室，然後掃眾趨臨安，不得志則逃入海。時郡守仇待制念已去，通判高世定攝事。群凶謂事必成，至聚飲酒家，舉杯勸酬，相呼爲太尉。未發一日，其黨書恩甲子，詣卜者包大常問休咎。方退，又一人來，迨午未間，至者益眾，而所問皆同，且曰：「欲圖一事，可成否？」包疑焉，紿最後者曰：「此非君五行，在吾術中有不可言之貴，眂君狀貌不足以當之，其人安在？我當自與言，不敢泄諸人也。」問者喜，走白恩，與俱至包肆。包下帷對之再拜曰：「賤術何所取，而天賜之福，今乃遇非常之慶。家有息女，不至丑陋，願得備姬嬪之列。」即延入室，導妻子出拜，置酒歌舞，使女勸之飲。包敬立良久，託爲買肴饌，亟出告之。世定趣呼兵官，即日悉擒獲。獄成，恩及元惡斃於市，餘黨死者數十人，陳屍道上。……
> 世定用是得直秘閣，包生亦拜官，郡人合錢百萬與之。〔註140〕

在今天看來，這個故事多少有些荒誕無稽。一個預謀的叛亂竟因爲僧人法恩及手下人迷信八字而事泄失敗。然而，在宋人筆記中，這種不法之徒起事前因問卜於術士而事泄被誅之事卻並不止此一例。羅大經（1196～1252）在

〔註140〕 （宋）洪邁撰：《夷堅丙志》卷12《僧法恩》，第470、471頁。

《鶴林玉露》中也載有類似的事情。〔註141〕這就不得不令人反思，宋代民間受命理文化浸染之深也許遠遠超出了今人的理解與認識。從以上的這些論述中，可以發現，在宋代上至廟堂之高，下至江湖之遠，幾乎無人不信奉命理術，無人不生活在命理術所營造的文化中。在這樣一個社會背景下，宋代命理術較之前代有了長足的進步，當然也就是情理中事了。

二、宋代命理文化造就的命理明星

　　與中國古代主流文化多由著名人物所參與造就不同，命理文化屬於民間文化，其在漫長的形成過程中，雖有無數人參與其中，但由於其偏離主流文化方向以及沒有政府的主導，所以很難於其發展史中見到一位權威人物及權威著作。這一現象在明清以前表現的尤爲突出。今人何麗野分析比較了世人對待命理術與周易的不同觀念，認爲正是這種觀念的不同導致了古代命理術獨特的發展過程以及難有權威的著作和代表人物。他說：「八字易象有一個漫長的發展過程。從唐代初創，到清代才走向成熟。一些重要的概念如『用神』，直到清代才定下內涵。因此它的思想也就有一個發展過程。《周易》不一樣，在《周易》成書以後，特別是在《傳》出現以後，它的思想便已基本定型。由於它作爲儒家經典，被賦予了引人注目的崇高地位，後人只能對它進行學習研究，從無人敢於否定它。幾千年來雖然有三千多部著作對其進行疏解、正義，但沒有人敢越雷池一步。所以《周易》的思想幾千年來並無發展。……八字術則相反，它從來沒有被當作一項可以登大雅之堂的學問。幾乎沒有什麼人去整理它的思想、理論和方法。其著作散佚，代表人物湮沒無聞。八字術歷來只是些落魄文人士大夫或盲人的謀生工具。」〔註142〕大概出於同樣的原因，宋代命理文化雖然繁榮，著作雖然繁多，但是在當時及後代能夠享有盛譽的命理大師卻寥寥無幾。而且，這僅有的幾個今天還能知道的人物，也因爲當時及後代命理市場的誇大甚至扭曲的宣傳推介，多是生活年代有誤、人物身份不明。雖然人們至今仍津津樂道唐代的李虛中、宋代的徐子平等著名命理大師的「貢獻」，但是可以肯定的是，宋代及其之後的命理術的繁盛，絕不僅僅是這幾位大師主導完成的。從《通志藝文略》所記錄的 125 部 198

〔註141〕（宋）羅大經撰：《鶴林玉露》卷 3《白羊先生》，中華書局，1983 年，第 166、167 頁。

〔註142〕何麗野著：《八字易象與哲學思維・緒論》，中國社會科學出版社，2004 年。

卷命理著作以及《五行精紀》所引用的當時 52 種命理文獻中，就可以充分感受到宋代命理術的參與者之多以及術出多門的狀況。奇怪的是，在這麼多的參與者之中，能夠揚名當時及後代的命理術士卻寥寥無幾。這是因爲宋代命理文化託古自重、厚古薄今之風甚烈，其所造就的大師或是上古偉大的祖先或傳奇人物，或是前朝的有名的術數大師。在這股風氣的影響之下，反而是宋代本朝的命理術士多默默無聞。下面，本文就來一一盤點一下宋代命理文化所造就出的幾位命理明星。

（一）李虛中

首先應該關注的是出身於中唐時期的李虛中。在李虛中之前，宋人推崇的命理大師當然還有珞琭子、鬼谷子、司馬季主等人物。不過本文第一章第一節「古人有關命理術起源的多種說法」已對先秦及秦漢時期的多位宋人追認的命理術「大師」予以詳述，故此處不再贅述。本節只從唐代李虛中說起，因爲李虛中是宋人追認的歷史上第一位眞正精通命理術的人物。

在宋代，人們普遍追認的命理術的創始者既非黃帝、風后、珞琭子、鬼谷子等遠古、三代人物，也非司馬季主、呂才等漢唐人物，而是被韓愈做了墓誌銘的、曾在元和年間（806～820）任殿中侍御史的李虛中。此人於正史無傳，亦無作品傳世〔註 143〕，幸得韓愈爲其做墓誌銘。其墓誌銘曰：

> 殿中侍御史李君，名虛中，字常容。其十一世祖沖，貴顯拓跋

〔註 143〕宋以後有部分作品署名李虛中著，其中最有名者莫過於《李虛中命書》，該書新舊《唐書‧藝文志》無著錄，至《宋史‧藝文志》始有《李虛中命書格局》2 卷；鄭樵《藝文略》作《李虛中命術》1 卷，《李虛中命書補遺》1 卷；晁公武《郡齋讀書志》作《李虛中命書》3 卷。考慮到其版本源流、宋代命理書籍銷售特點以及書中的内容，筆者認爲，該書很可能是宋代坊間託名作品，而非李虛中本人作品。不過，四庫館臣「疑唐代本有此書，宋時談星學者以己說闌入其間，託名於虛中之注鬼谷以自神其術耳」。他們認爲此書雖有宋人附益内容，但也只是「不盡出虛中之手」。參見《四庫全書總目》卷 109《子部‧術數類二》，第 926 頁。余嘉錫先生在《四庫提要辯證》一書中也傾向於認爲李虛中是有作品傳世的，只是韓愈墓誌銘中未明說。因此，《李虛中命書》很有可能是李虛中的遺作。參見余嘉錫著《四庫提要辯證》卷 13《子部四‧術數類二》，中華書局，1980 年，第 758～768 頁。今所傳《李虛中命書》乃是四庫館臣從《永樂大典》中輯出，釐爲 3 卷。劉國忠考證其書後半部分實爲宋代另一部命理文獻《鬼谷子遺文》，愈發與李虛中無關。不知是四庫館臣犯的錯誤還是《永樂大典》中已然如此。參見劉國忠《〈李虛中命書〉眞偽辨》，氏著《唐宋時期命理文獻初探》，黑龍江人民出版社，2009 年，第 71～85 頁。

世。父懍，河南溫縣尉，娶陳留太守薛江童女，生六子，君最後生，愛於其父母。年少長，喜學；學無所不通，最深於五行書。以人之始生年、月、日、所值日辰，支干相生、勝、衰、死、王、相斟酌，推人壽夭、貴賤、利不利；輒先處其年時，百不失一二。其說汪洋奧美，關節開解，萬端千緒，參錯重出。學者就傳其法，初若可取，卒然失之。星官曆翁，莫能與其校得失。進士及第，試書判入等，補秘書正字，母喪去官。卒喪，選補太子校書。河南尹奏疏授伊闕尉，佐水陸運事。故宰相鄭公餘慶繼尹河南，以公為運佐如初。宰相武公元衡之出劍南，奏奪為觀察推官，授監察御史。未幾，御史臺疏言行能高，不宜用外府，即詔為真御史。半歲，分部東都臺，遷殿中侍御史。元和八年四月，詔徵，既至，宰相欲白以為起居舍人。經一月，疽發背，六月乙酉卒，年五十二。其年十月戊申，葬河南洛陽縣，距其祖澠池令府君僑墓十里。君昆弟六人，先君而歿者四人。其一人嘗為鄭之滎澤尉，信道士長生不死之說，既去官，絕不營人事；故四門之寡妻孤孩，與滎澤之妻子，衣食百須，皆由君出。自初為伊闕尉，佐河南水陸運使，換兩使經七年不去，所以為供給教養者。及由蜀來，輩類御史皆樂在朝廷進取，君獨念寡稚，求分司東出。籲嘻，其仁哉！君亦好道士說，於蜀得秘方，能以水銀為黃金，服之，冀果不死。將疾，謂其友衛中行大受、韓愈退之曰：「吾夢大山裂，流出赤黃物如金。左人曰，是所謂大還者，今三矣。」君既歿，愈追占其夢曰：「山者艮，艮為背，裂而流赤黃，疽象也。大還者，大歸也。其告之矣。」妻范陽盧氏，鄭滑節度使兼御史大夫群之女。與君合德，親戚無退一言。男三人：長曰初，協律；次曰彪；其幼曰還，適三歲。女子九人。銘口：不贏其躬，以尚其後人。〔註144〕

這段記載，是後代瞭解李虛中的唯一根據。也是因為這段記載，宋代以來，李虛中留給後人兩種截然不同的形象。一種是迷信道教煉丹術並死於丹毒的可悲人物形象；一種是精通命理術的命理術代言人甚至是命理術創始者的形象。對於前者的形象，宋代以來就不斷有人給予負面的評價。宋人張杲

〔註144〕　（唐）韓愈撰、馬通伯校注：《韓昌黎文集校注》卷6《殿中侍御史李君墓誌銘》，第253、254頁。

（1149～1227）在其《醫說·丹砂之戒》中舉李虛中等人服丹藥而死之事警醒後人。〔註145〕之後的王伯大（？～1253）重引此文。〔註146〕南宋初年的汪應辰（1118～1176）從李虛中服丹而亡的角度來論證其術的不可信：「世之推步五行以談禍福者，皆祖李虛中。爲虛中者，其自考，必審其自信必確矣。然乃服藥覬幸長生而顧以速死，是不知命之有制而欲以力勝也。其自考者如此，何以考他人之禍福乎？其自信者如此，何以使人之信乎？又況爲其徒者乎？世人不考其源流，隨而信之，此吾所未喻也。」〔註147〕元人宋禧也從相同觀點質疑了李虛中爲人及其術。〔註148〕明人張萱（1553～1636 或 1557～1641）也諷刺李虛中道：「第虛中以服水銀疽發背死，不知其曾自推筭否？」〔註149〕總之，李虛中留給世人的第一種形象是反面消極的。

相比於第一種反面形象，李虛中的第二種形象則要積極、光輝得多。事實上，無論在宋代還是今天，當人們把視角放在李虛中的第二種形象時，總會認爲他是中國命理學史上劃時代的人物。在宋代命理市場造神運動的推動下，這個中唐時期默默無聞的小人物，因爲韓愈的那一段溢美之辭而暴得大名，最後竟成爲宋代最炙手可熱的命理明星乃至命理始祖。自北宋以來，人們對命理大家李虛中的傳頌不絕於耳。晁補之（1053～1110）論李虛中道，其人「深於五行書，以人之始生年月日所值日辰支干相生勝衰死相王，斟酌推人壽夭貴賤，……虛中之術，蓋至今猶傳也」。〔註150〕吳曾在舉兩宋之際命理術知名命書作者時提到了李虛中：「今諸命書，如唐李虛中、本朝林開之大論五行十二位。」〔註151〕周必大（1126～1204）在爲廖中所著《五行精紀》寫的序中讚揚了李虛中命術的高妙：「予謂五行所寓，有常焉，有變焉。常易推

〔註145〕（宋）張杲撰：《醫說》卷9《丹砂之戒》，上海科學技術出版社，1984年。

〔註146〕（宋）王伯大重編：《別本韓集考異》卷34《碑誌·故太學博士李君墓誌銘》，文津閣《四庫全書》第358冊，第534、535頁。

〔註147〕（宋）汪應辰撰：《文定集》卷9《贈杜術士序》，文津閣《四庫全書》第380冊，第544頁。

〔註148〕（元）宋禧撰：《庸庵集》卷12《贈程隱微序》，文津閣《四庫全書》第408冊，第402頁。

〔註149〕（明）張萱撰：《疑耀》卷7《李虛中以疽死》，《四庫提要著錄叢書》，第680頁。

〔註150〕（宋）晁補之撰：《濟北晁先生雞肋集》卷35《送醫李寅序》，《四庫提要著錄叢書》，第347頁。

〔註151〕（宋）吳曾撰：《能改齋漫錄》卷5《辨誤三·五行無絕理》，上海古籍出版社，1979年，第110頁。

也，跡也；變難推也，理也。自非心通意悟，不足以盡此！古稱善其事者，莫如李虛中，萬端千緒，錯參重出，學者就傳其法。初若可取，卒然失之，茲豈易哉。」〔註152〕另兩位宋人曾丰（1142〜1224）、陳傑在其詩中均將李虛中視爲命理術之代名詞。〔註153〕元代時，雖然李虛中術漸爲徐子平術所取代，但是李虛中在世人眼中還是有著舉足輕重的地位。吳澄（1249〜1333）應是古代爲數不多的精通術數的文人，一生曾校定《皇極經世書》、《太玄經》、《葬書》，並撰有《易纂言》、《易纂言外翼》等著作。他仍將當時的命理術視爲李虛中之術。〔註154〕另一位人王沂（1315年中進士）記載一位鍾姓術士早年遊於江南，「得李虛中學」，士大夫多神其技，晚年被薦於池州爲陰陽教授。〔註155〕在宋元人眼中，李虛中這個名字已然成爲當時命理術的代名詞。其所運用的命理術在後人眼中已達到了出神入化的境地。李虛中於宋代命理術中的地位，一如麻衣道者於相術、郭璞、楊筠松於堪輿術中的地位。乃至於宋亡以後、李虛中術漸漸走向消亡之際，李虛中也依然是當時婦孺皆知的命理大家。「世談術家之善推命者，必曰唐李虛中氏。虛中儒者，而術家宗之，是得其學之一端耳。自古術數之學，無踰李淳風、浮屠一行者，而虛中與二子並著名於唐，至今雖婦人小兒皆稱之。則其於五行書信深矣。」〔註156〕

　　宋元明以來，不少士人及術士追認李虛中爲命理術之始祖。朱熹之父朱松（1097〜1143）認爲命理術之造詣精深者首推唐人李虛中。「今之嘩世邀利之徒，皆祖述其書，而未聞有窺其關節機牙者，……」〔註157〕宋人洪适（1117〜1184）道：「至唐李虛中，始以人之初生歲月日時推其十母十二子相生相剋，以逆知人之耆折貴賤休咎。若脈之診疾，鑒之燭形，了然洞見，無毫釐差。

〔註152〕（宋）周必大：《五行精紀・周序》。

〔註153〕（宋）曾丰撰：《緣督集》卷 7《李熙載業儒未效轉爲五行家》，文津閣《四庫全書》第 386 冊，第 335 頁；（宋）陳傑撰：《自堂存稿》卷 3《贈張慈寶五行精到奇中》，文津閣《四庫全書》第 297 冊，第 558 頁。

〔註154〕參見（元）吳澄撰《吳文正集》卷 30《送李雁塔序》，文津閣《四庫全書》第 400 冊，第 105、106 頁。

〔註155〕（元）王沂撰：《伊濱集》卷23《鍾教授墓誌銘》，文津閣《四庫全書》第 403 冊，第 744、745 頁。

〔註156〕（元）宋禧撰：《庸庵集》卷 12《贈程隱微序》，文津閣《四庫全書》第 408 冊，第 402 頁。

〔註157〕（宋）朱松撰：《韋齋集》卷 10《送日者蘇君序》，文津閣《四庫全書》第 378 冊，第 661 頁。

駕其說者日益滋，而後之言命者，始叛於古……」〔註158〕汪應辰言：「世之推步五行以談禍福者，皆祖李虛中。」謝伯采云：「今人以三命生旺之說起於唐李虛中。」〔註159〕陳郁（1184～1275）亦轉引洪适觀點道：「唐李虛中始以人初生歲月日時測其十母十二子相生相剋，以逆知人之貴賤休咎，若脈診疾，鑒燭形，無一毫錯。世由此遂以推算爲天命。」〔註160〕

　　宋代晚期，又有將當時新興的子平術的祖師稱號冠於李虛中頭頂之事。南宋寶祐年間（1253～1258）錢塘子錢芝翁在《子平三命通變淵源》一書《跋》中有對子平術源流的一段論述，其文曰：

> ……惟唐韓昌黎文公序御史李虛中，以日爲主，言人禍福。不
> 惑者信矣。夫由是徐子平之術得其正傳，名重朝野。耳目之及，無
> 不欽敬。〔註161〕

錢芝翁認爲，徐子平之術，乃得自於李虛中。二者的命理術皆爲一脈。至明代，這一說法愈演愈烈。從現存史料來看，早在明代中前期就已流傳著虛中傳子平的說法。最早將徐子平作爲李虛中傳人的材料出現在明代文人戴冠（1442～1512）及朱存理（1444～1513）的著作中。戴冠在《濯纓亭筆記》裏曾記錄了一段命理術早期傳承的歷史：「……珞琭同時有鬼谷子；漢有董仲舒、司馬季主、東方朔、嚴君平；三國時有管輅；晉有郭璞；北齊有魏寧；唐有袁天罡、僧一行、李泌、李虛中之徒，皆祖其術。泌嘗出遊，見農夫觀書柳下，問其姓氏則云管輅十八世孫。視其書，則《天陽訣》也。泌既得其書，又得一行所授《銅鈸要》，以占人吉凶極有驗。……泌以是傳之李虛中，虛中推衍以用之，其法至是一變矣。五代時則有麻衣道者、希夷先生及子平輩。子平得虛中之術而損益之，至是則其法又一變也。」〔註162〕不知戴冠的這一段命理術史是己所杜撰還是聽自他人，但是文中明確提到了李虛中之後

〔註158〕　（宋）洪适撰：《盤洲文集》卷34《送王秀才序》，《宋集珍本叢刊》，第251頁。

〔註159〕　（宋）謝伯采撰：《密齋筆記》卷5，文津閣《四庫全書》第286冊，第380頁。

〔註160〕　（宋）陳郁撰：《藏一話腴》外編卷上，文津閣《四庫全書》第286冊，第610頁。

〔註161〕　《子平三命通變淵源·跋》，韓國首爾大學縮微文本。

〔註162〕　（明）戴冠撰：《濯纓亭筆記》卷8，第483、484頁。此文後被萬民英之《三命通會》轉引，使明人廣爲所知，影響深遠，至今猶傳。參見《三命通會》卷7《子平說辯》。文津閣《四庫全書》第268冊，第601、602頁。

徐子平承其術的說法。朱存理喜好命理術，遇擅子平術者則請教，他從當時的命理術士那裡聽到過李虛中術數傳而至徐子平的說法：「聞善論子平家法者，予輒就問其說，頗聞由虛中數傳而後爲子平。虛中主用年干，子平用日干，皆主其所生而以客者應之，若源流一致。故虛中、子平之說雖不同，而所以爲生剋制化未始不同也。」〔註163〕由此可見，明代中前期已普遍流傳著李虛中——徐子平這樣的門派承襲關係。之後，明人張萱言：「至唐乃有李虛中，嘗爲侍御史，始精其術，以人之始生年月日時支干斟酌壽夭貴賤，亦往往有驗。即今所傳子平是也。」〔註164〕「今之祿命家言云子平者，其說始於唐殿中侍御史李虛中也。」〔註165〕崇禎七年（1634）刊印的《淵海子平》引文中，亦有子平術源於唐李虛中的說法：「《子平淵海》之理，始自唐大夫李公虛中，以人生年月日時，生剋旺相，休囚制化，決人生之禍福，其驗神矣。及公薨，昌黎韓公爲之作墓誌，以記之。後經呂大夫才又裁定之，並無述作之者。至於有宋徐公升復以人生日主分作六事，議論精微，作《淵海》之書，集諸儒之義傳佈，至今悉皆宗之。」〔註166〕然而，李虛中所運用的命理術（今人常稱爲李虛中術）應當屬於命理術古典模型，與南宋後期出現的子平術決然不同。那麼爲什麼至宋明時期會出現虛中傳子平的說法呢？蓋因江湖術士不明學術淵源，文人學者不通術數理論，所以在明代致有虛中傳子平之訛傳。余嘉錫先生分析古代術士及文人面對術數史時，往往會出現共同的盲點，其原因便在於：「蓋考證家不喜觀術數書，瞽史之流，又不知學術，宜無有能言其源流者矣。」〔註167〕

（二）林開

在宋代，雖然命理文化盛行，但在當時命理界託古自重、厚古薄今的風氣影響下，真正能揚名於本朝的命理術士並不多見。不過，林開是一個例外。南宋吳曾言：「今諸命書，如唐李虛中、本朝林開之大論五行十二位。」〔註168〕在這裡，林開已是一位能與李虛中相提並論的命理術士了。南宋前期，無

〔註163〕 （明）朱存理編：《珊瑚木難》卷 7《送張伯達序》，文津閣《四庫全書》第270 冊，第 600 頁。

〔註164〕 （明）張萱撰：《疑耀》卷5《祿命家言》，第 635 頁。

〔註165〕 （明）張萱撰：《疑耀》卷7《李虛中以疽死》，第 679、680 頁。

〔註166〕 （宋）徐升編：《新刊合併官板音義評注淵海子平・引》。

〔註167〕 余嘉錫著：《四庫提要辯證》卷13《子部四》，第 766 頁。

〔註168〕 （宋）吳曾撰：《能改齋漫錄》卷5《辨誤・五行無絕理》，第 110 頁。

論是鄭樵的《通志藝文略》還是晁公武的《郡齋讀書志》都錄有林開撰寫的
《五命秘訣》一卷（當然也有可能是南宋時期書坊間託名而作的偽書）。是以
知其人其書至晚在南宋初期就已廣爲人知。洪邁更是提到，其生活之時代（南
宋中前期），已出現「林開三命，世俗日者多託其書以自附」〔註169〕的情況。
這麼一位著名的命理術士，有關他的一生，今人卻知之甚少。與大多數宋代
命理術士一樣，此人並不見於正史的記載。不過，在兩部宋人筆記中，均載
他曾參與到當時的部分官員的算命活動中。從這兩部筆記的描繪中，大致可
以判斷出他生活的年代在北宋後期的哲宗、徽宗二朝。這兩部宋人筆記，一
部便是前文已舉的王明清的《揮塵錄》。據王明清的記載，蔡卞與王安石次女
所生之子蔡仍生下後，「談天者多言其壽命不永。元度夫婦憂之。一日，盡呼
術者之有名，如林開之徒集於家，相與決其疑」〔註170〕。按蔡仍生於元祐六
年（1091），則林開應是在這之後不久被召入府中看命的。考慮到蔡卞夫婦在
當朝的地位及影響〔註171〕，能被他們召來的術士顯然必是當時業界翹楚。可
見林開在生前已是名揚京城的命理大家了。在另一部宋人筆記《夷堅志》中，
則記載了林開於宣和年間爲京城的一位普通官吏及其子看命的故事：

> 林開三命，世俗日者多託其書以自附，然初未覩厥眞也。宣和
> 間，其人在京師，莆田黃至一以太學上舍登科，除秘書省正字。嘗
> 邀之論命。長子方齠齔，立於傍，亦漫令談休咎。林曰：「此兒科名
> 遠勝君，至究竟處，但只相似耳。」其後至一終於朝奉郎。長子者，
> 師憲也，狀元及第，然亦至郎官而止。〔註172〕

在這個故事裏，明確指明林開是以三命術揚名的。而且在洪邁生活的年
代，「世俗日者多託其書以自附」。由此可見，林開於南宋時期就已成爲坊間
命理市場所追捧的明星人物了，託其名下之書已有不少。作爲活躍於北宋後
期的著名命理術士，林開在死後不久就已在社會上具備了非凡的明星效應。
這在兩宋間的各類術士身上都是比較罕見的。這一方面說明當時卜算市場造
星運動之成熟，另一方面也說明了林開生前必具有超出一般同僚的聲譽。

〔註169〕（宋）洪邁撰：《夷堅支戊》卷9《黃師憲嘉兆》，第1125頁。
〔註170〕（宋）王明清撰：《揮塵錄·餘話》卷2，第325、326頁。
〔註171〕有關蔡卞生平活動及其影響的研究，參見顧紹勇《蔡卞研究》，河北大學2007
　　　　年碩士學位論文；楊小敏著《蔡京、蔡卞與北宋晚期政局研究》，中國社會科
　　　　學出版社，2012年。
〔註172〕（宋）洪邁撰：《夷堅支戊》卷9《黃師憲嘉兆》，第1125、1126頁。

林開留下的唯一一部著作，是《五命秘訣》。鄭樵的《通志藝文略》、晁公武的《郡齋讀書志》中均錄有林開撰寫的《五命秘訣》一卷。《宋史藝文志》錄有《五命秘訣》五卷。宋代習慣將命理術稱爲三命術。林開的「五命」一詞，可能本是標新立異的創造，但是這一詞的出現卻給後人帶來了對「三命」一詞不小的誤解。最早對「五命」一詞進行解釋的是晁公武。晁氏在《郡齋讀書志》中解釋《五命秘訣》一書題目時講到：「三命之術，年、月、日支干也。加以時、胎，故曰五命。」〔註173〕按，宋代的三命術之「三命」一詞的概念，本指祿、命、身。其中年干爲祿，年支爲命，年柱納音爲身。晁氏則以爲三命是指年、月、日支干，那麼五命當然就是年、月、日、時、胎五柱的支干了。顯然晁氏此處的解釋有待商榷。由於晁氏對三命一詞概念不明，其對五命一詞的解釋也是有爭議的，致使後人不明就裏而盲從者甚重，明清兩代直至今天不少人仍將三命誤以爲人出生時的年、月、日支干。〔註174〕林開的《五命秘訣》一書，後世雖湮沒無聞，但是在宋人廖中所撰的《五行精紀》中，收錄有不少該書的片段，題爲林開《五命》。《五行精紀》的存世，爲今人瞭解林開的命理術思想提供了便利。從該書被《五行精紀》頻頻引用可以看出，《五命秘訣》的確是南宋時期影響甚大的命理著作。

（三）釋曇瑩

兩宋時期，精通術數的佛、道教徒不在少數。宋初的陳摶、麻衣道者精通相術。《通志藝文略》「五行類」中，爲道人所著的各類術數作品數不勝數。相對而言，佛教徒的術數作品略顯薄弱。如《通志藝文略》「三命類」及「行年類」中，僅著錄有僧叔昕撰《三命消息賦》一卷。不過，佛教徒在兩宋命理術發展史中所起到的作用還是不容忽視的。據明人戴冠《濯纓亭筆記》記載，南宋孝宗時期，僧道洪得號沖虛子者秘授子平術，道洪後入錢塘，傳佈其學，將子平術傳之於徐大升：「子平沒後，宋孝宗淳熙間有淮甸術士亡其姓名，自號沖虛子者精於此術，當世重之。時有僧道洪者密受其傳，或問其派系，則云子平之遺術。道洪後入錢塘，傳佈其學，世俗不知其所由來，直言子平耳。道洪以傳之徐大升，……」〔註175〕如果戴冠此說屬實，那麼僧道洪就是宋代子平術發展史上承上啓下的一位重要人物。可惜的是，人們至今無

〔註173〕（宋）晁公武撰：《郡齋讀書志》卷14《五行類》，第366頁。
〔註174〕關於三命概念及後人誤解的詳述，參見本文第五章第一節「以年柱三命爲主」。
〔註175〕（明）戴冠撰：《濯纓亭筆記》卷8，第484頁。

法確認戴冠此說的眞實性。

　　不過，在宋代，還有一位僧人在當時及之後的命理界及社會上有著顯要的地位。他就是活躍於兩宋之交的釋曇瑩。《四庫全書總目》卷 109《子部‧術數類二》提到釋曇瑩云：「曇瑩號蘿月，嘉興人，以談易名一時。洪邁《容齋隨筆》載之，稱曰『易僧』。其以易理言命，該由於是云。」〔註176〕後人對他的瞭解，主要是依據收於《四庫全書》的《珞琭子賦注》。該《珞琭子賦注》分別由王廷光、李仝、釋曇瑩三家所注。不過，該注本「獨題曇瑩之名，而廷光與仝之說悉在焉」〔註177〕。注本之前附有南宋初年釋曇瑩及好友董巽、楚頤的三人之序。這三篇序文，使後人初步瞭解了釋曇瑩的個人簡況，及其做此注時間。首先，我們來看釋曇瑩自序：

> 夫質判元黃，氣分清濁，三才既辨，萬象已陳。《珞琭子》書斯文舉矣。是知榮枯否泰，得喪存亡，若鑒對形，妍丑自見。古所謂「不知命無以爲君子」。余獲其文，積有年矣，而禪餘之暇，未嘗忘之。於是立節苦心，求仁養志。不言之教，可以爲師。鄭潾、李仝得志於前；單見淺聞，續注於後。將使來者，用廣其傳。凡我同流，無視輕耳。建炎改元丁未，太歲夷則望日嘉禾釋曇瑩序。〔註178〕

　　在這則序文中，釋曇瑩簡要介紹了其做注的動機，以及做注時間——南宋建炎元年（1127）〔註179〕。該序還清楚顯示在他之前，社會上已流傳有鄭潾、李仝所作的《珞琭子賦注》。值得關注的是，北宋徽宗宣和五年王廷光所上的《珞琭子賦》注本並不在釋曇瑩關注之列。這極有可能是因爲王廷光注本的完成時間距釋曇瑩注本完成時間較爲接近，流通未廣。加上兩宋之際兵荒馬亂，釋曇瑩於南宋初年尚未目睹此文。這也證明了今天流行的影鈔元本、王廷光於宣和五年所上之四家注本——《新編四家注解經進珞琭子三命消息賦》（六卷）並非當時所上注本原樣，而是元人更改合併之後的本子。

　　釋曇瑩序後，是他的兩位好友——董巽（字公權）與朝議大夫、前通判郴州軍州事、賜紫金魚袋楚頤（字養正）爲該注本所作之序，茲錄於下：

〔註176〕《四庫全書總目》卷 109《子部‧術數類二》，第 927 頁。

〔註177〕《四庫全書總目》卷 109《子部‧術數類二》，第 927 頁。

〔註178〕《珞琭子賦注‧原序》，文淵閣《四庫全書》第 809 冊，第 106 頁。

〔註179〕從最後的落款時間來看，釋曇瑩的《珞琭子賦注》完成於南宋高宗建炎元年（1127）。是歲上半年尚爲靖康二年，而後五月朔改元建炎。參見陳垣著《二十史朔閏表》，中華書局，1962 年，第 134 頁。

不知命無以爲君子。誠謂消息盈虛之理，殆難逃乎數。《珞琭子》實天下命論之母也。根其萌兆，得其榮枯。深造其旨者，玄斷神遇。象外之微不可得而言傳。故於情性、善惡、成敗、賤貴，視之指掌，萬無一失焉。其或推究不盡其妙，休咎罕中乎的，豈智慮之不至耶？抑亦臨文而自昧耳。嘉禾瑩師深得其道，不愧古人，慨然剖判而注解之，欲後之讀者泝流而得其本，尋諦而獲其眞。攜以過予，索爲序引。予笑與之曰：「師徒知有涯既生之後者也，於未兆時而能卜哉？」瑩瞠若有間，磬折而諾。建炎戊申重十日董巽公權序。

陶弘景自稱「珞琭子」，蓋取夫不欲如玉如石之說。方其隱居時，號爲山中宰相，故著述行者尤多。命書作賦，其言愈見深妙。至於凝神通道，豈淺聞之士所能及哉。題篇直曰《珞琭子》，則謂陶弘景復何疑焉？瑩師禪老能研究成文，用心亦已勤矣，警化誠不淺爾。世莫知珞琭子爲誰，因以所聞而敘之。朝議大夫、前通判郴州軍州事、賜紫金魚袋楚頤養正撰。〔註180〕

董巽其人，生平不詳，從序文中看，他與釋曇瑩關係不錯。其序作於建炎二年（1128）。楚頤則是政府的一位上層官員。其序雖未標明時間，但也當在南宋初年。楚頤與釋曇瑩既有交往，說明釋曇瑩在當時是頗有地位的禪僧。此僧在兩宋之際，或以命術服務上層，或以佛法交往士人，總之，並不是一般僧侶或街頭賣卜術士可比。

此外，還有一條有關釋曇瑩的重要史料出現在南宋洪邁（1123～1202）所撰《容齋續筆》卷2《義理之說無窮》中。洪邁在該文中曾提到「易僧曇瑩」，應該就是本文關注的釋曇瑩：

經典義理之說最爲無窮。以故解釋傳疏，自漢至今，不可概舉，至有一字而數說者。姑以周易革卦言之。「巳日乃孚，革而信之。」自王輔嗣以降，大抵謂即日不孚，巳日乃孚。「巳」字讀如「矣」音，蓋其義亦止如是耳。唯朱子發讀爲戊己之「己」。予昔與易僧曇瑩論及此，問之曰：「或讀作己（音紀）日如何？」瑩曰：「豈唯此也，雖作巳（音似）日亦有義。」乃言曰：「天元十干，自甲至己，然後爲庚，庚者革也，故巳日乃孚，猶云從此而革也。十二辰自子至巳

六陽，數極則變而之陰，於是爲午，故巳日乃孚，猶云從此而變也。」

用是知好奇者欲穿鑿附會，固各有說云。〔註181〕

在這段記載中，洪邁說他曾與易僧曇瑩論周易革卦句義。想洪邁出生之時，正是釋曇瑩出版《珞琭子賦注》四年前。從當時釋曇瑩的社會地位及官員楚頤對其「瑩師禪老」的稱謂來看，其年齡至少應該在四十歲左右。少年時代的洪邁不太可能結交釋曇瑩，更不太可能於彼時就向釋曇瑩提問如周易革卦中字句義理等艱澀的學術問題。洪邁很有可能是在爲官後通過各種渠道認識的釋曇瑩。待洪邁登進士第，已是紹興十五年（1145）。所以二人的初次相見應該是在紹興十五年以後。而《容齋續筆》的完成是在光宗紹熙三年（1192）。〔註182〕那麼推算起來，二人相見的時間上限時釋曇瑩應該已是六十歲上下的老者，下限時釋曇瑩已有百歲。總之，洪邁所見的易僧曇瑩，應該是一位飽學陰陽五行、精於天干地支的耄耋之年的老人。釋曇瑩於文中以十干、十二支的理論知識回答洪邁的提問，言之有據，條理清晰，堪爲一家之言。這與他此時的年齡、閱歷、學識是相符的。他做出如上的講解完全是在情理之中的。同時，似洪邁這樣的傑出後生學者官員也向釋曇瑩求教，更進一步說明釋曇瑩於南宋初期的崇高社會威望及在文人士大夫中的影響。

（四）徐子平

說到宋代命理史上的重要人物，一個中國古代最知名的命理術大師的名字就不得不映入人們的眼簾。他就是徐子平。在明清以來的命理史上，徐子平的名字已經與宋代命理術緊密相連。他被認爲是五代、宋初與陳摶、麻衣道者相交的一位隱士，是宋代子平術的創始者。〔註183〕在他的改進下，唐代的三柱六字算命法變成了今天通用的四柱八字算命法。也是在他的影響下，宋代以後的命理術都帶有明顯的徐子平術的痕跡。再經過明清數百年的命理文化的宣傳，使得當今主流的命理術幾乎皆託名其下。直到今天，無論是江湖術士的命理作品，還是學者文人的命理學研究著作，幾乎都將此人視爲子平術的創始人，而少有人質疑其存在與歷史描述的眞實性。所以，不論其人

〔註181〕（宋）洪邁撰：《容齋隨筆・續筆》卷 2《義理之說無窮》，中華書局，2005年，第 237、238 頁。

〔註182〕參見《容齋隨筆》孔凡禮所作「前言」。

〔註183〕《珞琭子三命消息賦注・提要》中言：「傳宋有徐子平者，精於星學，後世術士宗之，故稱子平。又云子平名居易，五季人，與麻衣道者、陳圖南、呂洞賓，俱隱華山，蓋異人也。」

眞實情況如何，徐子平三個字的含義都幾乎與宋代乃至整個中國古今的命理術等同。

除了託名於徐子平的《珞碌子三命消息賦注》，相傳宋末出現的《子平淵源》、《子平淵海》二書也與徐子平有一定關聯。此二書均是由自稱爲子平術傳人的東齋徐大升所作。近年來《子平淵源》單行本於韓國首爾大學圖書館發現，已證實確爲南宋末年徐大升的作品。而《子平淵海》，依筆者考證，則是《子平淵源》的明代注本。其做注者很可能是明代中期之人而非宋人。明代中後期人們又將二書合併爲《淵海子平》，署名東齋徐升撰。由是後人常將此書視作徐子平術正宗及開山之作。不少人甚至認爲此即爲徐子平本人作品，或徐升即爲徐子平本人。〔註184〕雖然人們不得而知徐大升之書中有多少內容源自徐子平本人，但是該書極有可能是最接近於子平術原貌的作品。這對於今人研究徐子平及子平術的早期發展歷史都有不可替代的意義。

徐子平本人的事蹟又如何呢？在本文所研究的宋代命理術中，徐子平及其子平術的出現頻率是非常低的。雖然就整個宋代甚至中國古代命理學發展史來講，徐子平這個文化符號所代表的命理文化是無法忽略的，但是他個人的身世及其著作的眞實性還是很值得後人懷疑。所幸，近年來有一些文章已經關注到了這一點，個別學者開始就此人的眞實性問題展開了辯論，並取得了一定的研究成果。而本文所需要做的，就是在前人研究的基礎上進一步考證徐子平這個人物在宋代的影響力。

最早關注到徐子平人物眞實性問題的學者是清華大學的劉國忠教授。他發表於 2009 年的文章《徐子平相關事蹟辯證》第一次提出了「命理學家們關於五代末宋初的徐子平的追述實際上只是一個假象，當時並沒有徐子平這樣一個人物，更沒有所謂的徐子平把算命理論由三柱發展爲四柱的史實。關於徐子平的事蹟及地位的傳說本身是一個『層累地造成』的學術謊言」的驚人結論。值得肯定的是，劉國忠得出的結論是建立在其對史料的嚴謹考證基礎

〔註184〕在明代已有徐彥升（大升）即徐子平的說法，王世貞（1526～1590）最先提出「按，子平名居易，五季人，與麻衣道者、陳圖南遊。今所謂徐子平，則宋末徐彥升耳，其實非子平也」的觀點。見氏著《弇州四部稿》卷 160《說部》。而後明末徐熥承其說。見氏著《徐氏筆精》卷 8《子平》，文津閣《四庫全書》第 283 冊。四庫館臣也引用明人觀點，但不作肯定之辭。今人劉國忠亦認可這種觀點，認爲「實際上從種種跡象來看，元人所說的徐子平，應該是南宋末年的徐彥升」。見其文《徐子平相關事蹟辯證》，《東嶽論叢》2009年第 5 期。

之上的，因而該文具有較高的學術參考價值。他在該文中檢索了宋代的圖書目錄中與徐子平有關的記載，發現並沒有任何屬於徐子平的著作。劉國忠又進一步扒疏了宋代的各種史料及宋人的筆記小說，也未找到與徐子平相關的任何記錄。這一奇怪的現象，引發了劉國忠的懷疑：「這位在明清時代如此聲名顯赫的算命大師，而且傳說是算命學說發展史上的關鍵人物，為何在宋代卻從來沒有人提起過他，也沒有任何關於其著作的相關著錄呢？是由於宋人的疏忽，還是當時根本就不存在徐子平這個人，也沒有他的任何著作呢？」他據此認為，「當時根本就不存在徐子平這個人，也不存在他的著作，更沒有後人所說的那種從李虛中的三柱法到徐子平的四柱法這樣的發展演變過程」。元代以後出現的徐子平之名，實為《淵海子平》的作者徐彥升（亦即徐升、徐大升）。〔註185〕

對於劉國忠的這一推斷，僅僅過了一年多，就有南開大學董向慧博士予以反駁。董向慧在其發表於 2011 年的論文《徐子平與「子平術」考證——兼與劉國忠先生商榷》中認為，因為子平術一直處於秘密傳授的狀態，所以徐子平之名及其術在南宋命理書中絕少露面也就不足為怪。而針對劉國忠認為的現存的相傳為徐子平所作的命理書籍，所出均較晚，因而不可能為徐子平的作品的結論，董向慧找到藏於韓國首爾大學的由南宋徐大升所撰寫的《子平三命通變淵源》，證明了徐子平實有其人、徐大升就是子平術的傳承者與總結者、徐子平絕非徐大升以及到南宋末期子平術經徐大升的整理已開始形成了完備的體系等一系列結論。〔註186〕不過，董向慧博士的幾個論證結果並不能令人滿意。其一，他據明代戴冠的《濯纓亭筆記》中的記載，認為子平術處於秘傳狀態，因而罕有宋代命理文獻記載。按，戴冠的《濯纓亭筆記》所載《子平源流辨》一文多荒誕不實之事，其不為信史明矣。而董氏以明代書論證宋代事，更是不能令人信服。其二，董氏雖發現了宋末徐大升所撰《子平三命通變淵源》一書，但是該書的序及跋並未提到徐子平的身世，因而它也只能證明宋代寶祐年間（1253～1258）該書已經刊行，子平術和徐子平之名在當時已經出現，以及徐子平和徐大升確實為兩個人等事實。至於董氏據此所得出的「如此一來，徐子平是確有其人還是子虛烏有就一目了然了」及

〔註185〕劉國忠：《徐子平相關事蹟辯證》，《東嶽論叢》2009 年第 5 期。
〔註186〕董向慧：《徐子平與「子平術」考證——兼與劉國忠先生商榷》，《東嶽論叢》2011 年第 2 期。

子平術確實爲秘傳的結論還是頗爲牽強。儘管如此，筆者還是認爲，董向慧的這些觀點以及他所發現的南宋徐大升撰的《子平三命通變淵源》一書，對於今天追溯徐子平身世以及子平術早期發展過程都具有一定的參考價值。

在梳理完上述二位學者的研究成果後，再回到史料中，去看看歷史上對徐子平事蹟的相關記載。有趣的是，歷史上最早提到徐子平之名的人並不是什麼命理術士，而是生活在兩宋之交的文人王庭珪（1079～1171）。王庭珪在其著作《盧溪文集》中，有《挽徐子平》一詩，首次提到了一位叫徐子平的人：「子平臨終神色不亂，遣人告別，且求挽詩爲賦兩篇。數椽破屋臨溪水，日日讀書喧四鄰。白首傳經窮到骨，清風入座靜無塵。堆窗史傳千張紙，過隙光陰一轉輪。富貴掀天亦埃滅，今時何必歎斯人。季子過徐因掛劍，吾詩似劍敢欺徐。才華本自輕場屋，詁訓猶堪授里閭。踏雪打門人問字，載肴從學酒盈車。兒童誦得平生賦，不是兔園遺下書。」〔註187〕詩中的被挽者徐子平，是一位生活在兩宋之際的文人。此人精於小學或訓詁之學。這從詩中「詁訓猶堪授里閭」、「踏雪打門人問字」的描述可以看出。〔註188〕其次，從詩中的描述中，大體上可以看出徐子平是一個不屑科場功名、富有才華、重情重義之人。此人生活貧困，只能靠教授里閭孩童爲業。總之，詩中向人們展現出的是一位令人欽佩的飽讀詩書、具有崇高氣節的宋代文人形象。對於王庭珪這首詩中的主人公徐子平，歷來較少有人關注。一是詩中並無隻字提及命理術。二是大概因爲絕大多數人相信徐子平是與五代、宋初的陳摶、麻衣道者往來之人，不可能和該詩中人發生聯繫。所以，人們很少能將此二人視爲一人。

不過，在 2011 年年底，一篇題爲《秘宗子平祖師徐子平——徐子平相關事蹟辯證（二）》的文章開始出現在互聯網上。文章的作者是民間命理術士邱平策。〔註189〕在該文中，邱平策將《挽徐子平》一詩與命理術士徐子平聯繫

〔註187〕（宋）王庭珪撰：《盧溪文集》卷 25《挽徐子平》，文津閣《四庫全書》第 379 冊，第 402 頁。

〔註188〕訓詁，專論字義。訓詁書得鼻祖爲《爾雅》。後晉時期劉昫在《舊唐書經籍志》中首次將《爾雅》歸入「小學」類。從宋代開始，則明確地以「小學」指稱文字、音韻、訓詁之學。參見胡奇光著《中國小學史》，上海人民出版社，2005 年，第 1～4 頁。

〔註189〕據百度百科介紹，邱平策，字通眞，號泰山隱居，山東泰安人。道家內丹修行者，資深命理學家，著名地理風水師，國際品牌命名專家，中國當代「平派命理」創始人，平策文化（北京）有限公司總裁。見百度百科「邱平策」

起來。在該文中他（或他的弟子）說道：「子平先師臨終時的『挽詩』既然收入兩宋著名文人王庭珪的《盧溪文集》中，那麼很顯然子平先師與王庭珪是同時代人並先於王庭珪去世。查閱兩宋文人王庭珪先生生平事蹟，恰恰發現王生於北宋神宗元豐二年（即公元 1079），去世於南宋孝宗乾道八年（公元 1172），而這與邱平策所考證的子平先師徐升先生主要生活於南宋高宗紹興（1131～1162）年間正好吻合！也就是說，子平先師在 1162～1172 的十年當中（或稍前）去世。」〔註190〕而在同年稍早些時候，他還撰文寫道：「子平先師，徐氏，名升，字子平，東海人；先生博通經史，熟諳河洛，於祿命之學尤精；先生在世時業專刻印，是南宋高宗趙構紹興（1131～1162）年間的著名刻工，曾刻有《樂府詩集》、《經典釋文》、《廣韻》等宋代經典『監本』；命理著述有《淵海》、《徐氏珞琭子消息賦注》、《定眞論》、《喜忌篇》、《繼善篇》等；有宋一朝，先生雖以《淵海》、《徐氏珞琭子消息賦注》、《定眞論》等命理經典著稱於世，然因先生生性淡泊、不尚名利且終其一生以刻工爲業而名不見經傳；先生此舉不僅與開創四柱命理學先河的祖師珞琭子之『大隱』風範相得益彰，而且致使蘊藏人類生命玄機的四柱命理學更加隱顯莫測！」〔註191〕且不論這兩篇文章的多處謬誤，單就命理術士徐子平與《挽徐子平》詩而論，邱氏也未給出二者之間令人信服的聯繫。至於他所謂的徐子平是南宋紹興年間的著名刻工，曾刻有《樂府詩集》、《經典釋文》、《廣韻》等宋代經典監本的信息，筆者在翻閱了一些宋代相關刻本後，也沒有在其中發現徐子平或與徐子平相近的刻工的名字。不知邱氏所據爲何。總之，這位民間術士邱平策先生之言，雖不乏驚人之語，卻無有任何有據的論證。這不禁使人想到余嘉錫先生的慨歎：「……瞽史之流，又不知學術，宜無有能言其源流者矣。」〔註192〕

條，網址：http://baike.baidu.com/link 跡 url=vAdZuIh5yyh0OT7Poo5y8pNRI7i MFTRyr5HkyJjJaoOFxIZa5P4HWbZ8wGWODbFb4VHSUVy8YXXZQrBp7yR Mi_。筆者最後一次查詢於 2014 年 1 月 14 日。

〔註190〕邱平策：《秘宗子平祖師徐子平——徐子平相關事蹟考證（二）》，採自邱平策新浪博客，網址：http://blog.sina.com.cn/s/blog_6caab0df0100z152.html。筆者最後一次查詢於 2014 年 1 月 14 日。

〔註191〕邱平策：《徐子平相關事蹟考證（一）》，採自邱平策新浪博客，網址：http://blog.sina.com.cn/s/blog_6caab0df0100vjf0.html。筆者最後一次查詢於 2014 年 1 月 14 日。

〔註192〕余嘉錫著：《四庫提要辯證》卷 13《子部四》，第 766 頁。

雖然邱文學術價值不高，但是筆者也傾向於認爲徐子平應實有其人，只是他並不像明清以來人們所言身處五代、宋初之時，而應是南宋前期的一位命理術士。至於王庭珪的《挽徐子平》一詩中的徐子平是否就是本文所要追尋的徐子平，雖然此二人年代相近，但是由於相關史料的匱乏，暫且不得而知。總之，本文傾向於認爲，建立在目前史料基礎上的分析結果，並不非常支持二者爲一人之說。

今天可見的最早有關命理術士徐子平的史料源自南宋寶祐年間（1253～1258）徐大升所撰的《子平三命通變淵源》（以下簡稱《子平淵源》）。在該書的《序》及《跋》中，徐大升和另一位署名爲錢塘子錢芝翁的人分別提到了徐子平的名字及其術。徐大升在該書《序》中寫道：「夫五行通道，取用多門，物不精不爲神，數不妙不爲術。子平之法，易學難精，有抽不抽之緒，見不見之形。……僕自幼慕術，參訪高人，傳授子平眞數、定格局。歷學歲年，頗得眞趣。今因閑暇，類成編次，尋其捷徑，名曰《通變淵源》，謹錄於梓，以廣其傳。……」〔註193〕徐大升在這裡提到了他曾訪求高人學習子平術。這說明，徐子平其人其術的出現，要早於徐大升生活的年代。不過，該序文並未涉及徐子平生平事蹟。筆者認爲，徐子平生活的年代不會太早，因爲在南宋中期以前成書的《五行精紀》、《郡齋讀書志》、《通志》中，均未發現有關徐子平其人其術的任何記載。要知道廖中、鄭樵等人對於當時流行的命理書籍的收錄是非常全面的。而且從理論方法上來講，徐大升所記載的子平術推命方法在南宋《五行精紀》中也多有反映。對比《五行精紀》與《子平淵源》，很難說後者的理論有哪些在前者的廣徵博引中找不到相關的論述或源流。據此，子平術並非是由徐子平及其後人單獨一門所創建，事實上，他們也是廣泛吸收了宋代以來不斷成熟的命理術理論，並在此基礎上漸漸形成了自己的特點。從理論形成的時間上來推斷，子平術的出現大概是在南宋中前期。〔註194〕

而錢塘子錢芝翁在該書《跋》中，對子平術源流的論述，則讓人對子平術的起源時間說又有了新的困惑。該跋文也作於寶祐年間，其文曰：

> ……惟唐韓昌黎文公序御史李虛中，以日爲主，言人禍福。不
> 惑者信矣。夫由是徐子平之術得其正傳，名重朝野。耳目之及，無

〔註193〕《子平三命通變淵源・序》，韓國首爾大學縮微文本。
〔註194〕有關宋代命理術逐漸向子平術轉變的論述，參見第六章第二節「宋代命理術對後世的影響——以宋代命理術演變軌跡爲例」。

不欽敬。〔註195〕

這裡，錢氏至少犯了兩個錯誤。一是他說韓愈在《唐故殿中侍御史李君墓誌銘》所言的李虛中術是以日爲主的，這一點是不符合事實的，也與之前、之後人們對李虛中術的理解差距較大；二是他認爲李虛中與徐子平所傳爲一術。這混淆了命理術古法與今法的區別。這樣一來，徐子平反倒是李虛中之術的傳承人了。至於錢氏所謂的「夫由是徐子平之術得其正傳，名重朝野。耳目之及，無不欽敬」之句顯然是誇大不實之辭。總之，錢氏跋文中的徐子平之信息較爲混亂。從跋文所作時間來看，錢芝翁與徐大升應是同時期人，或許他們還有些往來。但是錢氏給人們的信息是，徐子平這個人物似乎比李虛中還要虛幻。這反映出子平術的所謂祖師徐子平本身就是一個生平模糊的小人物。總之，南宋後期的命理界，的確出現了徐子平的名字，但彼時其名氣不是很大。

元代以後，徐子平似乎開始暴得大名。元代文人舒頔在其著作《貞素齋集》卷2《贈星者房景星序》中，提到了徐子平的大名。文中載房景星自稱「於星也，發躔度之妙；於數也，闡河洛之秘；於五行也，而徐子平之玄旨，尤究心焉」。〔註196〕生活於元末明初的劉玉在《已瘧編》中曰：「江湖談命者，有子平，有五星。」〔註197〕這裡，徐子平顯然已有取代李虛中成爲命理術代言人的意味。

這一時期，有關徐子平最引人關注的記載應是《子平三命淵源注》。《四庫全書總目》卷111《子部·術數類存目二》中錄有《子平三命淵源注》一卷，題爲元代李欽夫撰。該書出自浙江范懋柱家天一閣藏本。書名後記曰：「元李欽夫撰。書末題『大德丁未孟冬朔日長安道人李欽夫仁敬注解』。前有泰定丙寅翰林編修官王瓚中序，稱《子平三命淵源》得造化之妙。自錢塘徐大升後，知此者鮮。五羊道人李欽夫取《子平》『喜忌』、『繼善』二篇特加注解，括以歌訣，消息分明，脈絡貫通云云。蓋專釋徐子平之書。其說視後來星家亦多

〔註195〕《子平三命通變淵源·跋》，韓國首爾大學縮微文本。

〔註196〕（元）舒頔撰：《貞素齋集》卷2《贈星者房景星序》，文津閣《四庫全書》第406冊，第677頁。

〔註197〕此句引自《四庫全書總目》卷109《子部·術數類二》中《徐氏珞琭子賦注》提要。然而筆者在檢索（明）劉玉撰《已瘧編》的《叢書集成初編》時，並未發現該句話。或是原話於文中已佚。

相仿。」〔註198〕根據文中內容，可知該書注本成於元大德十一年（1307），作者為長安道人李欽夫；而後泰定三年（1326）翰林編修官王瓚中為此書作序。此二人的身世很值得人們重視。首先，他們應該都是北方人。依照上文《子平淵源》的《序》和《跋》，徐子平及子平術的最初出現應該是在南宋江浙一帶。且彼時其名氣不會很大。這從宋代目錄學著作如《宋史藝文志》等皆無所載可以肯定。而在元代，徐子平的大名已傳至北方，可見其傳播速度之快、傳播區域之廣；其次，為該書作序的王瓚中是元朝的翰林編修。這樣一位上層社會士大夫也為子平術書籍作序，足見其書在社會各階層流佈之迅速。不過，依照王瓚中序中所言，「《子平三命淵源》得造化之妙。自錢塘徐大升後，知此者鮮」，可以推測出，該書雖然深得士人喜愛，但是畢竟成書較晚，知道的人較少。而王氏提到的錢塘徐大升，正是此書原作者。這更加證實了徐大升與《子平淵源》一書來歷的真實。

到了明代，徐子平儼然已經成為獨步古今的一代命學宗師。明初宋濂在《祿命辨》一文中讚揚徐子平道：「虛中之後，唯徐子平尤造其閫奧也。」〔註199〕稍後的戴冠（1442～1512）於其著作《濯纓亭筆記》中杜撰出子平術「法統」之傳承譜系。文中徐子平首次以五代、宋初時期高人的身份出現：

> （子平術）其源蓋出於戰國初之珞琭子，稱珞琭子者，取老子「珞珞如玉，琭琭如石」之義。世有《原理消息賦》一篇，謂是其所作。然觀其文，殆後人僞撰，非珞琭之本真也。珞琭同時有鬼谷子；漢有董仲舒、司馬季主、東方朔、嚴君平；三國時有管輅；晉有郭璞；北齊有魏寧；唐有袁天罡、僧一行、李泌、李虛中之徒，皆祖其術。泌嘗出遊，見農夫觀書柳下，問其姓氏，則云管輅十八世孫；視其書，則《天陽訣》也。泌既得其書，又得一行所授《銅鈸要》，以占人吉凶極有驗。《天陽訣》予昔嘗見之，《銅鈸要》則不知何書也。泌以是傳之李虛中，虛中推衍以用之，其法至是一變矣。五代時則有麻衣道者、希夷先生及子平輩。子平得虛中之術而損益之，至是則其法又一變也。子平嘗與希夷、麻衣二人從，復其學，則不及二人遠甚。子平沒後，宋孝宗淳熙間，有淮甸術士，亡其姓

〔註198〕《四庫全書總目》卷111《子部・術數類存目二》，第946頁。

〔註199〕（明）宋濂撰：《文憲集》卷27《祿命辨》，文津閣《四庫全書》第409冊，第138頁。

名，自號沖虛子者，精於此術，當世重之。時有僧道洪者，密受其
傳，或問其派系，則云子平之遺術。道洪後入錢塘，傳佈其學，世
俗不知其所由來，直言子平耳。道洪以傳之徐大升。徐大升者號東
齋，理宗寶祐間人。今世所傳如《三命淵源》、《定眞論》等書皆其
所著。」〔註200〕

該文中徐子平之所以出現在五代、宋初，筆者分析原因有二：一是爲了通過
陳摶、麻衣道者等宋初高人拔高徐子平地位；二是爲了從時間上更便於傳承
命理術之「法統」。此文後被明代中後期成書的《三命通會》轉引，於後世產
生深遠影響。而後人對徐子平身世地位的認識也多源自本文。

　　然而筆者認爲，該文雖不乏荒謬之處，卻也爲後人追尋徐子平的生活年
代提供了有力的暗示。在子平源流辨一文中，人們很容易關注到這樣兩句話：
「子平沒後，宋孝宗淳熙間，有淮甸術士，亡其姓名，自號沖虛子者，精於
此術，當世重之。時有僧道洪者，密受其傳，或問其派系，則云子平之遺術。」
依照本文的說法，徐子平是五代、宋初之人，嘗與陳摶、麻衣道者二人往來。
則此人生活時間範圍大概在公元 900～1000 年。而徐子平死後，直到宋孝宗
淳熙年間（1174～1189），其術又「重現」江湖——其實，用「重現」二字是
不確切的，因爲當時的人們是第一次見到所謂的子平術——此時距徐子平生
活的年代幾乎已有 200 年。那麼，在 200 年前，是否有徐子平這個人，這個
徐子平是否發明了子平術，子平術又是否曾出現在北宋的社會中？這些都是
很值得懷疑的。按照歷史記載詳近略遠、今實古虛的特點，該文中子平術早
期記錄的可信度應是遠遠低於其後期記錄的可信度的。雖然尚不能對此十分
肯定，但是本文更傾向於認爲，子平術的第一次出現就是在宋孝宗淳熙年間。
如果歷史上果眞有徐子平其人，那麼眞實的徐子平的生活年代必然距淳熙年
間不遠。按照這一推理，歷史上眞實的徐子平很可能就是自號沖虛子的人的
師父甚或沖虛子本人。所謂徐子平的傳說，則是沖虛子、僧道洪等子平派門
人神話祖師爺的結果。他們之所以要這麼做，是與中國古代術數行業推崇秘
傳文化（culture of esotericism）有關。有關這一點的論述，筆者在第一章第一
節中已經講到。

〔註200〕（明）戴冠撰：《濯纓亭筆記》卷8，第 483、484 頁。此文後被萬民英之《三
　　　　命通會》轉引，使明人廣爲所知，影響深遠，至今猶傳。參見《三命通會》
　　　　卷 7《子平說辯》，文津閣《四庫全書》第 268 冊，第 601、602 頁。

通過對上述史料的梳理，可以發現，有關命理大師徐子平的造星運動，始於南宋晚期，經元代初見成效，至明代最終完成。在最初的文獻中，幾乎沒有發現任何有關徐子平生平事蹟的描述。能推測出的，就是他很可能是一個生活在南宋前期的生平模糊的命理術士。在元代，隨著《子平淵源》等講解子平術的書籍的暢銷，徐子平開始名遍大江南北，並逐漸有了子平術宗師的地位。至明代，經宋濂、戴冠等文人的渲染，徐子平正式成爲繼李虛中之後的又一位命理大師，且有青出於藍而勝於藍的態勢。最終在明朝中後期，他完全取代了李虛中成爲命理術的首席代言人。徐子平的這一獨尊地位，一直延續至今。以至於長久以來，幾乎所有的命理術士及學者都一致認爲他是宋代命理術的開創者。宋代及宋代以後的命理術因他而有了質的飛躍。最後本文希望借助劉國忠教授的一席話，來提醒世人，「命理學家們關於五代末宋初的徐子平的追述實際上只是一個假象，……關於徐子平的事蹟及地位的傳說本身是一個『層累地造成』的學術謊言」。

（五）徐大升

徐大升（亦名徐升、徐彥升），是生活在南宋寶祐年間的一位命理術士。由上文對徐子平的介紹中已經略知，徐大升是子平術在南宋時期的重要傳人，也是子平術的整理刊行者。如果沒有徐大升對子平術的整理推介，很難想像子平術能在元明清時期流佈天下、廣爲人知。因而，相對於高高在上、虛無縹緲的子平術祖師徐子平，南宋後期的徐大升才是眞正對子平術的推廣流傳起到關鍵作用的人。正因爲他對子平術有如此突出的貢獻，明代時已有人將其視爲徐子平本人。王世貞（1529～1590）就認爲，「今所謂徐子平，則宋末徐彥升耳，其實非子平也」。〔註201〕另一位明人徐燉也提到徐子平的宗師地位，也認同了王世貞的觀點：「宋有徐子平，精星學，術士宗之，但稱曰子不。……今之推子平者，祖宋末徐彥升，實非子平也。」〔註202〕明人的這一觀點顯然也影響到了清人。四庫館臣在徐氏《珞琭子三命消息賦注》提要中也提到了「今之推子平者，宋末徐彥升，非子平也」的觀點。〔註203〕至於

〔註201〕（明）王世貞撰：《弇州四部稿》卷160《說部》，文津閣《四庫全書》第428冊，第401頁。

〔註202〕（明）徐燉撰：《徐氏筆精》卷8《子平》，文津閣《四庫全書》第283冊，第

〔註203〕《四庫全書總目》卷109《子部・術數類二》，第926頁。

徐子平是否就是徐大升本人，我們尚不能根據王、徐二人的觀點來下定論。本文更傾向於認為徐子平應是生活在南宋前期的一位命理術士，子平術的早期創始者，而徐大升則是生活在南宋晚期的一位子平術的繼承人。

據徐大升在《子平三命通變淵源》一書前的自序中言，他自幼參訪高人，學習子平術。可以大致肯定他是南宋後期子平術的傳人，然而其師承關係並不得而知。明代中期的戴冠在《濯纓亭筆記》中提到徐大升及其師承關係曰：「……子平沒後，宋孝宗淳熙間有淮甸術士亡其姓名，自號沖虛子者精於此術，當世重之。時有僧道洪者密受其傳，或問其派系，則云子平之遺術。道洪後入錢塘，傳佈其學，世俗不知其所由來，直言子平耳。道洪以傳之徐大升。徐大升者號東齋，理宗寶祐間人。今世所傳如《三命淵源》、《定真論》等書皆其所著。」〔註204〕根據戴冠的說法，子平術在南宋時期的傳承關係即為沖虛子──僧道洪──徐大升。其傳承時間大概是從淳熙年間（1174～1189）至寶祐年間（1253～1258）。

依照上文中的說法，徐大升一生命理作品，除了《三命淵源》（即《子平三命通變淵源》）外，還有《定真論》。這大概是可信的。

三、宋代命理文獻述論

（一）宋代命理文獻概論

宋代著錄的命理文獻較之前代大為增加。趙益統計了唐代祿命文獻的著錄情況，指出《舊唐書經籍志》錄有祿命文獻四種，分別是《孝經元辰》（二卷）、《推元辰厄命》（一卷）、臨孝恭〔註205〕《祿命書》（二十卷）、王琛《祿命書》（二卷）。此四種文獻應取自《隋書經籍志》，但是具體情況略有變更。〔註206〕《新唐書藝文志》增補祿命文獻五種，分別是《雜元辰祿命》（二卷）、《漄河祿命》（二卷）、《黃帝斗曆》（一卷）、《福祿論》（三卷）、李淳風《四民福祿論》（三卷）。其中前三種於《隋書經籍志》中亦有著錄。此外，他還統計了《新唐書藝文志》不著錄部分所增開元以後書二十五家，其中屬於祿

〔註204〕（明）戴冠撰：《濯纓亭筆記》卷8，第484頁。

〔註205〕《舊唐書經籍志》題作「劉孝恭」，誤。

〔註206〕如《推元辰厄命》於《隋書經籍志》中並無著錄，但當為其書中所錄元辰諸書之一種，很有可能是《推元辰厄會》一卷，只是名字略有更改；又比如王琛《祿命書》，《隋書經籍志》提到王琛所著書多種，此《祿命書》當為其中一種。

命類的有《王叔政推太歲行年吉凶厄》（一卷）、《祿命人元經》（三卷）、《楊龍光推計祿命厄運詩》（一卷）。〔註207〕不過，前文已經提到，趙益的祿命術範圍大於本文所研究的命理術。其所指的祿命術大概等同於星命術，即除了命理術外，星占部分的內容他也歸於祿命之中了。這就勢必將祿命包涵的內容擴展不少。所以在上述趙益所歸納的祿命書籍中，筆者認為真正符合命理術範疇的大概只有臨孝恭《祿命書》（二十卷）、王琛《祿命書》（二卷）、《澠河祿命》（二卷）、王叔政《推太歲行年吉凶厄》（一卷）、《祿命人元經》（三卷）、楊龍光《推計祿命厄運詩》（一卷）。以上命理書籍，總計 6 部 29 卷。而且這僅有的幾部書籍，真正流傳至宋代的大概只有楊龍光《推計祿命厄運詩》了。〔註208〕

相比於唐代及唐代以前命理著作的稀少，宋代命理著作可謂汗牛充棟。以鄭樵的《通志藝文略》為例，其在「五行類」中列舉的「三命」、「行年」著作就有 125 部 198 卷。這大大超過了前代的命理著作數量。又如南宋中期成書的命理著作《五行精紀》，其作者廖中參考引用的時下命理著作有確切名目者就有 51 種之多，另有不知名著作若干，作者一概以「廣錄」蓋之。則就命理著作數量而言，宋代的確是遠勝於前代。

宋代命理術著作不僅在總量上遠超前代，而且在同時期術數著作中所佔比例亦遠高於前代。仍以《新唐書藝文志》與《通志藝文略》來做比較，《新唐書藝文志》「五行類」中計有術數書籍 160 部 647 卷。其中如前所論，命理著作只有 6 部 29 卷。其與「五行類」總計術數書籍數量相比，部數比及卷數比分別為 3.75% 與 4.49%。《通志藝文略》「五行類」中，其術數種類、部數、卷數分佈情況如下表所示：

《通志藝文略》五行類術數文獻分類表〔註209〕

序列	種類	部數	卷數
1	易占	113	368
2	易軌革	12	19

〔註207〕以上統計分析參見趙益著《古典術數文獻述論稿》，第 177、189 頁。
〔註208〕楊龍光《推計祿命厄運詩》在《宋史藝文志》中題《祿命厄運歌》。名雖異，但應為同一著作。
〔註209〕本表以倪士毅著《中國古代目錄學史》（杭州大學出版社，1998 年）第 162 頁「五行類」表格為基礎修改製成。

3	筮占	7	40
4	龜卜	24	75
5	射覆	7	10
6	占夢	7	14
7	雜占	21	52
8	風角	32	145
9	鳥情	10	14
10	逆刺	4	6
11	遁甲	71	179
12	太一	48	152
13	九宮	18	25
14	六壬	82	191
15	式經	22	56
16	陰陽	71	769
17	元辰	17	59
18	三命	101	164
19	行年	24	34
20	相法	73	195
21	相笏	6	13
22	相印	2	2
23	相字	2	2
24	堪輿	11	23
25	易圖	12	15
26	婚嫁	22	27
27	產乳	8	10
28	登壇	11	15
29	宅經	37	61
30	葬書	149	498
合計	30	1024	3233

　　該表中，命理著作包括三命及行年，總計 125 部 198 卷。與「五行類」總計術數書籍數量相比，其部數比及卷數比分別為 12.2%和 6.12%。這兩個比值，較之前《新唐書藝文志》中命理著作數量與術數著作總量的兩個比值，

都要高出不少。要知道在宋代，術數的繁榮並非命理術一家，而是包括眾多術數。〔註210〕在各家術數皆有長足發展的當時，命理術書籍數量所佔術數書籍數量的百分比較之唐代還能有如此顯著的增長，這更突顯出了命理術在宋代的普及繁榮之盛況。

（二）宋代命理著作評述

　　雖然在宋代，命理學著作大量湧現，但是流傳至今的卻少之又少。今人研究宋代命理術，可依循之命理文獻大致有以下幾部：《李虛中命書》、《珞琭子賦》三家注本、《珞琭子賦》徐子平注本、《三命指迷賦》、《玉照定眞經》、《子平三命通變淵源》、《五行精紀》。這些著作中，其中後兩部還是近年來才發現並逐漸引起人們的關注。在此之前的很長一段時間中，人們可以參考的宋代命理文獻很少，因而其研究遲遲無法展開。所幸，隨著《子平三命通變淵源》及《五行精紀》近年來進入人們的視野，宋代命理術研究的基礎條件大爲好轉。本節，筆者對幾部宋代命理著作逐一評述，以期判明這些著作的時代和眞僞，並在此基礎上指明其史料價值。

1、《李虛中命書》

　　宋以後有部分作品署名李虛中著，其中最有名者莫過於《李虛中命書》。該書在新舊《唐志》中均無著錄，至宋代始現於人們眼前。《宋史藝文志》有《李虛中命書格局》二卷；鄭樵《通志藝文略》作《李虛中命術》一卷、《李虛中命書補遺》一卷；晁公武《郡齋讀書志》作《李虛中命書》三卷。考慮到其版本源流、宋代命理書籍銷售特點以及書中的內容，該書很可能是宋代坊間託名之作，而非李虛中本人作品。不過，四庫館臣「疑唐代本有此書，宋時談星學者以己說闌入其間，託名於虛中之注鬼谷以自神其術耳」。他們認爲此書雖有宋人附益內容，但也只是「不盡出虛中手」。〔註211〕余嘉錫先生在《四庫提要辯證》一書中也傾向於認爲李虛中是有作品傳世的，只是韓愈墓誌銘中未明說。因此，《李虛中命書》很有可能是李虛中的遺作。〔註212〕明清以來，關於該書的著錄不絕於冊。明初《永樂大典》錄有該書。焦竑《國史

〔註210〕有關宋代各類術數發展狀況，可參閱漆俠主編《遼宋西夏金代通史》（宗教風俗卷），人民出版社，2010年，第102～118頁。

〔註211〕《四庫全書總目》卷109《子部・術數類二》，第926頁。

〔註212〕余嘉錫著：《四庫提要辯證》卷13《子部四・術數類二》，中華書局，1980年，第758～768頁。

經籍志》錄有《李虛中命書》三卷、《命書補遺》一卷。今所傳《李虛中命書》
乃是四庫館臣從《永樂大典》中輯出，並根據《郡齋讀書志》所題，釐爲三
卷。劉國忠考證《四庫全書》所錄該書後半部分實爲宋代另一部命理文獻《鬼
谷子遺文》，與《李虛中命書》無關。這個錯誤，不知是四庫館臣所犯，還是
《永樂大典》中已然如此。〔註213〕但不管如何，從版本的角度考慮，四庫本
《李虛中命書》並不具備太高的史料價值。由於該書長年以來僅存於《四庫
全書》，所以近代以來，人們對該書的瞭解都源於四庫本。所幸近年來韓國延
世大學圖書館館藏的《五行精紀》足本被發現，其中收錄有大量的《李虛中
命書》內容，從而使該書的眞實面目部分展現在人們眼前。本文所引用的《李
虛中命書》，主要是取自《五行精紀》，而非四庫本。

2、《珞琭子賦》四家注本

《珞琭子賦》，又名《珞琭子三命消息賦》，是宋代一篇著名的命理術賦
文。陳振孫在《直齋書錄解題》中稱該書「祿命家以爲本經」。〔註214〕該賦出
現於何時、爲何人所作，史無可考。早在北宋中期，就已經開始有人爲其做
注。宋時對《珞琭子賦》做注者頗多。今可考者有鄭潾、李仝、王廷光、釋
曇瑩、趙寔、徐子平等諸家。

上述諸人中，李仝的《珞琭子賦》注本，完成於北宋嘉祐四年（1059），
是今天能見到的最早的《珞琭子賦》注本。該注本不知何故，並未出現在廖
中的《五行精紀》中。所幸，南宋以來，對該書的著錄不絕於書。晁公武的
《郡齋讀書志》最早著錄該書，稱「《珞琭子疏》五卷，皇朝李仝、東方明撰」。
〔註215〕元代馬端臨於《文獻通考》中轉載了晁公武之說。〔註216〕清代瞿鏞在
《鐵琴銅劍樓藏書目錄》中錄入影鈔宋本的《新雕注疏珞琭子三命消息賦》
三卷，附校正李燕《陰陽三命》二卷，題宜春李仝注，東方明疏。前有嘉祐
四年李仝序。〔註217〕這一版本在清末葉德輝的《郎園讀書志》中亦有著錄。
民國時期，張元濟等輯《續古逸叢書》，曾影印該注本。這也使得我們今天可

〔註213〕劉國忠：《〈李虛中命書〉眞僞辨》，見氏著《唐宋時期命理文獻初探》，黑龍
　　　　江人民出版社，2009 年，第 71～85 頁。
〔註214〕（宋）陳振孫撰：《直齋書錄解題》卷 12《陰陽家類》，《宋元明清書目題跋
　　　　叢刊》（第一冊），中華書局，2006 年，第 703 頁。
〔註215〕（宋）晁公武撰、孫猛校證：《郡齋讀書志校證》卷 14《五行類》，第 619 頁。
〔註216〕（元）馬端臨撰：《文獻通考》卷 47《經籍考》，第 6101 頁。
〔註217〕（清）瞿鏞撰：《鐵琴銅劍樓藏書目錄》卷 15《子部三》，第 224 頁。

以一睹李全注本的影鈔宋本原貌。將該注本與四庫本的《珞琭子賦》三家注本相較，可以發現四庫本之錯訛不足。

王廷光、釋曇瑩的《珞琭子賦》注本，在書坊刊刻流通之後，傳播很快。在南宋中期，就已是流行於當時命理市場的重要文獻了。公元 1196 年之前成書的《五行精紀》〔註218〕，廣徵博採當時坊間流傳的命理書籍數十部，其中就包括有王廷光、釋曇瑩二人的《珞琭子賦注》。在《五行精紀》中，廖中以「瑩和尚」指稱釋曇瑩，或許說明彼時宋人對釋曇瑩的熟悉程度之深。元代以來，釋曇瑩、王廷光二家注本一直與李全或徐子平注本合而刊行，未見有單行本存世。錢曾（1629～1701）在《讀書敏求記》中錄有《注解珞琭子三命消息賦》二卷，題王廷光、李全、釋曇瑩、徐子平四家注解。宣和五年（1123），王廷光表進之。〔註219〕隨後瞿鏞在《鐵琴銅劍樓藏書目錄》中錄有影鈔元本的《新編四家注解經進珞琭子消息賦》六卷，作注者有四家，分別為寶義郎監內香藥庫門臣王廷光、宜春李全、嘉禾釋曇瑩、東海徐子平。〔註220〕瞿鏞所見，應該就是錢曾所錄的四家注本《注解珞琭子三命消息賦》。不過二書卷數的差異較大，不知是否經後世增刪。不過不管怎樣，這說明早在元代，包括釋、王二家的四家注本就已刊行於世。明代《永樂大典》又將四家注本一分為二，一為徐子平注本，一為李全、王廷光、釋曇瑩注本。其中後者獨題釋曇瑩之名。這就是最早的《珞琭子三命消息賦》三家注本。清代四庫館臣依《永樂大典》所載輯出釋曇瑩、李全、王廷光三家《珞琭子三命消息賦注》二卷，仍舊署名釋曇瑩撰。這也就是人們今天常見的三家注本。考其內容，該注本上卷三家之注並載，下卷則以釋曇瑩所注為主。故而四庫館臣懷疑「抑此本為曇瑩撮王、李之注，附以己說，故其文兼涉二家歟。」〔註221〕

北宋以來，為《珞琭子賦》作注的人很多。上文提到的李全、王廷光、釋曇瑩三家注本就是其中的代表。三家之中，前者出現在北宋中期，後二者完成於北宋末期、南宋初年。相比之下，徐子平的《珞琭子三命消息賦注》

〔註218〕據《五行精紀‧周序》中落款「慶元丙辰十月庚戌平國老叟周必大書」可以推知該書成於慶元二年（1196）周必大序之前。

〔註219〕（清）錢曾原著、（清）管庭芬、（清）章鈺校證、傅增湘批註、馮惠民整理：《藏園批註讀書敏求記校證》卷 3 之中《星命》，中華書局，2012 年，第 303、304 頁。

〔註220〕（清）瞿鏞撰：《鐵琴銅劍樓藏書目錄》卷 15《子部三》，第 224 頁。

〔註221〕《四庫全書總目》卷 109《子部‧術數類二》，第 927 頁。

就要晚出許多。從筆者目前掌握的史料來看，宋代並未發現這一注本。徐氏注本最早出現在元代。錢曾在《讀書敏求記》中錄有《注解珞琭子三命消息賦》二卷，題王廷光、李仝、釋曇瑩、徐子平四家注解。此四家注本在瞿鏞的《鐵琴銅劍樓藏書目錄》中錄為影鈔元本的《新編四家注解經進珞琭子消息賦》六卷。這是徐子平注本第一次出現。明初，《永樂大典》收有兩本《珞琭子賦》注本，一種是前文所述的三家注本，還有一種就是徐子平注本。本文傾向於認為，徐子平注本既然晚出，最先必然是以單行本的面貌出現。而後坊間書商為了營銷方便，遂將徐注本與三家注本合為一本刊刻。這就是今天見到的最早的元代四家注本《新編四家注解經進珞琭子消息賦》。至於該本所題的王廷光上於徽宗皇帝的宣和五年進書序，顯然是與徐子平無關的。而後《永樂大典》編纂者可能出於徐注本晚於三家注本的考慮，而將其作為單行本收錄其中。目前收於四庫全書的《徐氏珞碌子賦注》二卷，是四庫館臣從《永樂大典》中輯出的，釐為上下二卷。然而該書幾經刪改，已距元代四家注本《新編四家注解經進珞琭子消息賦》中的徐注部分有一定差距。故四庫本《徐氏珞碌子賦注》並不具備太高的史料價值。此外，作為子平術宗師的代表作，後人雖然一直對《徐氏珞琭子賦注》重視有加，但是該注是否是由徐子平本人所撰，實在是史無可考。此書恐是宋元之際坊間所造。

最後再來檢討一下元代的四家注本的真偽性。無論是《讀書敏求記》還是《鐵琴銅劍樓藏書目錄》，均載此本乃王廷光於宣和五年上於宋徽宗。這顯然是後人的附會。四家之中，李仝注本出現最早，在北宋嘉祐四年（1059）。〔註222〕其次為王廷光注本，上於宣和五年。而釋曇瑩注本的完成時間已是建炎元年（1127），徐子平注本更是晚在宋末元初。這從時間上已否定了四家注本上於宣和五年的可能性。王廷光所上之本，既無釋曇瑩之本，更無徐子平之本〔註223〕，很有可能僅有其所注本或附帶有李仝之注本。元時，坊間書商為了營銷方便，將釋曇瑩、王廷光注本與李仝、徐子平注本合併刊刻，於是就有了上文提到的《注解珞琭子三命消息賦》二卷和《新編四家注解經進珞

〔註222〕瞿鏞在《鐵琴銅劍樓藏書目錄》中錄有《新雕注疏珞琭子三命消息賦》三卷，附校正李燕《陰陽三命》二卷。影鈔宋本。題宜春李仝注，東方明疏。前有嘉祐四年仝序。參見（清）瞿鏞撰《鐵琴銅劍樓藏書目錄》卷15《子部三》，第224頁。

〔註223〕徐子平注本的完成時間最晚，可能是宋末元初之時。有關其注本的情況筆者將在後文中詳述。

珠子三命消息賦》（六卷）。

宋代以來，《珞珠子賦》諸家注本流傳廣泛，書坊常合併刊行。其中最有名者無外乎三家注本與徐子平注本。數百年來，四家之注輾轉流傳，不知幾經刪並，故其文原貌難以判定。幸而近年來《五行精紀》、《新編四家注解經進珞珠子三命消息賦》、《新雕注疏珞珠子三命消息賦》等宋元文獻重新進入人們視野，人們才得以一睹四家注本之部分原貌。本文所引四家之注，亦捨四庫本而以上述三種文獻為依據。

3、《三命指迷賦》

《三命指迷賦》，簡稱《指迷賦》，據傳乃漢東方朔撰，南宋岳珂曾為其做注。南宋廖中在《五行精紀》中曾引用此書。可知該書於宋時頗為流行。明代時，《文淵閣書目》、《菉竹堂書目》錄有此書。〔註224〕今所見之版本《三命指迷賦》一卷係四庫館臣從《永樂大典》中輯出。

長期以來，人們對該書是否由岳珂注解一直存有疑慮。在《四庫全書總目中》中，四庫館臣曾就此書與岳珂的關係發表了如下的見解：

> 舊本題宋岳珂補注。珂有《九經三傳沿革例》，已著錄。其他撰
> 述如《愧郯錄》、《桯史》、《金陀粹編》、《寶眞齋法書贊》、《玉楮集》，
> 皆尚有傳本，獨不聞其有是書。《宋史藝文志》亦不著錄。惟《桯史》
> 中有珂與瞽者楊艮論韓侂胄祿命，及論幕官袁韶祿命一條，其說頗
> 詳。則珂亦頗講是事，或術家因而依託歟？

四庫館臣注意到了岳珂對祿命（命理術）的興趣，但因為《三命指迷賦》並未出現在岳珂的著作中，也沒有被《宋史藝文志》所著錄，因而他們判定該書並非岳珂所注，而是江湖間術士依託之作。今人劉國忠撰文論證岳珂與《三命指迷賦》之間的關係。在論述了岳珂對命理術的熱衷、其具備的較為豐富的命理術知識以及曾經親自刊印《五行精紀》並為之作序的情況後，劉國忠認為《三命指迷賦》的做注者很有可能就是岳珂本人。〔註225〕在沒有找到更直接的證據的前提下，也只能傾向於認為該文注者很有可能就是岳珂。

〔註224〕參見（明）楊士奇撰《文淵閣書目》卷15《陰陽》，《宋元明清書目題跋叢刊》
　　　　（第四冊），中華書局，2006年，第150頁；（明）葉盛撰《菉竹堂書目》卷
　　　　6《陰陽卜筮書》，《叢書集成初編》，中華書局，1985年，第132頁。有關其
　　　　書著錄情況，亦可見四庫館臣在其提要中的論述。參見《四庫全書總目》卷
　　　　109《子部·術數類二》，第927頁。
〔註225〕劉國忠：《岳珂與〈三命指迷賦〉的注解》，載氏著《唐宋時期命理文獻初探》。

　　四庫館臣在否定了《三命指迷賦》爲岳珂作品的同時，又認爲該書確爲宋人所著：「自元、明以來，諸家命書多引用其文。以此本檢勘，並相符合，知猶宋人所爲也。」〔註226〕四庫館臣的這番推論，大體是切實可信的。從文中內容來看，該文所記載的命理術知識確實屬於宋代命理術。至於《宋史藝文志》不載此書，亦不足爲奇。蓋《宋史》編修倉促，於南宋後期文獻多未著錄。以岳珂著作而言，《宋史藝文志》就缺乏對《桯史》、《愧郯錄》、《玉楮集》等作品的著錄。至於只有一卷的命理術著作《三命指迷賦》，當然更易被人忽略。

　　《三命指迷賦》正文爲賦，每句下有補注。該文對夾馬、夾祿、拱庫、拱貴等辯論詳盡。至於文中強調以胎元、月建爲推測之本的論述，則是宋代命理術論命的典型特徵。四庫館臣稱其「所論大抵專主子平」，實則該文爲宋代命理術古法著作，與子平術絕無相符。

4、《子平三命通變淵源》

　　南宋末年，一部標誌著子平術誕生的命理著作刊行於坊間，這就是宋人徐大升撰寫的《子平三命通變淵源》（以下簡稱《子平淵源》）。依照書中序和跋的內容可以判定，本書的作者爲徐大升，是徐子平的數傳弟子。該書始刊行於南宋寶祐年間，分爲上下兩卷。該書上卷除了對十神、神殺等名詞的解釋外，主要還有「定眞論」、「喜忌篇」、「繼善篇」三篇命理文章。下卷則主要列舉了命理十八格局。

　　徐大升在該書《序》中寫道：「夫五行通道，取用多門，物不精不爲神，數不妙不爲術。子平之法，易學難精，有抽不抽之緒，見不見之形。……僕自幼慕術，參訪高人，傳授子平眞數、定格局。歷學歲年，頗得眞趣。」另一位署名錢塘子錢芝翁的人在書後跋中寫到：「……惟唐韓昌黎文公序御史李虛中，以日爲主，言人禍福。不惑者信矣。夫由是徐子平之術得其正傳，名重朝野。耳目之及，無不欽敬。」〔註227〕徐大升在這裡提到了他曾訪求高人學習子平術。錢芝翁則讚揚徐子平乃得李虛中之正傳。這說明在宋代，確實有徐子平其人及子平術的存在。

　　《子平淵源》自成書後，元明兩代不斷有人爲其作注。元代時即有人爲其中的「喜忌」、「繼善」二篇作注。《四庫全書總目》卷 111《子部·術數類

〔註226〕《四庫全書總目》卷 109《子部·術數類二》，第 927 頁。
〔註227〕《子平三命通變淵源》序及跋，韓國首爾大學縮微文本。

存目二》中錄有《子平三命淵源注》一卷，題爲元代李欽夫撰，並曰：「前有泰定丙寅翰林編修官王瓚中序，稱《子平三命淵源》得造化之妙。自錢塘徐大升後，知此者鮮。五羊道人李欽夫取《子平》『喜忌』、『繼善』二篇特加注解，括以歌訣，消息分明，脈絡貫通云云。蓋專釋徐子平之書。其說視後來星家亦多相仿。」〔註228〕大概是因爲元人李欽夫只注解了「喜忌」、「繼善」二篇，所以李氏版《子平淵源》只有一卷。明初，《子平淵源》流行不衰。楊士奇（1366～1444）在《文淵閣書目》中錄有「《子平口訣》一部一冊缺；《子平淵源》一部十冊缺；《通變淵源》一部一冊缺」〔註229〕。筆者猜測，這三部書可能都源自《子平淵源》。前者是《子平淵源》的口訣部分。後二者則包括了「定眞論」、「喜忌篇」、「繼善篇」三篇文章和「十八格局」部分。唯三者冊數的記載與宋末《子平淵源》僅分上下兩卷的篇帙似有不符。或許明初《子平淵源》的注解本較多，故而政府所藏的版本繁雜，劃一爲三。明人戴冠言「今世所傳如《三命淵源》、《定眞論》等書皆其（徐大升）所著」〔註230〕，似乎其所見到的《定眞論》另有單行本。而在《子平淵源》中，「定眞論」只是書中的一部分。戴冠有這樣的認識，大概也是與明人不斷增注「定眞論」有直接的聯繫。明末清初的文人黃虞稷（1629～1691）在《千頃堂書目》卷13《五行類》中亦收錄有此書，題爲「徐大升《子平三命通變》三卷」。〔註231〕黃氏所錄版本較南宋版本又多出一卷，似乎也與明人增注有關。

　　清代以後，該書不再見於各家著錄，亦無單行本存世。故而長久以來，不爲人知。近年來，有人從韓國首爾大學圖書館內發現漢文古籍《子平三命通變淵源》印本。雖刊刻年代不詳，但從書中序和跋的內容來看，該本爲宋末徐大升所撰無疑。本文所引用的《子平淵源》，即是首爾大學圖書館縮微文本。

　　《子平淵源》之價值，首先表現在其推命方法之不同。與古典模型以年爲主不同，子平術的八字分析模型——標準模型，是以日干（即日主）爲分析的契入點。從內容上看，《子平淵源》與之前的宋代命理術著作有著較爲明顯的區別。其中最大的不同，就是之前的宋代命理著作主要以年柱作爲論命

〔註228〕《四庫全書總目》卷111《子部・術數類存目二》，第946頁。

〔註229〕（明）楊士奇撰：《文淵閣書目》卷15《陰陽》，第150頁。

〔註230〕（明）戴冠撰：《濯纓亭筆記》卷8，第484頁。

〔註231〕（清）黃虞稷撰：《千頃堂書目》卷13《五行類》，上海古籍出版社，2011年，第370頁。

的出發點，其在各柱間的地位最爲重要；《子平淵源》的判命重心，則與之前的宋代命理術不同。它認爲，一個人的命局結構，不再以年柱爲重心，而應以日柱爲重心。這一點，恰與子平術論命的重心相符。因此，本文將此書視爲宋代子平術的開山之作，是宋代命理術由古法向今法轉換的重要標誌。書中有多處提及子平術算命以日爲主的特點。如該書的「定眞論」在提到日主的作用時講到：

> 夫生日爲主者，行君之令，法運四時，陰陽剛柔之情，内外否泰之道。進退相傾，動靜相代。取固亨出入之緩急，求濟復散斂之巨微。

「定眞論」認爲日主之重，有如君王行君之令。「定眞論」隨後在講到日主推命所需要遵循的一些具體原則時，首次提出了年、月、日、時四柱爲根、苗、花、實之說：

> 釋日之法有三要：以干爲天，以支爲地，支中所藏者爲人元，分四柱者，年爲根，月爲苗，日爲花，時爲實。又擇四柱之中，以年爲祖上，則知世代宗派盛衰之理。以月爲父母，則知親蔭名利有無之類。以日爲己身，當推其干，搜用八字，爲内外取捨之源。干弱則求氣旺之藉，有餘則欲不足之營。〔註232〕

此外，該書的「喜忌篇」、「繼善篇」也都指明了推命須以日干爲主本：

> 四柱排定，三才次分，專以日上天元，配合八字。其支干不見之形，無時不有。神煞相伴，輕重較量。……〔註233〕

> 人稟天地，命屬陰陽，生居覆載之内，盡在五行之間。欲知貴賤，先觀月令乃提綱，次斷吉凶。專用日干爲主本。三元要成格局，四柱喜見財官。用神不可損傷，日主最宜建旺。年傷日干，名爲本主不和。歲月時中，大怕殺官混雜。……〔註234〕

此外，《子平淵源》重視對十神之間的關係分析、忽略神殺的作用以及定出十八種格局。所有這些，都在向人們顯示出其具備的命理術今法的特點。當然，該書只有短短的上下兩卷，許多內容的論述並不完善，很多地方只是

〔註232〕 （宋）徐大升撰：《子平三命通變淵源》卷上「定眞論」。
〔註233〕 （宋）徐大升撰：《子平三命通變淵源》卷上「喜忌篇」。
〔註234〕 （宋）徐大升撰：《子平三命通變淵源》卷上「繼善篇」。「定眞論」、「喜忌篇」、「繼善篇」三篇文章亦可見於《淵海子平》，只是文字略異。《淵海子平》對這三篇也有詳細注解。

淺嘗輒止。不過，這些都不影響其作爲子平術著作的性質。《子平淵源》的重新發現，具有重要的史料價值。它的出現，改寫了以往人們心中的中國古代命理術發展史。它證實了宋末子平術的誕生的確實性，表明當時的命理術正在由古法轉換成今法，爲明清以來的子平術找到了理論的源頭。

5、《玉照定真經》

宋代命理書籍中，《玉照定真經》的謎團是最多的。說謎團多，是因爲該書從作者、產生時代、版本源流、推命方法等各方面而言，都給後人留下不少疑團。本文傾向於認定，此書是宋元之際江湖術士的作品。書中所使用的推命方法，是一種介於宋代命理術古法與明清子平術今法的過渡方法。

首先來看該書作者的情況。四庫本《玉照定真經》提要言舊本題此書乃晉代郭璞撰，張顒注。郭璞是東晉文學家、方士。其人精於陰陽五行、曆算、卜筮。因其占卜多驗，名動朝野。他著有《洞林》、《新林》等卜筮書籍，但是未見有《玉照定真經》（亦不可能有。彼時命理術尚在萌芽階段）。〔註235〕至於另一位注者張顒，亦不知何許人也。〔註236〕很顯然，該書亦屬託名之作。所以，四庫館臣對於該書作者之說予以否定：「考《晉書》璞傳，不言璞有此書。《隋志》、《唐志》、《宋志》以及諸家書目，皆不著錄。惟葉盛《菉竹堂書目》載有此書一冊，亦不著撰人。蓋晚出依託之本，張顒亦不知何許人。……術家影附，往往如此，不足辨也。」至於該書的作者究竟爲何人，清代以來人們論說紛紜。四庫館臣「疑書與注文均出自張顒一人之手，而假名於璞以行」。〔註237〕今人蘇衛國則持相反態度：「至於注疏者張顒，原序說其人事蹟

〔註235〕（唐）房玄齡等撰：《晉書》卷72《郭璞傳》，中華書局，1974年，第1899～1910頁。

〔註236〕今人李守力曾於2009年在互聯網個人博客上撰文，名《易海鉤沉——發現〈玉照定真經〉注者張顒》，考證《玉照定真經》注者張顒其人生平。他認爲張顒就是1976年在湖南常德河洑鎮出土的張問撰《宋故中散大夫致仕上輕車都尉南陽縣開國伯食邑八百戶賜紫金魚袋張公墓誌銘》（簡稱《張顒墓誌銘》）的墓主人張顒。《張顒墓誌銘》載於《全宋文》第48冊。據其墓誌銘所載，張顒（1008～1086），桃源人。仁宗慶曆六年（1046）進士。嘉祐六年（1061），爲江南東路轉運使。神宗熙寧三年（1070），以湖南路轉運使知鄂州。其人生平喜與山僧方士交往，博通經術，晚年注有《易經》、《陰符經》等子部著作。李守力因而認爲，此人極有可能爲《玉照定真經》注者張顒。此張顒是否爲彼張顒，目前尚無確切材料證實。該文網址爲：http://blog.sina.com.cn/s/blog_475178b40100f6fx.html。筆者最後一次查詢於2014年3月6日。

〔註237〕《四庫全書總目》卷109《子部·術數類二》，第926頁。

已不可考，並推論他就是《玉》的作者。但是，根據考察張氏的註解條目，雖然其間顯示他在命學上造詣頗深，但亦流露出濃重的星學痕跡在其中，且多存在與正文原意不符之處。所以，張顒作為原作者的可能性不大，反倒是作為郭璞之名偽託者的可能性最大，這大概是命學領域中神秘性的一種表現。」〔註 238〕而本文的觀點是，該書首先由江湖間術士撰寫而成，流於江湖漸有口碑後，又應書商之邀，由術士或文人為其潤色做註，並託古自重，終成書流通。總之，和宋代坊間的許多術數作品一樣，這部書的產生並非經由一人之手，而是宋代術數書籍市場生產流水線的產物。

《玉照定真經》產生於何時，也是後人爭論的焦點。很多術士將其作為東晉以後的作品來看。陸致極則認為，「此書雖非東晉郭璞所著，而其出於唐末、宋初命家之手，應是沒有疑義的」〔註 239〕。但依筆者的觀點，此書的成書年代應是宋末元初。首先從四庫提要來看該書的成書年代。四庫館臣在該書提要中這樣寫道：「(該書)《隋志》、《唐志》、《宋志》以及諸家書目，皆不著錄。惟葉盛《菉竹堂書目》載有此書一冊，亦不著撰人。蓋晚出依託之本，……勘驗書中多涉江南方言，……其書世無傳本，僅元、明人星命書偶一引之。今檢《永樂大典》所載，首尾備具，猶為完帙。雖文句不甚雅馴，而大旨頗簡潔明晰，猶有《珞琭子》及《李虛中命書》遺意，所言吉凶應驗，切近中理，亦多有可採。」〔註 240〕這段話為後人瞭解《玉照定真經》的成書時代提供了重要的信息。依提要所言，該書最早收錄於《永樂大典》，今天人們見到的《玉照定真經》就是四庫館臣從《永樂大典》中輯出的。明初的《菉竹堂書目》載此書一冊。〔註 241〕除此之外，未見對此書更早的著錄。不過，從「僅元、明人星命書偶一引之」之句來分析，該書成書的下限應該是在元代。此外，《提要》中又提到「勘驗書中多涉江南方言」。按，自南宋以來，江南地區就一直是命理術的興盛之地。故其書的產生，應以南宋為上限。這樣，《玉照定真經》成書時代的上限和下限大體可以確定下來。

再從書中內容來推測其成書的時代。前文講到，《玉照定真經》中講述的推命方法，是一種介於宋代命理術古法與明清子平術今法的過渡方法。命理

〔註 238〕蘇衛國評註：《玉照定真經評註‧序》，中國哲學文化協進會，2000 年。

〔註 239〕陸致極著：《中國命理學史論》，第 86 頁。

〔註 240〕《四庫全書總目》卷 109《子部‧術數類二》，第 926 頁。

〔註 241〕（明）葉盛撰：《菉竹堂書目》卷 6《陰陽卜筮書》，第 132 頁。

術古法自宋初至宋末，一直暢行不衰。南宋中期廖中所撰的《五行精紀》，就是宋代命理術古法的集大成之作。此法於元明時期亦未完全消亡。而今法的出現，則要晚很多。筆者認爲，今法在宋代產生的標誌，是南宋寶祐年間徐大升的《子平三命通變淵源》一書的出現。《子平淵源》是迄今爲止人們發現的最早的子平術著作。書中所述雖然只是子平術之雛形，但是已經開啓了今法時代的大門，並與當時的古法有著顯著的差別。那麼，這就出現了一個問題，在《子平淵源》之前，宋代命理術是否已在經歷由古法向今法的逐漸轉變？如果有，那麼有無文獻爲證？《玉照定眞經》就是對這一問題的具體回應。因爲，從推命法則上來講，《玉照定眞經》的確有著明顯的由古法向今法過渡的痕跡。

我們試舉一例。如命理術古法重視神殺推命，很多時候就是以神殺推命爲主要手段。而今法認爲命理推算，應以五行生剋制化及格局判定爲依據，反對一味依從神殺。對神殺的不同態度，是判定古法與今法的重要準則之一。奇怪的是，《玉照定眞經》在這方面的觀點往往自相矛盾。一方面，正如蘇衛國所言，該書作者「流露出濃重的星學痕跡在其中」；但另一方面，其文又明確表示，神殺不是吉凶所依，支干五行的生剋制化才是判斷吉凶禍福的根本：

> 神煞劫亡非本理，
>
> 非用神煞言貴賤得失耳，
>
> 支干五帝是元根。
>
> 支干五行爲眞用耳。〔註242〕

宋代命理書籍多取神殺，以定吉凶禍福。《玉照定眞經》的部分內容以神殺爲重，這與宋代絕大多數命理文獻是一脈相承的；另一部分內容卻基本捨棄神殺之說，而以干支五行或納音五行的生剋制化爲判定根本。〔註243〕這種矛盾的存在，正說明該書的成書時代是宋代命理術劇烈轉變的時期。綜合以上論斷，本文將《玉照定眞經》的形成年代定爲宋末元初。

從版本源流上看，目前只能將《玉照定眞經》的最初版本確定爲《永樂大典》本。此版本是今日所知的最早版本。雖然該書始自南宋，然而，經百餘年後方爲著錄。此書的產生，非經一人之手，又有坊間書商不斷造勢，故

〔註242〕《玉照定眞經》，文淵閣《四庫全書》第809冊，第42頁。

〔註243〕《玉照定眞經》以五行生剋制化推命的方法，詳見本文第五章第一節、第二節內容。

書中夾雜不少宋元人的命理思想。清代時，《古今圖書集成》和《四庫全書》先後錄有該書。只是前者名《玉照神應眞經》，題晉郭璞撰、徐子平注；後者名《玉照定眞經》，題晉郭璞撰、張顒注。前文已述及，四庫本《玉照定眞經》是清人輯自《永樂大典》。《古今圖書集成》本《玉照神應眞經》不知其版本由來。將二版本的內容兩相比較，可以發現二書正文內容基本相同，不同之處主要在於注文。張顒注本訛誤較多，「文句不甚雅馴」，與《永樂大典》本的特點相吻合；徐子平注本文筆較爲順暢，訛誤也少。張顒注本的注文內容較徐子平注本的注文內容要具體詳細得多。此外，張顒注本時常夾以人的月胎干支進行推算，而徐子平注本則難覓其跡。綜上所述，兩種版本相較而言，筆者更認同四庫本的《玉照定眞經》更接近於《永樂大典》本原貌。而《古今圖書集成》所錄《玉照神應眞經》，其源頭或許也出自《永樂大典》，但是其注文內容顯然又經明清以來人們的增刪改訂。因而本文引用的《玉照定眞經》，以四庫本爲唯一所依。

6、《五行精紀》

宋代命理書籍傳世的不多，流傳至今的主要有《珞琭子賦》諸家注本、《李虛中命書》、《三命指迷賦》、《子平三命通變淵源》、《玉照定眞經》等少數幾部著作。上述這些文獻皆篇幅不大，且由於時代的久遠及版本問題複雜，對於這些書籍的時代和眞僞，人們還存在不少的爭論。這種狀況對於今人研究宋代命理術無疑是很大的困難。值得慶幸的是，尙有一部南宋時期的命理總匯著作一直保存到今天。這就是由南宋士人廖中完成於南宋中期的《五行精紀》。它篇幅巨大（約有 20 萬字），旁徵博引當時流行的 50 多種（甚或更多）命理著作，不僅引文豐富，條理清晰，而且信實可靠。該書的存世，爲今人瞭解宋代命理術提供了極大的便利。該書成後，廖中囑同鄉周必大爲之作序。周必大之序，也成爲後人瞭解該書作者廖中及此書成書背景的重要史料。現將周必大之序錄之於下：

> 天錫九疇，一曰五行。凡天、地、人有形則有數，有數則囿於五行。是以善卜筮者，預能測知。人居其間，又顯顯可推者。《傳》不云乎：「死生有命，富貴在天。」豈術者之臆說哉！春秋戰國前，善相者多。若推祿命，則盛於漢。賈誼識司馬季主曰：「高人祿命，以悅人心，矯言禍福，以規人財。後世又可知己。」今士大夫至田夫野老，人人喜談命，故其書滿天下。清江鄉貢進士廖中伯禮，連

舉未第，乃刻意於此，薈粹數十家之説，章分件析，考驗得失，校量深淺，成《精紀》三卷，攜以示予。予謂五行所寓，有常焉，有變焉。常易推也，跡也；變難推也，理也。自非心通意悟，不足以盡此。古稱善其事者，莫如李虛中，萬端千緒，錯參重出，學者就傳其法，初若可取，卒然失之，茲豈易哉。廖君歸矣，苟因書悟理，則將知由基之射，百發而百中。不然讀齊侯之糟魄其中，不可知也。

南宋慶元丙辰十月庚戌平國老人周必大書。〔註 244〕

　　該書的作者廖中，字伯禮。據周必大前序介紹，他是清江鄉貢進士，因連舉未第，乃刻意於編纂命理術等術數著作。〔註 245〕此書薈萃當時流行的命理著作數十部，其中有名可考的即有 52 部，另有無名可考的皆以「廣錄」代指。周必大之序寫於慶元丙辰年，即公元 1196 年，則可推斷該書及該書所引用眾多材料皆早於 1196 年之前。

　　除了周必大序，今日流傳的《五行精紀》書前還附有南宋岳珂之序。該序作於南宋紹定元年戊子清明日，即公元 1228 年。此距周必大作序時間已有 32 年。岳序中，也簡明提到了廖中身份及周必大為之作序之事：「後得廖君書，而文忠周公宴敘其篇，慨然撫卷而歎曰：前輩宗工於小道，可視之用不，慶蓋如此。廖君儒者也，刊蕪翦謬，欲託以傳，夫豈無說？而文忠之序，惟取其占驗之一偏意者，約而歸之，正廖君之望，猶若有不止乎是者。」〔註 246〕岳珂為《五行精紀》作序，是因為他曾自行刊印該書。此事在南宋耐得翁的《就日錄》中就有記載：「近東淮岳總卿刊江西廖君所類諸家命書，為《五行精紀》。」〔註 247〕據《宋史》卷 41《理宗本紀》載，寶慶三年（1227）五月，宋廷「詔岳珂戶部侍郎，依前淮東總領兼制置使」。〔註 248〕這與岳珂為《五行精紀》作序時間正好相錯一年。因此，岳珂刊行《五行精紀》並為之作序之事，是大體可信的。

〔註 244〕（宋）周必大撰：《五行精紀·周序》。

〔註 245〕歐陽守道亦提及贛鄉貢進士廖老庵以郭璞《葬書》為依據，集數百上佳風水墓穴圖，而編成風水書一部。不知此作者是否也是廖中。不過此處的廖老庵無論是其名還是籍貫，均與廖中相近，且其編寫風水書的方法亦類似於廖中編纂《五行精紀》的方法。

〔註 246〕（宋）岳珂撰：《五行精紀·岳序》。

〔註 247〕（宋）耐得翁撰：《就日錄》，載（明）陶宗儀等編《説郛三種》卷 14，上海古籍出版社，1988 年，第 269 頁。

〔註 248〕（元）脱脱撰：《宋史》卷 41《理宗本紀》，第 789 頁。

　　最早對《五行精紀》進行著錄的是陳振孫。他在《直齋書錄解題》中稱「《五行精紀》三十四卷」，並在書目下注明「清江鄉貢進士廖中撰，周益公爲之序。集諸家三命說」。〔註249〕值得關注的是，陳振孫在《直齋書錄解題》中雖提到了周必大之序，卻並未提到岳珂之序。或許其所睹版本並非由岳珂刊印。後來馬端臨在《文獻統考》中一字不差的轉引了陳振孫的解題內容。〔註250〕明代對《五行精紀》的著錄也史不絕書。《文淵閣書目》、《國史經籍志》、《世善堂藏書目錄》、《玄賞齋書目》、《菉竹堂書目》等重要文獻皆對其有著錄。其中《國史經籍志》、《世善堂藏書目錄》二書皆標明《五行精紀》爲 34 卷。〔註251〕可知在明代，此書的傳承並未中斷。

　　到了清代，《五行精紀》的傳承情況不再令人樂觀。不僅清代的幾部大型叢書彙編皆未收錄《五行精紀》，就是當時的目錄學著作中也不再能見到完整的印本，而只能見到殘缺的手抄本。清初錢曾（1629～1701）在《讀書敏求記》中錄有「《五行精紀》三十二卷」，並注明道：「所引書五十一種，予所有者惟《珞琭子》，他則均未之見。」〔註252〕錢氏所見《五行精紀》，應該已不是完本。且其書在清初似已較爲罕見。清代藏書大家瞿鏞（生於嘉慶初，卒於道光三年（1864））在《鐵琴銅劍樓藏書目錄》中著錄的《五行精紀》也只有 33 卷，爲抄本，並注明其「所引星命家五十一種，多不經見者」。〔註253〕稍晚時期的丁丙（1832～1899）著錄該書亦爲 33 卷，精抄本，「所引星命家五十一種，皆世不經見者」。〔註254〕由此可見，該書自清初以來就不甚流行，

〔註249〕陳振孫撰：《直齋書錄解題》卷 12《陰陽家類》，第 703 頁。

〔註250〕（元）馬端臨撰：《文獻通考》卷 47《經籍考》，第 6104 頁。

〔註251〕參見（明）楊士奇等撰《文淵閣書目》卷 15《陰陽》，《宋元明清書目題跋叢刊》（第四冊），中華書局，2006 年，第 150 頁；（明）焦竑撰《國史經籍志》卷 4 下《三命》，《宋元明清書目題跋叢刊》（第五冊），第 853 頁；（明）陳第撰《世善堂藏書目錄》卷下《五行》，《宋元明清書目題跋叢刊》（第五冊），第 51 頁；（明）董其昌撰《玄賞齋書目》卷 6《天文》，《宋元明清書目題跋叢刊》（第五冊），第 95 頁；（明）葉盛編《菉竹堂書目》卷 6《陰陽卜筮書》，《叢書集成初編》，中華書局，1985 年，第 132 頁。

〔註252〕（清）錢曾著、（清）管庭芬、章鈺校證、傅增湘批註、馮惠民整理：《藏園批註讀書敏求記校證》卷 3 中《星命》，第 307 頁。

〔註253〕（清）瞿鏞撰：《鐵琴銅劍樓藏書目錄》卷 15《子部三》，《宋元明清書目題跋叢刊》（第十冊），第 224 頁。

〔註254〕（清）丁丙撰：《善本書室藏書志》卷 17《子部七》，《宋元明清書目題跋叢刊》（第九冊），第 598 頁。

且偶有所見，也不再是完整的版本，而多爲缺卷的抄本。造成這一現象的根本原因，應該是與明代後期子平術的勃興有密切的關聯。明代後期，命理術中的子平術逐漸佔據統治地位，原先風靡兩宋的命理術古法漸行漸失，並最終消失在清代命理術歷史的長河裏。作爲承載宋代命理術的集大成之作，《五行精紀》在當時的術數市場已失去了應用價值。久而久之，其書不再刊印，並逐漸佚失。

解放以後，由於種種歷史原因，古代術數書籍的保存、流佈情況一直不能令人樂觀。特別是《五行精紀》的情況，更令人擔憂。目前大陸所能見到的《五行精紀》抄本，只有國家圖書館還有保留。據《北京圖書館古籍善本書目》所錄，《五行精紀》存於國圖的只有 33 卷本。書目下注解曰：「宋廖中撰，清海虞瞿氏恬裕齋抄本，四冊，十行二十四字，黑口左右雙邊。」〔註 255〕據劉國忠考證，目前國家圖書館所藏《五行精紀》有兩種，分爲善本和普通古籍，皆爲 33 卷。二者應爲同一來源，都是源於瞿鏞《鐵琴銅劍樓藏書目錄》抄本。〔註 256〕從版本的價值來考慮，國圖的這兩個版本均非全本，且抄錄情況亦不甚令人滿意。大概也正因如此，建國以來，該書罕見出版刊行。這爲世人瞭解和研究《五行精紀》帶來了極大的不便。

值得慶幸的是，十年前，劉國忠教授在韓國延世大學作訪問學者時，發現該書在韓國還有明代的翻刻全本。韓國多家圖書館，如韓國中央圖書館、延世大學圖書館、漢城大學圖書館、全南大學圖書館和韓國精神文化研究院圖書館，都收藏有《五行精紀》一書。不同於國內其書皆爲手抄本的情況，該書在韓國上述圖書館中皆爲刻本。其中，延世大學圖書館所藏《五行精紀》刻本爲 34 卷全本。據劉國忠所言，該本《五行精紀》共有 5 冊 34 卷，每半頁 11 行，每行 20 字。他初步推測該書爲朝鮮李朝中宗（1506～1544 年在位）、宣祖（1567～1608 年在位）時期的翻刻本。〔註 257〕在這一時期，明朝的書籍恰好處在刻印、銷售的高峰期〔註 258〕，很有可能該書連同當時流行的眾多書

〔註 255〕《北京圖書館古籍善本書目》，書目文獻出版社，1989 年，第 1323 頁。
〔註 256〕參見劉國忠《〈五行精紀〉與唐宋命理學說研究的新思路》，載氏著《唐宋時期命理文獻初探》。
〔註 257〕參見劉國忠《〈五行精紀〉與唐宋命理學說研究的新思路》，載氏著《唐宋時期命理文獻初探》。
〔註 258〕明代書坊的發展及書籍銷售的成熟主要出現在明代中後期的嘉靖（1522～1566）、萬曆（1573～1620）年間之後。這段時期恰好是朝鮮李朝的中宗、宣祖在位時期。因此，這一時期明朝大量書籍流入朝鮮。戚福康在《中國古代

籍一同流傳至朝鮮，並被當地人翻刻流通。因此，韓國延世大學圖書館所藏
《五行精紀》，就其版本形成時間、質量而言，應該是最接近於宋代《五行精
紀》原貌的。正因爲劉國忠教授認識到該版本之價值，因此近年來不斷撰文
推介。〔註259〕臺灣和大陸的出版社，也先後以延世大學圖書館館藏本爲依據，
出版了《五行精紀》的完整版。〔註260〕

　　《五行精紀》對於研究中國古代命理術，尤其是宋代命理術的理論發展，
具有十分重要的價值。相較與其他幾部宋代命理文獻，該書卷帙浩繁，引文
豐富，編排系統。而且，該書對南宋中期前的諸多命家之言廣徵博探，據劉
國忠教授統計，書中引用的有名可查的命理文獻就有 52 種。現據劉國忠教授
統計結果，將這 52 種命理文獻情況列表如下〔註261〕：

《五行精紀》引用 52 種命理文獻統計表

序號	書名	注者	著錄情況
1	《王氏注珞琭子賦》	王廷光	除了《五行精紀》引用其單行本外，元代以後該書一直以四家或三家注本的形式存在。如最早的四家注本是影鈔元本的《新編四家注解經進珞琭子消息賦》，該本收錄了王廷光、李全、釋曇瑩、徐子平四家注本；明清以來，無論是《永樂大典》還是《四庫全書》，王廷光注本都是與李全、釋曇瑩注本合而爲一，並以釋曇瑩本爲主。

書坊研究》一書中認爲，明代書坊眞正成熟的階段主要是指嘉靖年間至明末，
代表明代書坊刻書水平的蘇州、金陵兩地書坊絕大部分都是在嘉靖之後才出
現。這時期的書坊書籍生產才進入它的高潮時期。參見戚福康著《中國古代
書坊研究》，商務印書館，2007 年，第 161～168 頁。另外，暨南大學蔡亞平
博士也指出，明代讀者購讀通俗小說的現象，在萬曆年間之前很少有記載。
而且彼時書籍價格昂貴，堪比黃金。通俗小說購讀現象的普遍，主要出現在
萬曆以後。參見蔡亞平著《讀者與明清時期通俗小說創作、傳播的關係研究》，
暨南大學出版社，2013 年，第 107～109 頁。

〔註259〕參見劉國忠《〈五行精紀〉與唐宋命理學說研究的新思路》、《〈李虛中命書〉
　　　　眞偽辨》、《〈五行精紀〉與〈三命通會〉》，載氏著《唐宋時期命理文獻初探》。

〔註260〕臺灣武陵出版社於 2009 年出版了 34 卷本《五行精紀》，隨後大陸的華齡出版
　　　　社於 2010 年出版了該書的 34 卷點校本。筆者在認眞翻閱了這兩家出版社出
　　　　版的《五行精紀》後，認爲從校勘水平來說，這兩個版本的質量均不甚佳。
　　　　不過在無更好的版本可以參考的前提下，筆者只好選用華齡出版社出版的《五
　　　　行精紀》作爲本人博士論文寫作參考的依據。

〔註261〕該表據劉國忠《〈五行精紀〉與〈三命通會〉》一文中統計內容而製，見氏著
　　　　《唐宋時期命理文獻初探》。

2	《瑩和尚注珞琭子賦》	釋曇瑩	同上。
3	《趙氏新注珞琭子賦》	趙寔	未見著錄。
4	《珞琭子貴賤格局》	第安之	未見著錄。
5	《鬼谷子遺文》	李虛中	本書最早出現在《五行精紀》中，明代的《文淵閣書目》和《籙竹堂書目》均有著錄。
6	《鬼谷子要訣》	不詳	未見著錄。
7	《鬼谷子命格》	不詳	未見著錄。
8	《李虛中命書》	李虛中	《宋史藝文志》錄有《李虛中命書格局》二卷；《通志藝文略》錄有《李虛中命術》一卷、《命書補遺》一卷；《郡齋讀書志》錄有《李虛中命書》三卷；《國史經籍志》錄有《李虛中命書》三卷、《命書補遺》一卷。《四庫全書》錄有《李虛中命書》三卷，係四庫館臣從《永樂大典》中輯出，但除了上卷爲《李虛中命書》原文外，中卷、下卷皆抄自《鬼谷子遺文》。
9	《五行要論》	李虛中	未見著錄。
10	《直道歌》	李虛中	未見著錄。
11	《神白經》	李宿或郭璞	《五行精紀》言注者爲李宿，《宋史藝文志》錄有郭璞《三命通照神白經》三卷。
12	《燭神經》	東野公	《路史》、《三命指迷賦》有所引用。
13	《五命秘訣》	林開	《郡齋讀書志》、《通志藝文略》錄有林開《五命秘訣》一卷；《宋史藝文志》錄有林開《五命秘訣》五卷。
14	《閻東叟書》	閻東叟	《三命指迷賦》亦有引用。
15	《玉霄寶鑒》	通眞子	《宋史藝文志》錄有《玉霄寶鑒經》一卷。
16	《三命指掌》	通眞子	《宋史藝文志》錄有《三命指掌訣》一卷。
17	《宰公要訣》	魏徵	未見著錄。
18	《廣信集》	李翔	未見著錄。
19	《樵夫論》	陽夏	《新唐書藝文志》、《宋史藝文志》、《通志藝文略》、《崇文總目》均錄有濮陽夏《樵子五行論》，其中《通志・藝文略》作陽夏。或爲此書。
20	《壺中子賦》	壺中子	《直齋書錄解題》錄有《壺中賦》一卷。《三命指迷賦》亦有引用。
21	《隱迷賦》	司馬季主	未見著錄。

22	《指迷賦》	東方朔	又名《三命指迷賦》，岳珂曾爲其做注。今所見之版本係四庫館臣從《永樂大典》中輯出。
23	《理愚歌》	不詳	沈括在《夢溪筆談・納音納甲》一文中提及《理愚歌》。
24	《金書命訣》	回龍長老善嵩	《宋史藝文志》錄有僧善嵩《訣金書一十四字要訣》，或爲此書。
25	《八字金書》	不詳	未見著錄。
26	《悟玄子命書》	悟玄子	未見著錄。
27	《天元變化書》	不詳	未見著錄。
28	《孫子才書》	孫子才	未見著錄。
29	《希尹命書》	希尹	未見著錄。
30	《太乙統紀書》	李吉甫	未見著錄。
31	《太乙妙旨》	不詳	未見著錄。
32	《三命提要》	郭景初	未見著錄。
33	《三命鈐》	陳昉	《通志藝文略》錄有《三命鈐》一卷、《三命鈐釋》一卷。
34	《三命纂局》	不詳	未見著錄。
35	《紫虛先生局》	紫虛先生	未見著錄。
36	《紫微太乙局》	不詳	未見著錄。
37	《源髓歌》	沈芝	《直齋書錄解題》錄有《源髓歌》六卷、《後集》三卷。
38	《天實經》	王賓	未見著錄。
39	《通玄集》	王賓	未見著錄。
40	《玉門關集》	蔣日新	未見著錄。
41	《寸珠尺璧》	不詳	未見著錄。
42	《洞微經》	不詳	《通志藝文略》錄有《洞微經》一卷。
43	《靈臺經》	不詳	《道藏》洞真部眾術類中錄有本書殘卷；《通志藝文略》錄有《靈臺歌》一卷，或爲此書。
44	《穿珠指掌》	不詳	《宋史藝文志》錄有《穿珠歌》一卷；《通志藝文略》錄有《穿珠三命》一卷，或爲此書。
45	《五星捷論》	吳誠之	未見著錄。
46	《百忌曆》	呂才	《新唐書藝文志》、《崇文總目》錄有呂才《廣濟陰陽百忌曆》一卷；《宋史藝文志》、《通志藝文略》、《直齋書錄解題》皆錄爲二卷。

47	《三曆會同》	不詳	《直齋書錄解題》、《文獻通考》皆錄有《三曆會同》十卷。
48	《馬子才命格》	馬存（子才）	未見著錄。
49	《預知子貴格》	不詳	未見著錄。
50	《太乙經》	袁天罡	《直齋書錄解題》錄有袁天罡《太一命訣》，或為此書。
51	《太乙降誕實經》	不詳	同上。
52	《化成書》	東方朔	未見著錄。

　　廖中在《五行精紀》中引用的文獻遠不止上面 52 種，另有不知名作品數種，皆以「廣錄」蓋之。正是因為《五行精紀》薈萃了南宋中期以前諸家之說，所以說一書在手，人們就可以充分領略宋代命理術的發展狀況。這對於今人瞭解宋代命理術的理論方法及應用情況，實有不可替代的作用。也正因為如此，人們有必要加強對《五行精紀》一書的點校和研究的重視，爭取早日整理出版該書及其研究著作，以便打開宋代命理術研究的大門。

第三章 宋代命理術的理論基礎

第一節 正五行、眞五行與納音五行

一、正五行

（一）干支的最初應用——干支紀日

正五行，是命理術推命的重要工具，包括十天干與十二地支。十天干爲甲、乙、丙、丁、戊、己、庚、辛、壬、癸；十二地支爲子、丑、寅、卯、辰、巳、午、未、申、酉、戌、亥。天干地支又分陰陽五行，其中甲、寅爲陽木，乙、卯爲陰木，丙、巳爲陽火，丁、午爲陰火，戊、辰、戌爲陽土，己、丑、未爲陰土，庚、申爲陽金，辛、酉爲陰金，壬、子爲陽水，癸、亥爲陰水。現以表格將干支與陰陽五行的對應關係展示如下：

天干地支與陰陽五行對應關係表

天干	甲	乙	丙	丁	戊	己	庚	辛	壬	癸
地支	寅	卯	巳	午	辰戌	丑未	申	酉	子	亥
陰陽五行	陽木	陰木	陽火	陰火	陽土	陰土	陽金	陰金	陽水	陰水

宋代命理術中，這種干支與陰陽五行的對應關係已然如此。[註1]於是，當時以干支爲基本單位的正五行的推命已變成了可能。但是，在歷史上，天

〔註1〕 參見（宋）廖中撰《五行精紀》卷3《論干神一》、卷6《論支神》、《並論干神》，第17、43、46頁。

干地支一開始並沒有和陰陽五行發生任何聯繫，它們只是用來紀日的工具。《史記·五帝本紀》中張守節《正義》曰：「黃帝受神筴，命大撓造甲子，容成造曆是也。」〔註2〕此說於後世影響頗大，多有史書轉引，甚至於宋代命理書籍亦見此說。《五行精紀·論六十甲子上》云：「夫六十甲子者，起於軒轅，作於大撓。」〔註3〕可惜的是，人們至今尚未找到相關的證據來證明此說的可靠性。從今天的考古發現來看，干支作爲紀日工具最早於殷商時期即已出現。「殷墟中出土的十數萬片甲骨刻辭中，記有干支日的甲骨俯拾即是。」〔註4〕而且，彼時十天干與十二地支互相搭配，已產生出完整的六十甲子干支。現存最早的完整的干支表就是刻在屬於黃組的即《合集》37986號的一塊牛胛骨上的六十甲子干支〔註5〕：

甲骨文中六十甲子干支表

甲子	乙丑	丙寅	丁卯	戊辰	己巳	庚午	辛未	壬申	癸酉
甲戌	乙亥	丙子	丁丑	戊寅	己卯	庚辰	辛巳	壬午	癸未
甲申	乙酉	丙戌	丁亥	戊子	己丑	庚寅	辛卯	壬辰	癸巳
甲午	乙未	丙申	丁酉	戊戌	己亥	庚子	辛丑	壬寅	癸卯
甲辰	乙巳	丙午	丁未	戊申	己酉	庚戌	辛亥	壬子	癸丑
甲寅	乙卯	丙辰	丁巳	戊午	己未	庚申	辛酉	壬戌	癸亥

在該牛胛骨上，六十組干支分刻六行，每行天干自甲至癸，以甲子爲首，按照今日干支序列排列六十位。六十甲子表的出現，顯示出殷商時期干支紀日的高度成熟。由此可知，殷商時期，先人已普遍採用干支紀日法了。

干支的最初應用，是用來計時的，而且這種應用一直持續到今日。作爲傳統的曆法工具，干支可以用來紀年、紀月、紀日、紀時。人們通常所說的四柱八字命理術，就是以一個人出生的年、月、日、時四柱八字干支爲推命的主要工具。然而在命理術中，一個人的八字干支不僅僅是用來表示他的出生時間的，更重要的是，干支還是用來標記和推算宇宙間陰陽五行運行消息的工具。換言之，干支符號不僅承載著計時的任務，還是記錄陰陽五行運動狀態的代碼。那麼，干支與陰陽五行學說又是如何聯繫起來的呢？要回答這

〔註2〕 （漢）司馬遷撰《史記》卷1《五帝本紀》，第11頁。
〔註3〕 （宋）廖中撰：《五行精紀》卷1《論六十甲子上》，第1頁。
〔註4〕 常玉芝著：《殷商曆法研究》，吉林文史出版社，1998年，第88頁。
〔註5〕 該表轉引自常玉芝著《殷商曆法研究》，第89頁。

個問題，首先應該搞清楚陰陽說與五行說以及二者是如何結合的問題。

有關陰陽說和五行說起源和早期發展結合的論述，前賢的研究成果早已是汗牛充棟。〔註6〕故本文於此不再贅述。本文需要關注的，是五行在與陰陽四時逐漸結合的過程中，天干和地支是如何與陰陽五行一步步發生聯繫。

（二）陰陽、五行與四時的結合

陰陽說與五行說的結合是一個漫長的過程。二者合而成為陰陽五行說，始於何時何人，時至今日，都難以確認。梁啟超以為：「春秋戰國以前所謂陰陽，所謂五行，其語甚希見，其義極平淡。且此二事從未嘗並為一談。諸經及孔、老、墨、孟、荀、韓諸大哲皆未嘗齒及。」〔註7〕梁氏此語可能屬實，「陰陽與五行，大抵是兩個不同的解釋世界的系統。解釋對象和方式都有所不同，陰陽學說主要是從變易的角度揭示宇宙萬物和人間事務的變化與推動的力量，主要屬於生成和變易問題；五行學說則主要是從構成和功用方面揭示宇宙萬物的構成材料和元素，主要屬於構成和質料的問題」〔註8〕。雖然陰陽和五行也屬於一個更大的系統，但二者並不是平級的關係，所以二者的結合並不緊密。陸玉林認為，陰陽說與五行說結合的關鍵點，是五行與時令如何結合。〔註9〕時令的轉換，反映了陰陽在四季的消長。五行與時令相結合，當然也體現出陰陽的變化。

〔註6〕 近年來的相關研究著作及論文，可以參閱羅桂成著《唐宋陰陽五行論集》之「陰陽五行學說探源」（志文出版社，1982年）、鄺芷人著《陰陽五行及其體系》（文津出版社，1998年）、葛兆光著《中國思想史》（第一卷）第二編之第一節、第六節、第七節（復旦大學出版社，2001年）、張立文主編、陸玉林著《中國學術通史》（先秦卷）第五章「子學支流」之「陰陽五行學說」（人民出版社，2004年）、彭華著《陰陽五行研究》（先秦篇）（華東師範大學2004年博士論文）、劉長林著《中國象科學觀──易、道與兵、醫》第二編之「陰陽自組──生化之綱」以及第三編之「疏五行」（社會科學文獻出版社，2007年）、馮達文著《中國古典哲學略述》「先秦篇」第三章「儒學的早期開展」之「宇宙論的引入與《易傳》的成德論」以及「漢唐篇」第一章「儒學的復興與董仲舒的『天人相與』說」（廣東人民出版社，2009年）、劉揚著《陰陽文化內涵及其英譯研究》（湖南大學出版社，2010年）。

〔註7〕 梁啟超：《陰陽五行說之來歷》，見氏著《古史辨》第5冊，上海古籍出版社，1982年，第353頁。

〔註8〕 張立文主編、陸玉林著：《中國學術通史》（先秦卷），人民出版社，2004年，第364頁。

〔註9〕 張立文主編、陸玉林著：《中國學術通史》（先秦卷），人民出版社，2004年，第366頁。

　　《左傳‧昭公元年》載：「天有六氣，降生五味，發爲五色，徵爲五聲。淫生六疾。六氣曰陰、陽、風、雨、晦、明也。分爲四時，序爲五節，過則爲災：陰淫寒疾，陽淫熱疾，風淫末疾，雨淫腹疾，晦淫惑疾，明淫心疾。」〔註10〕此是晉侯患病後向秦國求醫，秦伯讓秦國名醫醫和爲晉侯診病後，醫和提出的著名的「六氣致病」學說。此學說認爲六氣以陰陽爲綱，而淫生六疾統於陰陽。文中所謂「天有六氣，降生五味，發爲五色，徵爲五聲。……分爲四時，序爲五節」似說明春秋時已有將五行統於陰陽、配於一年四時之說。至少可以認爲，陰陽五行說此時已在醞釀當中，或已萌芽。而且也可以設想，將十個天干配於五行的嘗試此時已經開始實施。

　　我們再把目光投向戰國時期的《管子》一書，來看看《管子》是如何安排五行與四時的對應關係的。在《管子》一書中，陰陽說和五行說都有不同程度的發展，陰陽五行說也已正式出現。《管子》表述的陰陽五行說主要集中在《幼官》、《四時》、《五行》、《輕重己》等諸篇中。在這些篇章中，可以看到陰陽說和五行說已被初步整合成一個整體。其學說的基本理路是，以陰陽爲基礎，由陰陽引出四時，再以四時攝合五行，最後以五行統攝萬物。而天干也在這一論述過程中與五行、四時甚至陰陽建立起了初步的聯繫。

　　我們且來看該書是如何論證這一思想的。《管子‧四時》篇云：「是故陰陽者，天地之大理也。四時者，陰陽之大經也。」〔註11〕是以陰陽統四時。《管子‧五行》篇稱：「昔黃帝以其緩急作五聲，以政五鍾。令其五鍾，一曰青鍾大音，二曰赤鍾重心，三曰黃鍾灑光，四曰景鍾昧其明，五曰黑鍾隱其常。五聲既調，然後作立五行以正天時，五官以正人位。人與天調，然後天地之美生。」是以五行正天時。故一年四時，分別「睹甲子木行御，……七十二日而畢」、「睹丙子火行御，……七十二日而畢」、「睹戊子土行御，……七十二日而畢」、「睹庚子金行御，……七十二日而畢」、「睹壬子水行御，……七十二日而畢」。〔註12〕陰陽與五行在這裡初步結合，而部分天干也與五行結合起來，並且間接地也與陰陽有了聯繫。

　　然而《管子》在陰陽與五行結合的嘗試中還是留下了一些不足。首先是

〔註10〕郭丹、程小青、李彬源譯注：《左傳》，中華書局，2012年，第1575頁。
〔註11〕黎翔鳳撰：《管子校注》卷14《四時》，中華書局，2004年，第838頁。
〔註12〕黎翔鳳撰：《管子校注》卷14《五行》，中華書局，2004年，第865、868、869、872、874、876、878、879頁。

代表五行的天干與陰陽之間的聯繫顯得若有若無。因為文中只有五陽干與五行的對應，我們並沒有見到五陰干以及十干與五行的準確對應。其次，《管子》在五行與四時的結合方面雖有突破卻仍嫌不足。雖然《管子‧五行》試圖建立一種能完美融合四時與五行的方案，但是，因為四時和五行無法一一對應，所以《管子‧五行》在此處採用了將一年分為五等份來對應五行的方法。它按照木、火、土、金、水的順序，把一年五等分，分別由甲、丙、戊、庚、壬主事。這樣做，雖然使得五行各能對應一年之中的七十二天，但是卻打亂了人們固有的四時觀念。《管子》這種五行與四時、陰陽的對應方案，對後世影響頗深，一直到西漢的《淮南子》、《春秋繁露》中，還可以看到其內容。〔註13〕此外，大約形成於唐代以前的中醫運氣學說中五運等概念，也以五行均分四時。由此可見，這種以五干對應五行，以五行均分四時的思想一直貫穿於後世。

　　陰陽與五行的結合，在《禮記‧月令》篇中又有了新的進展。其文摘錄如下：

　　　　孟春之月，日在營室，昏參中，旦尾中。其日甲乙。其帝大皞，其神句芒。其蟲鱗。其音角，律中大蔟，其數八。其味酸，其臭羶，其祀戶，祭先脾。……是月也，以立春。先立春三日，大史謁之天子曰：「某日立春，盛德在木。」天子乃齊。立春之日，天子親帥三公、九卿、諸侯、大夫以迎春於東郊。……仲春之月，日在奎，昏弧中，旦建星中。其日甲乙，其帝大皞，其神句芒，其蟲鱗。其音角，律中夾鍾。其數八。其味酸，其臭羶。其祀戶，祭先脾。……

〔註13〕《淮南子‧天文訓》云：「天地之襲精為陰陽，陰陽之專精為四時，四時之散精為萬物。」而後，其又言：「壬午冬至，甲子受制，木用事，火煙青。七十二日，丙子受制，火用事，火煙赤。七十二日，戊子受制，土用事，火煙黃。七十二日，庚子受制，金用事，火煙白。七十二日，壬子受制，水用事，火煙黑。七十二日而歲終，庚子受制。」《春秋繁露‧五行相生》云：「天地之氣，合而為一，分為陰陽，判為四時，列為五行。」《春秋繁露‧治順五行》云：「日冬至七十二日，木用事，其氣燥濁而青，七十二日，火用事，其氣慘陽而赤；七十二日，土用事，其氣濕濁而黃；七十二日，金用事，其氣慘淡而白；七十二日，水用事，其氣清寒而黑；七十二日，復得木。」和《管子‧五行》篇思想一樣，《淮南子》、《春秋繁露》依然是以陰陽引出四時，再以四時攝合五行，也是將甲、丙、戊、庚、壬對應五行，然後以五行各對應一年當中的七十二天（《春秋繁露‧治順五行》略而未言天干，但其內容顯然相同）。參見劉文典撰《淮南鴻烈集解》卷3《天文訓》，中華書局，1989年，第80、88、89、105頁。張世亮、鍾肇鵬、周桂鈿譯注《春秋繁露》，中華書局，2012年，第487、513、514頁。

季春之月，日在胃，昏七星中，旦牽牛中。其日甲乙。其帝大皞，其神句芒。其蟲鱗。其音角，律中姑洗。其數八。其味酸，其臭羶。其祀戶，祭先脾。……孟夏之月，日在畢，昏翼中，旦婺女中。其日丙丁。其帝炎帝，其神祝融。其蟲羽。其音徵，律中中呂。其數七。其味苦，其臭焦。其祀灶，祭先肺。……是月也，以立夏。先立夏三日，大史謁之天子曰：「某日立夏，盛德在火。」天子乃齊。立夏之日，天子親師三公、九卿、大夫以迎夏於南郊。……仲夏之月，日在東井，昏亢中，旦危中。其日丙丁。其帝炎帝，其神祝融。其蟲羽。其音徵，律中蕤賓。其數七。其味苦，其臭焦。其祀灶，祭先肺。……季夏之月，日在柳。昏火中，旦奎中。其日丙丁。其帝炎帝，其神祝融。其蟲羽。其音徵，律中林鍾。其數七。其味苦，其臭焦。其祀灶，祭先肺。……中央土，其日戊己。其帝黃帝，其神后土。其蟲倮。其音宮，律中黃鍾之宮。其數五。其味甘，其臭香。其祀中溜，祭先心。……孟秋之月，日在翼，昏建星中，旦畢中。其日庚辛。其帝少皞，其神蓐收。其蟲毛。其音商，律中夷則。其數九。其味辛，其臭腥。其祀門，祭先肝。……是月也，以立秋。先立秋三日，大史謁之天子曰：「某日立秋，盛德在金。」天子乃齊。立秋之日，天子親帥三公、九卿、諸侯、大夫以迎秋於西郊。……仲秋之月，日在角，昏牽牛中，旦觜觿中。其日庚辛。其帝少皞，其神蓐收。其蟲毛。其音商，律中南呂。其數九。其味辛，其臭腥。其祀門，祭先肝。……季秋之月，日在房，昏虛中，旦柳中。其日庚辛。其帝少皞，其神蓐收。其蟲毛。其音商，律中無射。其數九。其味辛，其臭腥。其祀門，祭先肝。……孟冬之月，日在尾，昏危中，旦七星中。其日壬癸。其帝顓頊，其神玄冥。其蟲介。其音羽，律中應鍾。其數六，其味鹹，其臭朽。其祀行，祭先腎。……是月也，以立冬。先立冬三日，大史謁之天子曰：「某日立冬，盛德在水」。天子乃齊。立冬之日，天子親帥三公、九卿、大夫以迎冬於北郊。……仲冬之月，日在斗，昏東壁中，旦軫中。其日壬癸。其帝顓頊，其神玄冥。其蟲介。其音羽，律中黃鍾。其數六，其味鹹，其臭朽。其祀行，祭先腎。……季冬之月，日在婺女，昏婁中，旦氐中。其日壬癸。其帝顓頊，其神玄冥。其蟲介。其音羽，律中大呂。其數

六，其味鹹，其臭朽。其祀行，祭先腎。……〔註14〕

在該篇中，十干與五行已經一一對應，那麼，似乎也可以認定十干所分屬的陰陽與五行也一一對應起來。作者較細緻地列舉了天干與五行以及五行與五音、四時的對應關係。這種類似的描述，我們在《靈樞·順氣一日分為四時》以及《素問·金匱真言論》裏都可以看到。但是在《禮記·月令》篇裏我們看到了兩種五行與四時的對應關係。其中之一，是以甲乙對應木行，以木行統攝春季；丙丁對應火行，以火行統攝夏季；庚辛對應金行，以金行統攝秋季；壬癸對應水行，以水行統攝冬季。很顯然，這種搭配中，天干戊己和其所對應的土行並不與四時相配，實質上將其排除出了五行與四時的對應關係中。於是，十天干中只有八天干與四時對應起來，戊己所代表的土行並沒有與四時產生關聯。這樣做的結果，一方面使得另外四行與四時的對應順理成章；另一方面卻產生出了四時缺乏土行、四時與五行無法完整對應的缺陷。《禮記·月令》將土行排除在了四時所主五行之外。這樣安排的原因，應該是與五行與四時的不完全對應有關。

大概是為了彌補這種缺陷，於是在季夏之月的後面，作者又附加上了有關中央土的一段論述。這就是該篇的第二種五行四時搭配方法。該篇作者將土行寄於季夏之末，是希望能將五行與四時對應起來。這種分配方法，稱為「土旺季夏」說。土旺季夏說使五行相生的法則得以順利解釋四時的轉換，而且還開啟了後世中醫的長夏之說。〔註15〕不過，該說的最大不足是，火行與土行對應時間偏短，五行並不處於均等的地位。但不管怎樣，《禮記·月令》的這種雙重安排，還是對後世產生了深遠影響。首先，十干與五行的對應關係此時已經建立起來了。其次，之後的《呂氏春秋》、《春秋繁露》也承襲了這種雙重安排方式。〔註16〕當然，後世也注意到了這種安排的弊端，所以，

〔註14〕潛苗金譯注：《禮記譯注》，第178～218頁。

〔註15〕中醫長夏說廣泛見於《黃帝內經·素問》諸篇，參見《黃帝內經素問》卷1《金匱真言論篇第四》、卷7《藏氣法時論篇第二十三》、卷20《五常政大論篇第七十》，人民衛生出版社，1963年，第22～30、141～149、419～456頁。

〔註16〕《呂氏春秋》的類似論述參見陳奇猷校釋《呂氏春秋校釋》卷1《孟春紀第一·孟春》、卷2《仲春紀第二·仲春》、卷3《季春紀第三·季春》、卷4《孟夏紀第四·孟夏》、卷5《仲夏紀第五·仲夏》、卷6《季夏紀第六·季夏》、卷7《孟秋紀第七·孟秋》、卷8《仲秋紀第八·仲秋》、卷9《季秋紀第九·季秋》、卷10《孟冬紀第十·孟冬》、卷11《仲冬紀第十一·仲冬》、卷12《季冬紀第十二·季冬》，學林出版社，1984年，第1、63、121、185、241、311、375、

他們一方面對《禮記‧月令》的這種安排予以繼承，一方面也在不斷改進著五行與四時的對應關係。

《禮記‧月令》十二月紀天干五行相配表（一）

天干	五行	五帝	五神	五蟲	五音	五味	五臟	五方	四季
甲乙	木	太皞	句芒	鱗	角	酸	脾	東	春
丙丁	火	炎帝	祝融	羽	徵	苦	肺	南	夏
庚辛	金	少皞	蓐收	毛	商	辛	肝	西	秋
壬癸	水	顓頊	玄冥	介	羽	鹹	腎	北	冬

《禮記‧月令》十二月紀天干五行相配表（二）

天干	五行	五帝	五神	五蟲	五音	五味	五臟	五方	四季
甲乙	木	太皞	句芒	鱗	角	酸	脾	東	春
丙丁	火	炎帝	祝融	羽	徵	苦	肺	南	孟夏、仲夏
戊己	土	黃帝	后土	倮	宮	甘	心	中	季夏
庚辛	金	少皞	蓐收	毛	商	辛	肝	西	秋
壬癸	水	顓頊	玄冥	介	羽	鹹	腎	北	冬

西漢時，人們在繼承《禮記‧月令》、《管子》、《呂氏春秋》等先秦文獻的說法的同時，也在不斷探討著天干地支與陰陽、五行的對應關係。不僅十天干，十二地支與五行四時的對應關係也真正建立起來。如《淮南子‧時則訓》就第一次將十二地支與十二月、十干、五行對應起來：

> 孟春之月，招搖指寅，昏參中，旦尾中。其位東方，其日甲乙，盛德在木，其蟲鱗，其音角，律中太簇，其數八，其味酸，其臭膻，其祀戶，祭先脾。……仲春之月，招搖指卯，昏弧中，旦建星中。其位東方，其日甲乙，其蟲鱗，其音角，律中夾鍾，其數八，其味酸，其臭膻，其祀戶，祭先脾。……季春之月，招搖指辰，昏七星中，旦牽牛中，其位東方，其日甲乙，其蟲鱗，其音角，律中姑洗，其數八，其味酸，其臭膻，其祀戶，祭先脾。……孟夏之月，招搖

421、467、515、567、615 頁。《春秋繁露》的類似論述參見張世亮、鍾肇鵬、周桂鈿譯注《春秋繁露》，中華書局，2012 年，第 394、396、408、409、507、508 頁。此外，土旺季夏之說不僅為中醫所承，在後世五行書籍及命理文獻中還是有不少體現，並未消失在歷史的長河。

指巳，昏翼中，旦婺女中，其位南方，其日丙丁，盛德在火，其蟲
羽，其音徵，律中仲呂，其數七，其味苦，其臭焦，其祀灶，祭先
肺。……仲夏之月，招搖指午，昏亢中，旦危中，其位南方，其日
丙丁，其蟲羽，其音徵，律中蕤賓，其數七，其味苦，其臭焦，其
祀灶，祭先肺。……季夏之月，招搖指未，昏心中，旦奎中，其位
中央，其日戊己，盛德在土，其蟲嬴，其音宮，律中百鍾，其數五，
其味甘，其臭香，其祀中，祭先心。……孟秋之月，招搖指申，昏
斗中，旦畢中，其位西方，其日庚辛，盛德在金，其蟲毛，其音商，
律中夷則，其數九，其味辛，其臭腥，其祀門，祭先肝。……仲秋
之月，招搖指酉，昏牽牛中，旦觜巂中。其位西方，其日庚辛，其
蟲毛，其音商，律中南呂，其數九，其味辛，其臭腥，其祀門，祭
先肝。……季秋之月，招搖指戌，昏虛中，旦柳中，其位西方，其
日庚辛，其蟲毛，其音商，律中無射，其數九，其味辛，其臭腥，
其祀門，祭先肝。……孟冬之月，招搖指亥，昏危中，旦七星中，
其位北方，其日壬癸，盛德在水，其蟲介，其音羽，律中應鍾，其
數六。其味鹹，其臭腐，其祀井，祭先腎。……仲冬之月，招搖指
子，昏壁中，旦軫中，其位北方，其日壬癸，其蟲介，其音羽，律中
黃鍾，其數六，其味鹹，其臭腐，其祀井，祭先腎。……季冬之月，
招搖指丑，昏婁中，旦氐中，其位北方，其日壬癸，其蟲介，其音羽，
律中大呂，其數六，其味鹹，其臭腐，其祀井，祭先腎。……〔註17〕

參以文中天干五行與四時、五方的搭配，大體上可以歸納出一個干支五
行對照的系統：

《淮南子‧時則訓》十二月紀干支五行相配表

天干	地支	五行	五蟲	五音	五味	五臟	五方	四季
甲乙	寅卯辰	木	鱗	角	酸	脾	東	春
丙丁	巳午	火	羽	徵	苦	肺	南	夏
戊己	未	土	嬴	宮	甘	心	中	季夏
庚辛	申酉戌	金	毛	商	辛	肝	西	秋
壬癸	亥子丑	水	介	羽	鹹	腎	北	冬

〔註17〕 劉文典撰：《淮南鴻烈集解》卷5《時則訓》，第159～184頁。

　　至此，土行與季夏（長夏）正式搭配起來。這一搭配也在稍後的董仲舒的《春秋繁露》中有所反映。《春秋繁露·五行對》：「天有五行，木火土金水是也。木生火，火生土，土生金，金生水。水爲冬，金爲秋，土爲季夏，火爲夏，木爲春。春主生，夏主長，季夏主養，秋主收，冬主藏。」〔註18〕四時中增加了季夏而成爲五時。

　　漢武帝時土行與季夏的這種搭配，也開啓了後世中醫長夏之說。五行學說引進《內經》時，爲了與脾、土、濕相配合，古之醫者採納了土旺長夏說。惲鐵樵《群經見智錄》云：「《內經》言五行配以五藏，其來源於天之四時。藏有五，而時僅四，故以六月爲長夏，以配脾。」〔註19〕今本《黃帝內經》中言及中醫長夏說之篇章似乎不早於中唐王冰。《素問·六節藏象論》王冰次注云：「所謂長夏者，六月也。土生於火，長在夏中，既長而旺，故云長夏也。」〔註20〕《素問·藏氣法時論》王冰次注云：「長夏，謂六月也。夏爲土母，土長干中，以長而治，故云長夏。」〔註21〕至此，四季、五行的對應時間最終確立：春季（孟春、仲春、季春），2月4日——5月4日（立春——穀雨）爲木；夏季（孟夏、仲夏），5月5日——7月6日（立夏——夏至）爲火；長夏（季夏），7月7日——8月6日（小暑、大暑）爲土；秋季（孟秋、仲秋、季秋），8月7日——11月6日（立秋——霜降）爲金；冬季（孟冬、仲冬、季冬），11月7日——次年2月3日（立冬——大寒）爲水。

　　此外，此時關於土行與四季的搭配還出現了第二種說法——土旺四季說。該說提出土行旺於春夏秋冬四季換季的最後18天。漢武帝時，《淮南子·天文訓》記錄了另外一種以五行統攝四時的方法：「甲乙寅卯，木也。丙丁巳午，火也。戊己四季，土也。庚辛申酉，金也。壬癸亥子，水也。」〔註22〕這裡最重要的改變是「戊己四季，土也」。所謂四季，指春夏秋冬四季的最後一個月，即季春、季夏、季秋、季冬之月。《天文訓》將戊己土配於這四個月，故曰「戊己四季，土也」，這就是「土旺四季」說。與《淮南子·天文訓》同

〔註18〕（漢）董仲舒撰：《春秋繁露》卷10《五行對》，中華書局，1975年，第379、380頁。

〔註19〕惲鐵樵著：《群經見智錄》卷1《五行之研究》，福建科學技術出版社，2005年，第31頁。

〔註20〕《黃帝內經素問》卷3《六節藏象論》，第65頁。

〔註21〕《黃帝內經素問》卷7《藏氣法時論》，第142頁。

〔註22〕劉文典撰：《淮南鴻烈集解》卷3《天文訓》，中華書局，1989年，第124頁。

一時期的董子的《春秋繁露》也提到了土旺四季之說。《春秋繁露·五行之義》云：「土居中央，為（謂）之天潤。土者，天之股肱也，其德茂美，不可名以一時之事，故五行而四時者，土兼之也。金木水火雖各職，不因土，方不立，若酸鹹辛苦不因甘肥不能成味也。甘者，五味之本也；土者，五行之主也。五行之主土氣也，猶五味之有甘肥也，不得不成。是故聖人之行，莫貴於忠，土德之謂也。人官之大者，不名所職，相其是也；天關之大者，不名所生，土是矣。」〔註23〕在這段話中，董仲舒從土之德、性角度論述土「不可名以一時之事」，力主土旺四季之說。

　　漢人對土行與四季的這一調整，雖避免了「土旺季夏」時火土偏少、四季五等分時四季混亂，以及四行配四時五行不全等諸多不足，但是又矯枉過正，留下了土行過重的缺陷。後人為此又做了一些改進，只將四季月的後十八天來配土行。稍後的《黃帝內經》中，便引用了這種五行與四時的改良法則。《素問·太陰陽明論》：「帝曰：脾不主時何也？岐伯曰：脾者土也，治中央，常以四時長四髒，各十八日寄治，不得獨主於時也。」〔註24〕就是說脾不主時，脾主四時，既每季的最後18天。長夏雖由脾所主，但從時間來說卻又不盡合理，時間搭配不均勻。長夏是從夏季分出的一個月，夏季則是二個月，而春、秋、冬則各為三個月。這樣一來《內經》的作者，為了均衡這個時間，又云「脾不主時」，即在每季之末各勻出十八天由脾所主。18×4＝72天，3個月（90天）－18天＝72天。如此則五行所配時間皆係72天，且土行散佈四季，不用再五等分四時了。土旺四季的觀念的成立，基本上奠定了後世中醫及術數領域的天干五行與四季的搭配方式。〔註25〕

　　總之，由上文的陳列中可以發現，無論是先秦文獻還是西漢的《淮南子》、《春秋繁露》，都在試圖通過時令與五行的結合來說明陰陽與五行的關聯。也正是在這些人的不斷努力下，陰陽、五行與四時有了較為固定的搭配。這也為正五行的出現和應用奠定了基礎。

〔註23〕（漢）董仲舒撰：《春秋繁露》卷11《五行之義》，第392、393頁。

〔註24〕《黃帝內經素問》卷8《太陰陽明論》，人民衛生出版社，1963年，第180頁。

〔註25〕《五行大義·論生死所》援引《龜經》中的話：「土，木動為辰土，火動為未土，金動為戌土，水動為丑土。」又云：「甲乙寅卯為辰土，丙丁巳午為未土，庚辛申酉為戌土，壬癸亥子為丑土。凡五行之王，各七十二日。土居四季，季十八日，並七十二日，以明土有四方，生死不同。」很顯然，隋以前人們已將土行安排於四季的最後十八天。參見（隋）蕭吉撰《五行精紀》卷2《論相生》，第180頁。

（三）正五行在宋代以前術數中的應用

正五行的運用，並非只是在宋代命理術中。宋代以前，已經能夠找到多處以正五行推命的案例。由於年代久遠，語焉不詳，今天已很難判定古人究竟所用何術。在現存文獻中，筆者發現有關正五行推命的記載最早出現在東晉。《晉書‧戴洋傳》載：「王導遇病，召洋問之。洋曰：『君侯本命在申，金爲土使之主，而於申上石頭立冶，火光照天，此爲金火相爍，水火相煎，以故受害耳。』導即移居東府，病遂差。」〔註26〕與蕭吉、呂才等不同，戴洋在分析王導本命時沒有用納音五行丙申山下火，而代之以正五行申金，故有「君侯本命在申，金爲土使之主」之說。又，當時王導任丹陽太守，住在冶城。戴洋認爲該地以火冶金，危及王導本命，故致其病：「而於申上石頭立冶，火光照天，此爲金火相爍，水火相煎，以故受害耳。」

這種以正五行論本命的方法在唐代似乎非常普遍。《舊唐書‧禮儀志三》載：「玄宗乙酉歲生，以華嶽當本命。先天二年七月正位，八月癸丑，封華嶽神爲金天王。」〔註27〕若按六十甲子納音，乙酉爲井泉水。若按地支正五行所屬，酉爲金。唐玄宗以華嶽當本命，是因爲華嶽位於西方，西方爲金之所屬，這恰與他的地支五行所屬相合。是故先天二年（713），他封華嶽神爲金天王。天寶九年（750）禮部尚書崔翹請玄宗封禪西嶽，其理由也有「金方正位，合陛下本命之符」〔註28〕。這些，非以正五行論本命而何？又，唐姚汝能《安祿山事蹟》卷上曾記有天寶年間唐玄宗欲以金雞帳厭勝安祿山一事，頗爲有趣，亦具代表性，今錄於下：

> 玄宗嘗御勤政樓，於御座東間設一大金雞帳，前置一榻，坐之，卷去其簾，以示榮寵。每於樓下宴會，百僚在座，祿山或撥去御簾而出。肅宗諫曰：「自古正殿，無人臣坐之禮，陛下寵之太甚，必將驕也。」上呼太子前曰：「此胡骨狀怪異，欲以此厭勝之耳。」〔註29〕

安祿山生於癸卯年，卯爲木。前文提及，唐玄宗生於乙酉年，酉爲金。據四川大學劉長東教授考證，唐玄宗設金雞帳厭勝安祿山的理論，「或許有藉己之本命年地支酉或其肖獸雞所屬之『金』，去剋賊祿山本命地支卯之『木』，

〔註26〕 （唐）房玄齡等撰：《晉書》卷九五《戴洋傳》，第 2470 頁。

〔註27〕 （後晉）劉昫等撰：《舊唐書》卷 23《禮儀志三》，第 904 頁。

〔註28〕 （宋）王欽若等編：《冊府元龜》卷三六《封禪二》，中華書局，1960 年，第 405 頁。

〔註29〕 （唐）姚汝能撰：《安祿山事蹟》卷上，中華書局，2006 年，第 78 頁。

以消弭『漁陽鼙鼓』之用意在焉」〔註30〕。這裡，唐玄宗以本命申金剋安祿山本命卯木，其理論所依，仍是干支正五行。

二、眞五行

（一）何謂眞五行

關於眞五行的定義，《玉照定眞經》解釋爲：「正道歌用法，先看眞五行。甲己眞土，乙庚眞金，丙辛眞水，丁壬眞木，戊癸眞火，此眞五行。」〔註31〕原來，十天干中可以兩兩相合而化爲一種新的五行，這種經化合的五行就是眞五行。目前所見的命理文獻及專著中，尚未發現有專論眞五行者，這一方面是因爲眞五行推命只出現於宋代命理文獻，元以後它幾乎就不再出現在人們的視野中。再加上宋代命理文獻久湮故紙堆中，至今鮮有人發掘，故而明清以降數百年間命理專著鮮有提及者；另一方面，即便是在宋代命理文獻中，眞五行出現的頻率也是極低的，很難引起研究者的重視。抑或許多研究者以正五行視之，未將其作爲一種另類五行予以關注。

從根本上來講，眞五行脫胎於正五行之十天干，然而其五行屬性又與十天干不同。眞五行之合干表面上看是正五行，其實經干合之後，其五行屬性已發生變化，決不可再以正五行視之。由於眞五行的這一特殊性，本文認爲它是有別於正五行的一種五行，故將其專列一節，與正五行、納音五行並而論之。

古往今來，對眞五行生成的解讀者不乏其人，其中影響最大者首推王冰。中唐時期，王冰加入《黃帝內經》之「七篇大論」對眞五行之十干兩兩化合有過較爲詳盡的解釋。在《素問・天元紀大論》中，鬼臾區答黃帝道：「臣聞之，甲己之歲，土運統之；乙庚之歲，金運統之；丙辛之歲，水運統之；丁壬之歲，木運統之；戊癸之歲，火運統之。」〔註32〕關於十干爲何生出以上五行，《素問・五運行大論》是這樣解釋的：「臣覽太始天元冊文，丹天之氣，經於牛女戊分；黅天之氣，經於心尾己分；蒼天之氣，經於危室柳鬼；素天之氣，經於亢氐昂畢；玄天之氣，經於張翼婁胃；所謂戊己分者，奎壁角軫，

〔註30〕 劉長東：《本命信仰考》，《四川大學學報》（哲學社會科學版），2004 年第 1 期。

〔註31〕 《玉照定眞經》，文淵閣《四庫全書》第 809 冊，第 41 頁。

〔註32〕 《黃帝內經素問》卷 19《天元紀大論》，人民衛生出版社，1963 年，第 368、369 頁。

則天地之門戶也。」〔註33〕《五運行大論》從天文學角度爲我們解讀了十干紀運形成的原理。丹、黔、蒼、素、玄分別指紅、黃、青、白、黑五色之氣，即代表火、土、木、金、水五行之氣；牛、女、心、尾、危、室、柳、鬼等指布於黃道的二十八宿。上古時期，古人看見五色之氣在天空橫亙於二十八宿之上。其中丹天之氣貫於牛、女、奎、壁——即癸、戊之位，所以戊癸主火運；黔天之氣貫於心、尾、角、軫——即甲、己之位，所以甲己主土運；蒼天之氣貫於危、室、柳、鬼——即壬、丁之位，所以丁壬主木運；素天之氣貫於亢、氐、昴、畢——即乙、庚之位，所以乙庚主金運；玄天之氣貫於張、翼、婁、胃——即丙、辛之位，所以丙辛主水運。由此看來，眞五行之天干化五運是對天文現象的具體描述。古人通過天文觀察，在經天五氣的基礎上建立了十干化運的理論。其天干的組合和五運的搭配都是基於古代天文知識基礎之上的。後人依之製五氣經天圖以利後學。

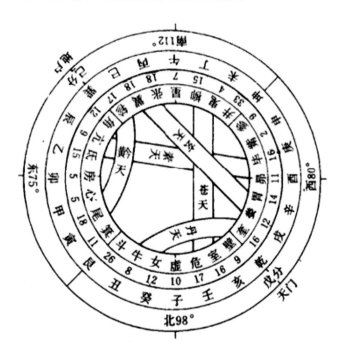

五氣經天化五運圖〔註34〕

〔註33〕《黃帝內經素問》卷19《五運行大論》，人民衛生出版社，1963年，第370、371頁。

〔註34〕此圖轉引自蘇穎主編《中醫運氣學》，中國中醫藥出版社，2009年，第35頁。

　　上述文獻所引用的《太始天元冊》，人們通常認爲起自上古三代，至少應是先秦時期的作品。王冰注曰：「天元冊，所以記天眞元氣營運之紀也。自神農之世，鬼臾區十世祖，始誦而行之，此太古占候靈文，洎乎伏羲之時南華，非新學之所易曉，觀其經注一律，以出一人之手，謂扁鵲爲黃帝時人，則其書不古；謂扁鵲爲秦越人，則傳中無太玄君之號。醫門仿託，率多類此。」〔註35〕後世學者往往因之認爲，源自《太始天元冊》的十干紀運理論至少在先秦時期就已經出現。不過，「七篇大論」本身的來源是否如王冰所說，一直受到後世學者的質疑。但不管怎樣，《五運行大論》的這段解釋，對後世還是產生了深刻的影響。後來者如劉完素、張介賓等歷代名醫莫不將王冰之說奉爲圭臬。至今，由蘇穎教授主編的普通高等教育「十一五」國家級規劃教材《中醫運氣學》仍採用此說：「天干化五運是古人在對天體運動變化進行長期觀察的基礎上總結出來的。」「說明十乾統運中的五氣經天理論是建立在天文知識基礎上的，並以天文背景爲客觀依據。古人以二十八星宿爲標識，運用干支劃分時空區域，來觀測天象，候察五氣，從而揭示五運六氣的運行規律。」〔註36〕

　　但是對於這一盛行千年的解釋，我們不禁產生疑惑：五氣貫穿於黃道二十八宿的現象，是否眞實可信？五氣與二十宿十方位的對接，是否恒久而準確無誤？若有一不符，那麼十干紀運的天文學依據便難以立足。筆者拙見，此恐是古代星象家自神其說，非十干紀運之眞相。十天干兩兩相合以及所化之五行絕非隨意而定，而是帶有強烈術數規律的。

（二）真五行的術數解讀

　　下面，我們就從術數角度，對眞五行之十干化運進行深入的探討。

1、夫妻之道、夫舅之說

　　首先，古人常以夫妻綱常之道解釋十干化合。「孔子曰：乾，陽也。坤，陰也。陰陽合德，五行之本。……干合者，己爲甲妻，故甲與己合；辛爲丙妻，故丙與辛合；癸爲戊妻，故癸與戊合；乙爲庚妻，故乙與庚合；丁爲壬妻，故壬與丁合。」〔註37〕十天干可以兩兩化合，是因爲其有陰陽剋制，陰陽剋制象天地，天地相合，有夫婦之道。舉例而言，若以甲爲夫，則其剋之

〔註35〕　《黃帝內經素問》卷19《五運行大論》，人民衛生出版社，1963年，第370、
　　　　　371頁。
〔註36〕　蘇穎主編：《中醫運氣學》，中國中醫藥出版社，2009年，第34、35頁。
〔註37〕　（隋）蕭吉撰：《五行大義》卷2《論合》，第192頁。

正財爲妻，此正財恰爲己。己爲甲妻，故甲與己合。同理，乙爲庚妻，故乙與庚合；辛爲丙妻，故丙與辛合；丁爲壬妻，故壬與丁合；癸爲戊妻，故癸與戊合。

夫妻之道論干合示意圖

這種以夫妻之道解釋干支之合的說法早在《五行大義》中就有記載。該書所載文獻，多取自東漢至南北朝之陰陽五行書籍。所以，眞五行之出現，至遲可以劃定在這一時期。

其次，古人又以夫舅關係來解釋十干化合。《五行大義》提到了同類天干有兄妹之關係，因兄懼怕剋己之官煞，故以其妹妻之以求自保：

> 《季氏陰陽說》曰：木八畏庚九，故以妹乙妻庚，庚氣在秋，和以木氣，是以薺麥當秋而生，所謂妻來之義。火七畏壬六，故以妹丁妻壬，壬得火熱氣，故款冬當冬而華。金九畏丙七，故以妹辛妻丙，丙得金氣，故首夏靡草薺麥死，故夏至之後，三庚爲伏，以畏火也。土五畏甲八，故以妹己妻甲，土帶陰陽，合以雌嫁木，故能生物也。水六畏土五，故以妹癸妻戊，五行相和，是其合也。〔註38〕

這裡所不同的是，在對甲乙等做了陰陽之分的同時，又對其冠以兄妹名分。在蕭吉所引用的《季氏陰陽說》裏，甲乙、丙丁、戊己、庚辛、壬癸均爲兄妹關係，因甲畏庚，丙畏壬，戊畏甲，庚畏丙，壬畏戊（後者均爲前者之七殺），故前者將其妹嫁與後者以求平安。後者與前者因此也就成了妹夫與大舅子的關係。

〔註38〕（隋）蕭吉撰：《五行大義》卷2《論合》，第193頁。

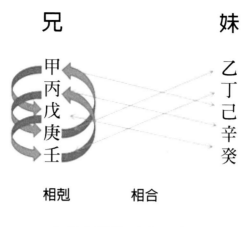

兄　　　　妹

甲　　　乙
丙　　　丁
戊　　　己
庚　　　辛
壬　　　癸

相剋　　　相合

夫舅之說論干合示意圖

　　無論是夫妻說還是夫舅說，至宋代，都能在《五行精紀》中找到相應的解釋：

　　　　十干者，五行之精紀，甲陽木，乙陰木也，位旺東方，以比者爲兄弟，則乙者甲之妹也。丙陽火，丁陰火也，位旺南方，丁者丙之妹也。戊陽土，己陰土也，位旺中央，己者戊之妹也。庚陽金，辛陰金也，位旺西方，辛者庚之妹也。壬陽水，癸陰水也，位旺北方，癸者壬之妹也。以我剋者爲妻財，庚金以乙木爲妻，故乙與庚合，壬以丁火爲妻，故丁與壬合，丙火以辛金爲妻，故丙與辛合，戊土以癸水爲妻，故戊與癸合，甲木以己土爲妻，故甲與己合。〔註39〕

　　由此可見，在古人的五行觀念中，十干化合不僅符合夫妻相合之道，更有夫舅之間婉轉的關係。這種倫理綱常的解讀方式，固然使人易於理解十干化合。然而，其說顯而易見具有一種世俗附會的痕跡。

　　2、河圖之解

　　爲了探究事物的眞相，拋去世俗附會，宋人又以河圖生成之數來解釋十干必隔六位一合的現象：

　　　　十干必隔六位一合，合也？希尹云：天地之數，各不過五，然上五位爲生數，下五位爲成數，生數與成數相遇然後合。天一生壬，地二生丁，天三生甲，地四生辛，天五生戊，地六成癸，天七成丙，地八成乙，天九成庚，地十成己，天一數，地見二數，然後合，所

〔註39〕（宋）廖中撰：《五行精紀》卷4《論干神二》，第24頁。

以必隔六也。故易曰：天數五，地數五，五位相得而各有合。〔註40〕

若為十干排序，則甲一，乙二，丙三，丁四，戊五，己六，庚七，辛八，壬九，癸十。甲、丙、戊、庚、壬五陽干，為天地之生數；乙、丁、己、辛、癸五陰干，為天地之成數。十干相合順序，恰為一六（甲己）、二七（乙庚）、三八（丙辛）、四六（丁壬）、五十（戊癸），隔六位一合（包括起止數）。同類五行的生成數恰均隔六位（包括起始數）。故十干之合，亦可視做天地生數成數的結合，暗合河圖之理。宋人是以河圖知識解釋了十天干必隔六位相合的原因。而河圖知識，本是建立在數學基礎之上，最早在《禮記·月令》中已經出現端倪。則從術數史的角度而言，真五行的出現，或有可能是早在先秦時期。

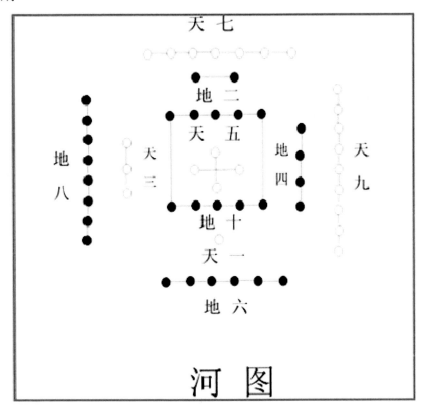

河 图

宋人的河圖說已然暗含十干紀運與數字間的緊密聯繫。但宋人的河圖之解並不完美，因為十干相合化出的新五行與河圖之數生成的五行並不相符。

〔註40〕（宋）廖中撰：《五行精紀》卷4《論干神二》，第24頁。

剛才提到，十干之合又分化出五行，甲與己合化成土，乙與庚合化成金，丙與辛合化成水，丁與壬合化成木，戊與癸合化成火。這些新生出的五行是如何得到的呢？如果說甲與己合化成土，乙與庚合化成金是因為合干之中有己土與庚金的話，那麼丙與辛合化成水，丁與壬合化成木，戊與癸合化成火又該如何解釋，要知道在這些合干之中並沒有同類之五行，究竟這些新生成的五行是如何確定的呢？宋人對此的回應是：「此五行循環相生也。甲與己既為夫婦，得土之氣矣，土生金，故乙庚次之，金生水，故丙辛次之，水生木，故丁壬次之，木生火，故戊癸次之，火復生土，故曰循環相生也。」〔註41〕簡言之，甲己化土之後，後面八干所化五行順次相生，依次便為金、水、木、火。如此，十干所化五行之規律便顯現出來：

甲1　己6 → 土
乙2　庚7 → 金
丙3　辛8 → 水　↓五行順次相生
丁4　壬9 → 木
戊5　癸10→ 火

　　陰陽五行知識的確定，不少是源於古代民間的術數知識。宋人以五行相生來解釋天干五合所化之五行的說法無疑是值得後人借鑒的。但是這裡面依然有一個問題尚未解決：真五行雖然順次相生，但起始的設立為何是土而不是其他五行？這顯然不是《五行精紀》所謂的「甲與己既為夫婦，得土之氣矣」。如果說甲己化土，乙庚化金是因為合干之中有己土與庚金的話，那麼丙辛化水，丁壬化木，戊癸化火又該如何解釋？要知道在這些合干之中並沒有同類之五行。

3、五虎遁說

　　深入挖掘這一規律的是元人陶宗儀。陶宗儀在《輟耕錄》卷20《化氣》一節中，提出了合干的生成是建立在由年干推月干的「五虎遁」歌訣知識基礎之上。十干所化五行乃由正月天干所生。陶氏所述，或亦承自宋人。本文姑且錄之於下：

　　　　甲己土，乙庚金，丁壬木，丙辛水，戊癸火，此十干化五行真
　　　氣也。其法取歲首月建之干，如甲己丙作首，丙屬火，火生土，故

化土。餘仿此。〔註42〕

所謂五虎遁，是古人在使用甲子紀年過程中，以年干確定月干的一種速查口訣。之所以叫它五虎遁，是因爲歲首正月全部以寅打頭來排列。寅爲虎，故稱之。通常，當確定了年干之後，命理術士們就可以依五虎遁之歌訣很快推出月柱的天干。該歌訣現於何時，還難下定論。筆者發現的最早的五虎遁歌訣出現於晚唐五代宋初之敦煌文獻 S.0612V。該文獻的後半部分講述了一些命理術的基礎知識，其中有「五子元例正建法」，就是年干推算月干的方法。〔註43〕由於該文獻起自民間祿命知識，故其歌訣的形成時間必然比文獻形成時間早出許多。宋代《五行精紀》中也錄有五虎遁歌訣：「甲己之年丙作首，乙庚之歲戊爲頭，丙辛庚位依次數，丁壬壬起順行流，戊癸更徙何處起，正月便向甲寅求。」〔註44〕依此歌訣，凡甲年和己年，其正月（寅月）天干爲丙，以後各月天干從丙後順排，依次爲二月丁卯，三月戊辰，四月己巳……十二月丁丑。這就是「甲己之年丙作首」的含義。其餘乙庚、丙辛、丁壬、戊癸各年亦可以此歌訣確定各月月干。

年干起月干表

月支 月干 年干	寅	卯	辰	巳	午	未	申	酉	戌	亥	子	丑
甲己	丙	丁	戊	己	庚	辛	壬	癸	甲	乙	丙	丁
乙庚	戊	己	庚	辛	壬	癸	甲	乙	丙	丁	戊	己
丙辛	庚	辛	壬	癸	甲	乙	丙	丁	戊	己	庚	辛
丁壬	壬	癸	甲	乙	丙	丁	戊	己	庚	辛	壬	癸
戊癸	甲	乙	丙	丁	戊	己	庚	辛	壬	癸	甲	乙

陶宗儀認爲十干所化五行眞氣，便是依五虎遁歌訣來定。其所化之五行，恰爲歲首月建之干——正月月干五行之所生。如甲己化合，依「甲己之年丙

〔註42〕（元）陶宗儀撰：《輟耕錄》卷20《化氣》，文津閣《四庫全書》第346冊，第293頁。

〔註43〕黃正建著：《敦煌占卜文書與唐五代占卜研究》，學苑出版社，2001年，第127、128頁。

〔註44〕（宋）廖中撰：《五行精紀》卷28《雜釋諸例》，第217頁。此歌訣在後世《淵海子平》、《三命通會》中均有轉引，爲後人研習命理術的基礎知識。

作首」，推算出甲己之年正月月干爲丙火。丙火所生之五行爲土。故二者所化五行爲土。此乃甲己化土之來由。其餘如乙庚化金、丙辛化火等天干化合皆仿此而定。陶氏之說，證明十干所化五行有著確切的依據，非隨意而定。

六十甲子表

1	2	3	4	5	6	7	8	9	10
甲子	乙丑	丙寅	丁卯	戊辰	己巳	庚午	辛未	壬申	癸酉
11	12	13	14	15	16	17	18	19	20
甲戌	乙亥	丙子	丁丑	戊寅	己卯	庚辰	辛巳	壬午	癸未
21	22	23	24	25	26	27	28	29	30
甲申	乙酉	丙戌	丁亥	戊子	己丑	庚寅	辛卯	壬辰	癸巳
31	32	33	34	35	36	37	38	39	40
甲午	乙未	丙申	丁酉	戊戌	己亥	庚子	辛丑	壬寅	癸卯
41	42	43	44	45	46	47	48	49	50
甲辰	乙巳	丙午	丁未	戊申	己酉	庚戌	辛亥	壬子	癸丑
51	52	53	54	55	56	57	58	59	60
甲寅	乙卯	丙辰	丁巳	戊午	己未	庚申	辛酉	壬戌	癸亥

五虎遁歌訣所總結的，其實就是六十甲子表中十天干與十二地支組合的規律。如上六十甲子表中，共有五寅，即丙寅、戊寅、庚寅、壬寅、甲寅。此即五虎遁所言的各年正月（寅月）干支。五寅之間各相差 12，其排列序號依次爲 3、15、27、39、51。從甲年開始，歷乙、丙、丁、戊，五年間，五寅組合按其排列序號依次在各年正月出現。己年至癸年，這一排列會在各年正月再重複一遍。因爲五年間，六十甲子月完成一輪迴。故甲己之年月建完全相同。其餘乙庚、丙辛、丁壬、戊癸之年亦如此。至於十干所化之五行，均與該午正月月干所生之五行同，可知其設定並非隨意。

真五行的化合規律，應是源自古人在總結六十甲子表紀時時，所發現的干支排列規律，而非「是古人在對天體運動變化進行長期觀察的基礎上總結出來的」〔註45〕。真五行本質上應是古代術數推演的結果。和其他數學原理的發現過程一樣，我們的前人很早就對這一現象有所發覺，並且做出詳細的解讀。但是由於一直未能予以正確的詮釋，以至於後世雜說紛出而失其所宗。

〔註45〕蘇穎主編：《中醫運氣學》，第34頁。

（三）真五行生成的條件

天干的相合自古以來就不是無條件的。只有在符合一定的條件限制的基礎上，天干五合才能順利合化，否則就不能合，或者只能合而不化。宋代的《神白經》就爲世人規定了天干化合五行成象的基本條件：

> 甲己化土，生在季月中，其土成象，……
>
> 乙庚爲金，生在申酉月中，其金成象。……
>
> 丙辛爲水，生在亥子月中，其水成象。……
>
> 丁壬爲木，生在寅卯月中，其木成象。……
>
> 戊癸爲火，生在巳午月中，其火成象。……〔註46〕

也就是說，若要天干五合均能成象，必須滿足所生月份的要求。甲己若要化土，必須生在季月，也就是辰、戌、丑、未（3、6、9、12）月方可；乙庚若要化金，必須生在申、酉（7、8）月方可；丙辛若要化水，必須生在亥、子（10、11）月方可；丁壬若要化木，必須生在寅、卯（正、2）月方可；戊癸若要化火，必須生在巳、午（4、5）月方可。以上這些月份，恰爲天干所化五行之臨官、帝旺之月。由此可見，人的命局中眞五行的生成條件還是相當苛刻的。無獨有偶，另一篇命理文獻《廣信集》對干合也給出了一些限制，而且這些限制更爲詳細：

> 甲己化土，非辰戌丑未月不化，其次十月亦化。四柱有甲己，其間有乙字者不化，名曰妒合，……
>
> 乙庚化金，非巳酉丑月不化，其次七月亦化，四柱有乙庚，其間帶丙字者不化，名曰妒合。……
>
> 丙辛化水，在申子辰月方化，其次十月亦化，四柱有丙辛，其間有丁字者不化，名曰妒合。……
>
> 丁壬化木，非亥卯未月不化，其次正月亦化，凡四柱有丁壬，其間有戊字者不化，名曰妒合。……
>
> 戊癸化火，非寅午戌月不化，其次四月亦化，凡四柱有戊癸，其間有己字者不化，名曰妒合。……〔註47〕

《廣信集》對天干五合給出的限制條件較之《神白經》更爲詳細具體，

〔註46〕 （宋）廖中撰：《五行精紀》卷4《論干神二》，第26、27頁。

〔註47〕 （宋）廖中撰：《五行精紀》卷4《論干神二》，第26頁。

在某些方面也略有差異。具體而言，干合限制的月份放寬不少，如甲己化土，在四季（3、6、9、12）月及亥（10）月均可實現；乙庚化金，在巳、酉、丑（4、8、12）月及申（7）月均可實現；丙辛化水，在申、子、辰（7、11、3）月及亥（10）月均可實現；丁壬化木，在亥、卯、未（10、2、6）月及寅（正）月均可實現；戊癸化火，在寅、午、戌（正、5、9）月及巳（4）月均可實現。以上這些化合月份，均爲所化五行之長生、帝旺、墓及臨官之位。前三者又恰組成所化五行之三合局（土例外，其所化之月爲土局，非三合局）。較之《神白經》，《廣信集》規定的化合之月多出了化合五行的長生、墓位之月。《廣信集》的這一規定，爲後來命理學界繼承下來。

但同時，《廣信集》對干合又做出了一些更爲嚴格的限制，即甲、乙、丙、丁、戊與其合干化合時，其間不得再見乙、丙、丁、戊、己等天干，即兩合干之間不得再見前者之同類異性之天干劫財。若見劫財，則劫財妒合，不能令合干合化。《廣信集》這項獨特的規定，未在其他宋代命理文獻中得見，今日之四柱命理亦未採用，可知此說在當時及後世均未產生廣泛影響。

宋人對眞五行的生成條件設置了種種障礙，但是在實際應用中，好多眞五行的出現並不受以上種種限制條件的制約。如以下這一段話，在論述剋身者到底爲官還是爲鬼時，年干和它干直接以眞五行視之，而並沒有考慮其干是否符合化合的條件：

> 丁於眞五行屬木，凡丁人見乙與庚爲鬼，若丁亥或丁卯丁未人見乙庚者，不爲鬼而爲官，若亥卯未全見三丁足者尤好，蓋亥卯土木之正位，而又得三丁木氣旺盛全，要眞金剋制之。又如丁巳丁酉丁丑人，丁眞木也，生居金之正位，木弱金強，而更見乙庚者不好，鬼旺故也，又如六丁皆眞木，而見乙酉，乙亥，乙眞金也，卻不爲鬼，而反爲官，蓋丁貴在酉亥故也，又若壬寅壬申見乙庚多者，皆不爲鬼而爲官，蓋取其與納音皆比和故也，辛未辛丑見甲巳，己巳己亥見丁壬，乙巳乙亥見戊癸，餘皆彷此。〔註48〕

以上這些命例中，年干直接以眞五行視之，而組成眞五行的兩個合干只出現其一，並且這些眞五行在生成時，也沒有什麼時間月份的限制。第一例中，只因爲年干丁於眞五行屬木，故不論其合干壬出現否，均視其爲木。其所關注的只是地支三合局的不同，而並不強調月支所代表的月份是否爲眞五

〔註48〕　（宋）廖中撰：《五行精紀》卷17《論官神》，第135頁。

行生成的月份。其餘如年干爲壬、辛、己、乙者，皆同。總之，在此處，眞五行的出現似乎是無條件的，而這無疑會給後人帶來深深地困惑：如果說眞五行的出現如此隨意，那麼，面對一個個命例時，究竟是以正五行來看，還是以眞五行來看？要知道，兩種五行的五行屬性是不會相同的，而在此基礎上推導出的命運必定迥異。很明顯，宋人對眞五行的應用還不是很嚴謹。或許宋人也意識到了這個問題，於是才會有上文《神白經》和《廣信集》列舉的種種干合的限定條件。

三、納音五行

（一）納音五行的產生及早期應用

宋代命理術中出現最多的五行載體除了干支爲基本單位的正五行外，還有就是以干支爲一體的納音五行了。什麼是納音五行呢？《考原》云：「蓋納音者，以干支分配於五行，而本音所生之五行，即爲其干支所納之音也。」〔註49〕張榮明指出，納音五行就是把六十甲子與五音十二律結合起來。〔註50〕陸致極認爲，納音五行是五行與五音的匹配。〔註51〕由此大體可以知曉納音五行就是建立在古代音律知識之上的，以干支爲基本單位的一種五行。

今人林碩將古之納音術發展時期分爲三代時期的萌芽期、戰國後期至西漢初年的形成期、西漢中後期的成熟期。〔註52〕納音五行最初建立在古代律呂知識的基礎之上。早在萌芽期，以五音十二律爲核心的早期納音逐漸開始與當時流行的術數推演相結合。人們依據「音」、「氣」之間的關係，已將納音用來推測吉凶禍福。早期納音五行仍屬於樂律學的附屬品，帶有濃重的衍生色彩，術數推演不完善。納音五行成熟於西漢後期。據《漢書·律曆志》所載，漢元帝曾派遣太子太傅前往樂府，向京房詢問「五聲之音，六律之數」。京房自述曾跟隨原小黃令焦延壽學習六十律相生法。焦延壽、京房師徒的六十律相生法，其實質就是納甲法的演繹。至此，納音五行徹底擺脫周代樂律學的禁錮，開始了自身的全新發展階段。本文所述之納音五行，即爲西漢京房之納甲說。

〔註49〕 （清）陳啓沅著：《理氣溯源》卷3《考原下》，《晚清四部叢刊》（第八編）第70冊，臺中：文聽閣圖書公司，2012年，第303頁。

〔註50〕 張榮明著：《方術與中國傳統文化》，學林出版社，2000年，第14頁。

〔註51〕 陸致極著：《中國命理學史論》，上海人民出版社，2008年，第121頁。

〔註52〕 林碩：《納音術形成時間考》，《中國道教》2017年第1期。

五音與五行很早就有結合，並出現在中醫運氣學之中。五音，即角、徵、宮商、羽五種清濁、高低、長短不同的音調。為了推求方便，古人將五音建於一年五運當中，並用五音代表五運。張介賓說：「五音者，五行之聲音也。土曰宮，金曰商，水曰羽，木曰角，火曰徵。《晉書》曰：角者，觸也，象諸陽氣觸動而生也，其化丁壬。徵者，止也，言物盛則止也，其化戊癸。商者，強也，言金性堅強也，其化乙庚。羽者，舒也，言陽氣將復，萬物將舒也，其化丙辛。宮者，中也，得中和之道，無往不畜。」〔註53〕五音性同五行，可以代表五運，用角代表初運木運，用徵代表二運火運，用宮代表三運土運，用商代表四運金運，用羽代表終運水運。根據五音的太少，推求主運五步的太過和不及。五音建運不僅適用於主運，也適用於客運。

律呂與地支的結合早在先秦時期也已經完成。古代的律呂分為六律和六呂。六律屬陽音階，可細分為黃鍾、太簇、姑洗、蕤賓、夷則、無射；六呂屬陰音階，可細分為大呂、夾鍾、仲呂、林鍾、南呂、應鍾。十二呂律是用來正五音的。十二地支中，子、丑、寅、卯、辰、巳分別代表黃鍾、大呂、太簇、夾鍾、姑洗、中呂六個屬陽的律呂。午、未、申、酉、戌、亥分別代表蕤賓、林鍾、夷則、南呂、無射、應鍾六個屬陰的律呂。納音五行之納音，便包含上述五行之納音與十二地支之納音。

今人的研究證實，納音五行的出現在秦漢之時就已有確鑿證據。近年來發現的睡虎地秦簡甲種《日書》與銀雀山漢墓之《天地八風五行客主五音之居》皆有六十甲子納音之說。〔註54〕而其理論詮釋，根據錢大昕的考證，最早出現在東晉時期葛洪的《抱朴子·內篇·仙藥》〔註55〕：

> 六十甲子納音所屬五行，沈存中《筆談》、陶九成《輟耕錄》皆著其說，然所引者，僅唐以後之書，又多傅會難信。予蓄疑有年，適讀《抱朴子》云：「按《玉策記》及《開名經》，皆以五音六屬知人年命之所在。子午屬庚，卯酉屬己，寅申屬戊，丑未屬辛，辰戌屬丙，巳亥屬丁。一言得之者，宮與土也。三言得之者，徵與火也。五言得

〔註53〕（明）張介賓著：《類經圖翼》卷2《五音建運圖解》，人民衛生出版社，1965年，第41頁。

〔註54〕張文智：《從出土文獻看京房「六十律」及「納甲」說之淵源》，《周易研究》2015年第5期。

〔註55〕（晉）葛洪著：《抱朴子內篇校釋》卷11《仙藥》，王明校釋，中華書局，1985年，第209頁。

之者，羽與水也。七言得之者，商與金也。九言得之者，角與木也。」

《玉策記》、《開名經》乃漢魏人所撰，始知納音果是古法。〔註56〕

　　納音五行應用於術數應該也出現於較早時期。依照劉樂賢的說法，納音五行最遲在戰國時代已經出現於術數推算中。〔註57〕隋朝時，蕭吉爲隋文帝及其皇后算命，所用即爲本命納音的方法。〔註58〕唐初呂才（605～665）在敘《祿命》一文中，也曾以本命納音的方法爲秦始皇算命：「又案《史記》，秦莊襄王四十八年，始皇帝生，宋忠注云：『因正月生，乃名政。』依檢襄王四十八年，歲在壬寅。……金命正月，生當絕下，爲人無始有終，老而彌吉。今檢《史記》，始皇乃是有始無終，老更彌凶。……」〔註59〕按六十甲子納音，壬寅爲金箔金，故呂才說秦始皇本命爲金命。又，武則天當政時，太史令尙獻甫曾因其本命納音在金，慮受熒惑之剋而生命不保：「長安二年，獻甫奏曰：『臣本命納音在金，今熒惑犯五諸侯、太史之位。熒，火也，能剋金，是臣將死之徵。』」因爲熒火可以剋金，尙獻甫故而認爲這與己不利。武則天認同了尙獻甫的憂慮，將其調爲水衡都尉，並寬慰道：「水能生金，今又去太史之位，卿無憂矣。」〔註60〕可見，以本命之納音五行作爲推命的依據由來已久。形成於中唐的李虛中術以納音五行的生剋關係作爲爲人推命的重要準則，並非其獨創之法，而是承自前人。

　　至宋代，納音五行在命理術中的應用已成爲推命的主流。雖然在《五行精紀》中還可見到不少正五行以及眞五行推命的痕跡，但是納音五行在宋代命理術中的應用還是佔據絕對優勢的。有關納音五行在宋代命理術中的應用實例，將在以後的講解中逐漸提到，此處暫不贅述。

（二）納甲學說

　　納音五行本原形態只有兩個組成要素，一是干支，二是五行。從表面上看並沒有什麼音律的納入。但是事實上，納音五行的生成，正是按照五行與

〔註56〕　（清）錢大昕撰：《潛研堂集》卷三《納音説》，上海古籍出版社，2009 年。

〔註57〕　劉樂賢：《五行三合局與納音説——讀饒宗頤先生〈秦簡中的五行説與納音説〉》，《江漢考古》1992 年第 1 期。

〔註58〕　（唐）魏徵等撰：《隋書》卷七八《蕭吉傳》，中華書局，1973 年。

〔註59〕　（後晉）劉昫等撰：《舊唐書》卷七九《呂才傳》，中華書局，1975 年。

〔註60〕　（後晉）劉昫等撰：《舊唐書》卷一九一《尚獻甫傳》。但武則天言水能生金，有違常理。按五行相生説，水生木而土生金。水何能生金，令人不解。此處或爲誤載，或待詳考。

五音的對照，以及六十律旋相爲宮法。其中，五行將五音的納入，是在京房納甲說的基礎上實現的。清代錢大昕便認爲納音五行源於納甲。錢氏的這一觀點，對後人影響頗深。〔註61〕其實，錢大昕的這一觀點並非新說。東晉時葛洪就已經在《抱朴子・內篇・仙藥》中將五音與納音數、納甲法一一對應，從而可以看出納音五行與納甲法之間密切的關聯。〔註62〕

　　講到這裡，有必要先詳述一下西漢京房的納甲學說。因爲納音五行源於納甲學說，而後講到的納音數亦是從納甲學說中確立而來。

　　納甲法的顯著特點，即以卦納干而爻納支。京房納甲法的本質是將西漢時發展起來的陰陽五行說與易卦系統聯繫起來。後人依照《京氏易傳》的內容，而總結出一套八卦納干及八卦各爻納支的系統。現將八卦納甲情況詳解如下。〔註63〕

　　首先來看《京氏易傳》是如何將十天干分爲陰陽的。京房將十天干的陰陽與八卦的陰陽相配，而八卦的陰陽可由《周易・說卦傳》得出：「乾，天也，故稱乎父；坤，地也，故稱乎母；震一索而得男，故謂之長男；巽一索而得女，故謂之長女；坎再索而得男，故謂之中男；離再索而得女，故謂之中女；艮三索而得男，故謂之少男；兌三索而得女，故謂之少女。」〔註64〕是以知八卦之中，乾震坎艮四卦爲陽，坤巽離兌四卦爲陰。由此，得到乾震坎艮四陽卦與坤巽離兌四陰卦。天干之陰陽，由京氏「一三五七九，陽之數；二四六八十，陰之數」之說法可以判明，甲、丙、戊、庚、壬爲陽干，乙、丁、己、辛、癸爲陰干。《京氏易傳》卷下於十干八卦相配規定到：「分天地乾坤之象，益之以甲乙壬癸，震巽之象配庚辛，坎離之象配戊己，艮兌之象配丙丁。」吳陸績注曰：「乾坤二分天地陰陽之本，故分甲乙壬癸，陰陽之始終。……庚陽入震，辛陰入巽。……戊陽入坎，己陰入離。……丙陽入艮，丁陰入兌。」〔註65〕是以知乾卦納甲壬、坤卦納乙癸、震卦納庚、巽卦納辛、坎卦納戊、離卦納己、艮卦納丙、兌卦納丁。於是十干與八卦的對應關係便確定下來。

〔註61〕張濤：《錢大昕的易學成就》，載《易學與儒學國際學術研討會論文》，2005年，第166～173頁。
〔註62〕（晉）葛洪著：《抱朴子內篇校釋》卷11《仙藥》，第209頁。
〔註63〕以下參照盧央著《京氏易傳解讀》，九州出版社，2004年，第113～119頁。
〔註64〕黃壽祺、張善文撰：《周易譯注》卷10《說卦傳》，上海古籍出版社，2004年，第584頁。
〔註65〕盧央著：《京氏易傳解讀》，九州出版社，2004年，第519頁。

乾（父）→艮（少男）→坎（中男）→震（長男）

甲、壬　→　丙　→　戊　→　庚

坤（母）→兌（少女）→離（中女）→巽（長女）

乙、癸　→　丁　→　己　→　辛

八卦納干次序圖

　　京房對十干納入八卦系統的排列方式有他自己的想法，他將十天干分為陰陽，居於奇數位的甲丙戊庚壬為陽干，居於偶數位的乙丁己辛癸為陰干。隨後，他將陰干、陽干與八卦的陰陽相匹配。八卦以陰陽而納十干，首先是乾坤二卦的納干，干納甲壬而坤納乙癸。其納甲原因如蕭吉所言：「甲是陽干之始，乾下三爻取之；壬是陽干之末，乾上三爻取之；乙是陰干之始，坤下三爻取之；癸是陰干之末，坤上三爻取之。」至於其餘六卦所納天干之原則亦按蕭吉所言，以陽干順排分別納丙、戊、庚於少男艮卦、中男坎卦、長男震卦；以陰干順排分別納丁、己、辛於少女兌卦、中女離卦、長女巽卦：「餘有六干，陽付其男，陰付其女，甲乙之後，次於丙丁，故以丙付少男艮，以丁付少女兌；丙丁之後，次於戊己，故以戊付中男坎，以己付中女離；戊己之後，次於庚辛，故以庚付長男震，以辛付長女巽。所以從少而付老，自小及大，從微至著故也。」

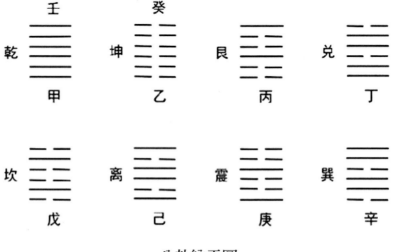

八卦納干圖

京房對卦爻納支的思考更爲縝密。《京氏易傳》卷下云：「初爲陽，二爲陰，三爲陽，四爲陰，五爲陽，六爲陰。一三五七九陽之數，二四六八十陰之數。陰從午，陽從子，子午分行。子左行，午右行，左右凶吉。吉凶之道，子午分時。」〔註66〕這段話至少包含以下幾個重要信息：一是京房將十二支分爲陰陽。由陰陽之數可知，子寅辰午申戌爲陽支，丑卯巳未酉亥爲陰支。陽支配陽卦，陰支配陰卦；二是確定了陽支與陰支的起點。由「陰從午，陽從子」可以推出陽支以子爲首，而陰支表面上以午爲首，實質上因爲午亦爲陽支，故京氏是以未爲陰支之首；三是確定了陰支與陽支的運行順序。「陰從午，陽從子，子午分行。子左行，午右行，左右凶吉。」《京氏易傳》中，陽支與陰支在六爻中的運行順序是相反的。陽支順行，自子始，依次是寅辰午申戌；陰支逆行，自未始，依次是巳卯丑亥酉。

陽支：子①→ 寅②→ 辰③→ 午④→ 申⑤→ 戌⑥
陰支：丑④← 卯③← 巳②← 未①← 酉⑥← 亥⑤

八卦納支次序圖

地支納入八卦則又是一項縝密的程式。首先，乾震坎艮四陽卦所納地支皆爲陽支，順行排列；坤巽離兌四陰卦所納地支皆爲陰支，逆行排列。這就是所謂的陽卦配陽支，陰卦配陰支；其次，乾震二卦納支情況相同，皆以子爲初爻，由下到上，順排六陽支。這是因爲《周易·說卦傳》謂乾爲父而震爲長男，長男承襲其父，故納支相同；再次，乾、震二卦以子爲初爻，坎卦以寅爲初爻，艮卦以辰爲初爻。六陽支順行排列。京房之所以這樣安排，是因爲「坎再索而得男。故謂之中男」，「艮三索而得男，故謂之少男」。京房按照長幼之序，安排四陽卦之納支順序。乾爲父，震長男，坎中男，艮少男，故乾震以子爲首，坎以寅爲首，艮以辰爲首。六陽支與四陽卦之卦爻即是如此對應起來的；最後，再來看一下六陰支與四陰卦。坤卦以未爲初爻，離卦以卯爲初爻，巽卦以丑爲初爻，兌卦以巳爲初爻。六陰支逆行排列。京氏八卦分四陽卦和四陰卦。陽卦納陽支而自初爻順行排列，即子寅辰午申戌；陰卦納陰支而自初爻逆行排列，即丑亥酉未巳卯。通過卦納乾和爻納支，《京氏

〔註66〕盧央著：《京氏易傳解讀》，九州出版社，2004年，第520頁。

易傳》解決了天干地支與八卦的結合問題。至此，一幅完整的八卦納甲圖呈現於人們面前。

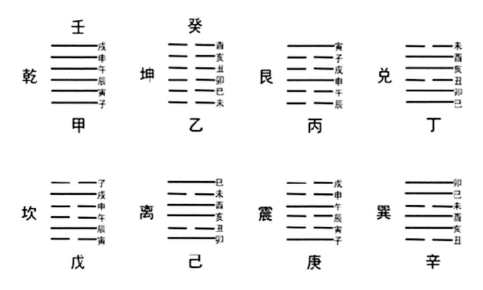

八卦納甲圖

參照八卦納甲圖，又可以將八卦所納干支情況歸納於下表：

八卦納干支表

	八卦 爻位	乾 ☰	坎 ☵	艮 ☶	震 ☳	巽 ☴	離 ☲	坤 ☷	兌 ☱
外卦	六爻	壬戌	戊子	丙寅	庚戌	辛卯	己巳	癸酉	丁未
	五爻	壬申	戊戌	丙子	庚申	辛巳	己未	癸亥	丁酉
	四爻	壬午	戊申	丙戌	庚午	辛未	己酉	癸丑	丁亥
內卦	三爻	甲辰	戊午	丙申	庚辰	辛酉	己亥	乙卯	丁丑
	二爻	甲寅	戊辰	丙午	庚寅	辛亥	己丑	乙巳	丁卯
	一爻	甲子	戊寅	丙辰	庚子	辛丑	己卯	乙未	丁巳

（三）納音數與納音五行的確立

在五行與五音聯繫的過程中，納音數起到至關重要的作用。也正是因為有了納音數，人們才可以據此推出一個納音干支的五行所屬。什麼是納音數呢？簡單說來，即是基於納甲法的五音與五行所依據之數。東晉葛洪在《抱

朴子・內篇・仙藥》中最早記錄了納音數與五音、五行的對應關係：

> 子午屬庚，卯酉屬己，寅申屬戊，丑未屬辛，辰戌屬丙，巳亥
> 屬丁。一言得之者，宮與土也。三言得之者，徵與火也。五言得之
> 者，羽與水也。七言得之者，商與金也。九言得之者，角與木也。……
> 一言宮。庚子庚午，辛未辛丑，丙辰丙戌，丁亥丁巳，戊寅戊申，
> 己卯己酉。三言徵。甲辰甲戌，乙亥乙巳，丙寅丙申，丁酉丁卯，
> 戊午戊子，己未己丑。五言羽。甲寅甲申，乙卯乙酉，丙子丙午，
> 丁未丁丑，壬辰壬戌，癸巳癸亥。七言商。甲子甲午，乙丑乙未，
> 庚辰庚戌，辛巳辛亥，壬申壬寅，癸卯癸酉。九言角。戊辰戊戌，
> 己巳己亥，庚寅庚申，辛卯辛酉，壬午壬子，癸丑癸未。〔註67〕

這裡提到的一、三、五、七、九就是納音數。按照此處說法，納音數一
對應的是五音之宮與五行之土；納音數三對應的是五音之徵與五行之火；納
音數五對應的是五音之羽與五行之木；納音數七對應的是五音之商與五行之
金；納音數九對應的是五音之角與五行之木。將上述文字轉換成表格，可以
得到如下的六十甲子納音表：

《抱朴子》六十甲子納音表

納音數	一		三		五		七		九	
五音	宮		徵		羽		商		角	
五行	土		火		水		金		木	
干支組合	庚子	庚午	甲辰	甲戌	甲寅	甲申	甲子	甲午	戊辰	戊戌
	辛未	辛丑	乙亥	乙巳	乙卯	乙酉	乙丑	乙未	己巳	己亥
	丙辰	丙戌	丙寅	丙申	丙子	丙午	庚辰	庚戌	庚寅	庚申
	丁亥	丁巳	丁酉	丁卯	丁未	丁丑	辛巳	辛亥	辛卯	辛酉
	戊寅	戊申	戊午	戊子	壬辰	壬戌	壬申	壬寅	壬午	壬子
	己卯	己酉	己未	己丑	癸巳	癸亥	癸卯	癸酉	癸丑	癸未

這樣，納音數與五音、五行、六十甲子皆一一對應起來了，而且這恐怕
也是今天能見到的最早的六十甲子納音表了。對照宋代《五行精紀》開篇錄
入的六十甲子納音表，該表除了缺少納音五行的喻象及排列次序不同外，其

〔註67〕　（晉）葛洪著：《抱朴子內篇校釋》卷11《仙藥》，第209頁。

餘基本上已一模一樣了。由此可以得到一條重要結論：至遲形成於晉代的納音五行此後一直被沿承，雖被後世不斷增刪，但其制定原則卻未發生改變。

不過，瞭解了納音數與五行、五音的對應關係後，人們不禁有一個疑問：這種納音數的設立究竟有何憑依呢，它又與納甲學說有何關聯？《抱朴子·內篇·仙藥》此處的內容過於晦澀難懂，加之當時的人們對於納音五行或許太過熟悉，葛洪在此處並沒有細緻講解納音數及其對納音五行干支組成的作用。這也往往令後世初學者對此段講解不知所云。惜前賢述之疏略，後人鄙陋難明，以致後世對此問題仍舊語焉不詳。

如隋代蕭吉，也對納音數的設立有過一些解釋，卻謬以萬里：

> 《樂緯》云：「孔子曰：『吹律定姓，一言得土曰宮，三言得火曰徵，五言得水曰羽，七言得金曰商，九言得木曰角。』」此並是陽數。凡五行有生數、壯數、老數三種，木，生數三，壯數八，老數九；火，生數二，壯數七，老數三；土，生數五，壯數十，老數一；金，生數四，壯數九，老數七；水，生數一，壯數六，老數五。管輅云：「土老數一者，土為萬物之主，一切歸之，所以一也。三才交而人理具，火之為德，取三才之義，故老數三。水，上應五星，下同五藏，故水老數五。金配七曜，故金老數七。木，在天為九星，在地為九州，在人為九竅，故木老數九。先生數，次壯數，後老數。納音論其本命，故以終數言之。」

按照《樂緯》的說法，早在孔子的時代，納音數就已確定下來。此說是真是假，暫不去論證。接下來，《五行大義》云五行皆有生數、壯數、老數，其中生、壯之數為河圖之數，老數即納音數。而管輅又解釋了五行老數制定之由。這就是蕭吉對納音數的第一種由來解釋。不過，蕭吉本人對這種解釋似乎也並不太滿意，他接下來又說：

> 此釋猶為未盡。夫萬物皆稟五常之氣，化合而生，物生之後，必至成壯，成壯之後，必有衰老。故有三種義。為人之道，自壯及老，莫不本乎禮義，而以立身，然存禮義者，靡不有初，鮮剋有終。今既論納音人之所屬，非人莫能行其禮義，故以終老之數，禮義明之。一言得土者，土以含弘德厚，位高為君，君為民主，主則無二，唱始之言，故數一也。三言得火者，火既主禮，孝敬為先，不敢棄所生之德，故其數三，從木數也。水居陰位，人臣之道，土能制水，

如君制臣，縱之則行，壅之則止，水不自專，故從土數五也。金既
主義，義是夫妻之道，妻無自專，有從夫之義，火爲金夫，故用火
數七也。木主仁孝，金能剋木，宗廟之象。《式經》云：「金爲骸骨，
木爲棺槨。」此明金木爲鬼神之事以敬事。故木從金數，故數九也。
一示君德，二順父母，三表臣節，四敬從夫，五事鬼神，此則禮義
備而人事畢矣，故納音數用之。

　　蕭吉又說要以禮義明終老之數（也即納音之數）。土納音數爲一，是因爲
其「含弘德厚，位高爲君，君爲民主，主則無二，唱始之言，故數一也」；火
納音數爲三，是因爲「火既主禮，孝敬爲先，不敢棄所生之德」。生火者木也，
查木生數爲三，故火納音數爲三；「水居陰位，人臣之道，土能制水，如君制
臣」，水從土生數五，故納音數爲五；金主義，義是夫妻之道，而金從火爲妻，
故其納音數從火壯數七；「木主仁孝，金能剋木，宗廟之象」，故木從金壯數
九，其納音數爲九。以上納音數所據，除了土以外，皆是由五行所生、所剋
而得。但是依然可以發現這裡面的一個問題，就是爲什麼有的五行從所生、
所剋五行之生數，有的五行卻從所生、所剋五行之壯數？蕭吉沒有對這一問
題進行進一步闡述。竊以爲蕭吉以禮義明納音之數的解釋帶有明顯的牽強附
會和先入爲主。

　　還好蕭吉同時又以西漢京房的八卦納甲法爲依託，爲世人解讀了納音五
行源於納甲法的術數原理，重申了納音數和納音五行之間的關聯：

　　　　納音者，子午屬庚，震卦所值日辰也；丑未屬辛，巽卦所值日
　　　辰也；寅申屬戊，坎卦所值日辰也；卯酉屬己，離卦所值日辰也；
　　　辰戌屬丙，艮卦所值日辰也；巳亥屬丁，兌卦所值日辰也。一言得
　　　土者，本命庚子，子屬於庚，數之，一言便以得之是也；三言得火
　　　者，本命丙寅，寅屬於戊，從丙數至戊，凡三是也；五言得水者，
　　　本命壬戌，戌屬於丙，從壬數至丙，凡五是也；七言得金者，本命
　　　壬申，申屬於戊，從壬數至戊，凡七是也；九言得木者，本命己巳，
　　　巳屬於丁，從己數至丁，凡九是也。六十甲子，例皆如是。〔註68〕

　　　　所以子午屬庚之例者，乾爲父，坤爲母，共有六子，故曰，乾
　　　將三男震坎艮，坤將三女巽離兌。陰陽相生，故就乾索女，就坤索

男。所以乾一索而得巽，曰長女；再索而得離，曰中女；三索而得
兌，曰少女。坤一索而得離，曰長男；再索而得坎，曰中男；三索
而得艮，曰少男。甲是陽干之始，乾下三爻取之；壬是陽干之末，
乾上三爻取之；乙是陰干之始，坤下三爻取之；癸是陰干之末，坤
上三爻取之。餘有六干，陽付其男，陰付其女，甲乙之後，次於丙
丁，故以丙付少男艮，以丁付少女兌；丙丁之後，次於戊己，故以
戊付中男坎，以己付中女離；戊己之後，次於庚辛，故以庚付長男
震，以辛付長女巽。所以從少而付老，自小及大，從微至著故也。
付干既訖，次付其支。震爲長子，故其卦，初九得乾之子，九四得
乾之午。震干庚，故子午屬庚。巽爲長女，子後次丑，故其卦，初
六得坤之丑，午後次未，六四得坤之未。巽干辛，故丑未屬辛。坎
爲中男，丑後次寅，其卦，初六得乾之寅，未後次申，六四得乾之
申。坎干戊，故寅申屬戊。離爲中女，寅後次卯，故其卦，初九得
坤之卯，申後次酉，九四得坤之酉。離干己，故卯酉屬己。艮爲少
男，卯後次辰，故其卦，初六得乾之辰，酉後次戌，六四得乾之戌。
艮干丙，故辰戌屬丙。兌爲少女，辰後次巳，故其卦，初九得坤之
巳，戌後次亥，九四得坤之亥。兌干丁，故巳亥屬丁。六子取干，
則乾坤之餘；取支，並從乾坤而得。陽取於乾，陰取於坤，皆受於
父母。故六子並主十二辰，人之納音，皆所繼焉。甲乙壬癸不爲納
音者，以屬乾坤故也。〔註69〕

　　從蕭吉所舉的例子中，可以發現這些干支與納音數之間的微妙的關係。
「一言得土者，本命庚子，子屬於庚，數之，一言便以得之是也」。這是說，
子午屬庚，所以庚子的地支子屬於庚。庚子的納音五行爲土，其納音數爲一。
這個納音數就是庚子的天干庚按照十天干順數至地支子所屬的庚所得的。不
過，需要注意的是，這種順數是包括起始天干在內的。庚數至庚，就是一。
所以，庚子的納音數是一，納音五行是土。

　　「三言得火者，本命丙寅，寅屬於戊，從丙數至戊，凡三是也」。丙寅地
支寅屬戊，天干丙順數至戊，歷丙、丁、戊三者，故丙寅納音數爲三，其納
音五行爲火。

　　「五言得水者，本命壬戌，戌屬於丙，從壬數至丙，凡五是也」。壬戌地

〔註69〕　（隋）蕭吉撰：《五行大義》卷1《明數》，第165、166頁。

支屬丙，天干壬順數至丙，歷壬、癸、甲、乙、丙，故壬戌納音數爲五，其納音五行爲水。

「七言得金者，本命壬申，申屬於戊，從壬數至戊，凡七是也」。壬申地支屬戊，天干壬順數至戊，歷壬、癸、甲、乙、丙、丁、戊，故壬申納音數爲七，其納音五行爲金。

「九言得木者，本命己巳，巳屬於丁，從己數至丁，凡九是也」。己巳地支屬丁，天干己順數至丁，歷己、庚、辛、壬、癸、甲、乙、丙、丁，故己巳納音數爲九，其納音五行爲木。

結合六卦的納干與納支，可以得出納音數的計算方法：凡地支爲子午的天干，按十干順序順數至庚；凡地支爲丑未的天干順數至辛；凡地支爲寅申的天干順數至戊；凡地支爲卯酉的天干順數至己；凡地支爲辰戌的天干順數至丙；凡地支爲巳亥的天干順數至丁。若含支之天干次序在順數天干之後，則數至辛之後從甲再數，直至數到爲止，然後看兩干相隔的數字（包括起始天干）。這就是納音數的計算方法。最後，依照納音數與納音五行的對照關係，就可以很快確定出一組組干支的納音五行屬性。由此可知，納音數的設定並非隨機，而是建立在縝密的計算結果之上。

納音數與干支對應關係表

地支 天干 納音數	子午	丑未	寅申	卯酉	辰戌	巳亥
一	庚	辛	戊	己	丙	丁
三	戊	己	丙	丁	甲	乙
五	丙	丁	甲	乙	壬	癸
七	甲	乙	壬	癸	庚	辛
九	壬	癸	庚	辛	戊	己

不過，蕭吉在這裡並沒有解釋何爲「子午屬庚」、「丑未屬辛」、「寅申屬戊」、「卯酉屬己」、「辰戌屬丙」、「巳亥屬丁」。直到清代，錢大昕對納音數與納甲學說又進行了重新的解讀，並詳細考證納音五行脫胎於納甲的原理：

> 蓋納音之原，實出於納甲。納甲者，以十干配八卦，乾納甲壬，坤納乙癸，震長男而納庚，巽長女而納辛，坎中男而納戊，離中女

而納己，艮少男而納丙，兌少女而納丁。又以十二支配八卦，乾納甲子壬午，坤納乙未癸丑，震納庚子午，巽納辛丑未，坎納戊寅申，離納己卯酉，艮納丙辰戌，兌納丁巳亥。……納音者又以六十甲子配五音，三元運轉，還相爲宮，而實以震、巽、坎、離、艮、兌六子所納之干支爲本。五音始於宮。宮者，土音也，庚子庚午，辛丑辛未，戊寅戊申，己卯己酉，丙辰丙戌，丁巳丁亥，乃六子所納之干支，故爲五聲之元，於行屬土，於音屬宮，所謂一言得之者也。戊子戊午，己丑己未，丙寅丙申，丁卯丁酉，甲辰甲戌，乙巳乙亥，於行屬火，於音屬徵。戊至庚，己至辛，丙至戊，丁至己，甲至丙，乙至丁，相隔各三位，故曰三言得之也。丙子丙午，丁丑丁未，甲寅甲申，乙卯乙酉，壬辰壬戌，癸巳癸亥，於行屬水，於音屬羽。丙至庚，丁至辛，甲至戊，乙至巳，壬至丙，癸至丁，相隔各五位，故曰五言得之也。甲子甲午，乙丑乙未，壬寅壬申，癸卯癸酉，庚辰庚戌，辛巳辛亥，於行屬金，於音屬商。甲至庚，乙至辛，壬至戊，癸至巳，庚至丙，辛至丁，相隔各七位，故曰七言得之也。壬子壬午，癸丑癸未，庚寅庚申，辛卯辛酉，戊辰戊戌，己巳己亥，於行屬木，於音屬角。壬至庚，癸至辛，庚至戊，辛至巳，戊至丙，巳至丁，相隔各九位，故曰九言得之也。土之音至徵，火水則稍有音矣，金木則音漸著矣。土一，火二，水三，金四，木五，此五音由微而著之序也。數始於一，言一言者宮也，土音也，乃以爲音母，隔八位而復得本母，三八二十有四而嬗於金，以商爲母。金嬗於火，以徵爲母。火嬗於水，以羽爲母。水嬗於木，以角爲母。其相生遞轉之序，皆與宮音同。凡六十甲子再終百有二十而復於始，還相爲宮，循環無端，要皆本於納甲。而用六子不用乾坤，猶之八卦方位以震兌坎離居四正，而乾坤退居無事之地也。〔註70〕

按照京氏納甲法的規定，乾納甲子壬午，坤納乙未癸丑，震納庚子午，巽納辛丑未，坎納戊寅申，離納己卯酉，艮納丙辰戌，兌納丁巳亥。除去乾坤二卦不計，其與六卦分別爲：震卦子午對應庚、巽卦丑未對應辛、坎卦寅申對應戊、離卦卯酉對應己、艮卦辰戌對應丙、兌卦巳亥對應丁（詳見八卦

〔註70〕 （清）錢大昕撰：《潛研堂集》卷3《納音說》，呂友仁校點，上海古籍出版社，2009 年，第 47～49 頁。

納甲圖、八卦納干支表）。由此可知所謂的「子午屬庚」、「丑未屬辛」、「寅申屬戊」、「卯酉屬己」、「辰戌屬丙」、「巳亥屬丁」的含義。

錢氏在借鑒了納甲法規定的庚子庚午，辛丑辛未，戊寅戊申，己卯己酉，丙辰丙戌，丁巳丁亥這十二個干支納音五行爲五聲之源，於行屬土，於音屬宮之後，緊接著又確定了戊子戊午，己丑己未，丙寅丙申，丁卯丁酉，甲辰甲戌，乙巳乙亥這十二個干支納音五行於行屬火，於音屬徵。而對比兩組納音五行，錢大昕明確指出第二組的納音五行與第一組的納音五行在地支相同的情況下，天干相隔各三位，即戊至庚，己至辛，丙至戊，丁至己，甲至丙，乙至丁，皆相隔三位。這便是第二組納音五行之納音數爲三的來歷。接下來，再依此觀察爲水、爲金、爲木的三組納音五行，與第一組納音五行相對照，凡地支相同者，其天干相隔分別爲五、七、九位，這也就是水、金、木三種五行納音數分別爲五、七、九的原因。

除去乾坤二卦，其餘六卦之內、外卦首爻的納支情況已經明確：震納子午、巽納丑未、坎納寅申、離納卯酉、艮納辰戌、兌納巳亥。再看此六卦的納干情況：震納庚、巽納辛、坎納戊、離納己、艮納丙、兌納丁。結合六卦的納干與納支，可以得出這樣的結論：震卦子午對應庚、巽卦丑未對應辛、坎卦寅申對應戊、離卦卯酉對應己、艮卦辰戌對應丙、兌卦巳亥對應丁。這也就是葛洪在《抱朴子・內篇・仙藥》中所講到的「子午屬庚」、「丑未屬辛」、「寅申屬戊」、「卯酉屬己」、「辰戌屬丙」、「巳亥屬丁」。納音五行制定的原則即是以此爲基礎。

舉例而言，對於干支甲子來說，子屬庚，從甲數至庚，歷七個天干（包括起始天干），七屬商音，五行屬金，所以甲子納音五行爲金；又比如干支丙申，申屬戊，從丙數至戊，歷三個天干，三屬徵音，五行屬火，所以丙申納音五行爲火。用這種方法推算下去，從甲子至癸亥，六十甲子無不符合「《抱朴子》六十甲子納音表」所列干支與納音五行、納音數等匹配。

至此，關於納音數的作用以及納甲法與納音五行之間的聯繫終於貫穿起來。這也證明了清代錢大昕所論的納音五行始於納甲法之說的正確性。錢大昕從理論的高度解釋了納音五行與五音所對應的納音數的確定原則，使後人能夠更好地理解納音五行的制定原則。

宋代，人們對於納音數和納音五行源於納甲法的解釋更爲通俗易懂。宋代命理文獻的代表性著作《五行精紀》開篇便是對納音數與納音五行的制定

原則的詳細描述：

> 《六微指論》云：天氣始於甲，地氣始於子，子甲相合，命曰
> 歲。以十干配十二支，周而復始，則六甲成矣。凡欲知納音者，謂
> 子午數至庚，丑未數至辛，寅申數至戊，卯酉數至己，辰戌數至丙，
> 巳亥數至丁，得七者，西方素皇之氣，納音屬金也；得三者，南方
> 丹天之氣，納音屬火也；得九者，東方陽九之氣，納音屬木也；得
> 一者，中央總統之氣，納音屬土也；得五者，北方玄極之氣，納音
> 屬水也。故頌曰：「七金三是火，九木一中央。得五皆爲水，納音宜
> 審詳。」假如甲子甲午，從甲至庚，乙丑乙未，從乙至辛，其數皆
> 七，所以納音俱屬金也。丙寅丙申，從丙至戊，丁卯丁酉，從丁至
> 己，其數皆三，所以納音屬火也。戊辰戊戌，從戊至丙，己巳己亥，
> 從己至丁，其數皆九，所以納音屬木也。庚子庚午辛未辛丑，其數
> 皆一，所以納音屬土也。丙子丙午，從丙至庚，丁未丁丑，從丁至
> 辛，其數皆五，所以納音屬水也。餘皆彷此。以上只數其干，不數
> 其支，假令從丙至庚，即丙丁戊己庚，是其數五也。又如從甲至庚，
> 即甲乙丙丁戊己庚，是其數七也。（《三曆會同》）〔註71〕

仔細分析《六微指論》的文字：「凡欲知納音者，謂子午數至庚，丑未數
至辛，寅申數至戊，卯酉數至己，辰戌數至丙，巳亥數至丁，……」豈非葛
洪所言的「子午屬庚」、「丑未屬辛」、「寅申屬戊」、「卯酉屬己」、「辰戌屬丙」、
「巳亥屬丁」乎？只是此處的描述更爲具體。再看兩干相隔的數字（包括起
止天干），也就是納音數：「得七者，西方素皇之氣，納音屬金也；得三者，
南方丹天之氣，納音屬火也；得九者，東方陽九之氣，納音屬木也；得一者，
中央總統之氣，納音屬土也；得五者，北方玄極之氣，納音屬水也。」故頌
曰：「七金三是火，九木一中央。得五皆爲水，納音宜審詳。」這不就是納音
數與納音五行的對照嗎？而後《三曆會同》又詳解了幾個例子以說明納音五
行推導之方法。這些範例的解釋也遠比葛洪、蕭吉等更爲通俗。

（四）六十律旋相爲宮法

納音五行之納音，除上述五行之納音外，更包含有十二地支之納音，亦
即六十律旋相爲宮法。所謂六十律旋相爲宮法，概括來講，就是「同位娶妻，

〔註71〕（宋）廖中撰：《五行精紀》卷1《論六十甲子上》，第1、2頁。

隔八生子」。所謂「同位娶妻」，是先從同陽位或同陰位關係的一律，轉移到相鄰半音關係的一律；「隔八生子」，指同位娶妻之後，再從這一律產生五度關係的一律。因前後正好相隔八位干支組合，因此稱爲「隔八生子」。正是這種獨特的律呂相生法，使得六十甲子納音表與傳統的六十甲子表大不相同。

六十甲子納音表

甲子 乙丑	海中金	丙子 丁丑	澗下水	戊子 己丑	霹靂火	庚子 辛丑	壁上土	壬子 癸丑	桑梓木
丙寅 丁卯	爐中火	戊寅 己卯	城牆土	庚寅 辛卯	松柏木	壬寅 癸卯	金箔金	甲寅 乙卯	大溪水
戊辰 己巳	大林木	庚辰 辛巳	白蠟金	壬辰 癸巳	長流水	甲辰 乙巳	佛燈火	丙辰 丁巳	沙中土
庚午 辛未	路旁土	壬午 癸未	楊柳木	甲午 乙未	沙中金	丙午 丁未	天河水	戊午 己未	天上火
壬申 癸酉	劍鋒金	甲申 乙酉	井泉水	丙申 丁酉	山下火	戊申 己酉	大驛土	庚申 辛酉	石榴木
甲戌 乙亥	山頭火	丙戌 丁亥	屋上土	戊戌 己亥	平地木	庚戌 辛亥	釵釧金	壬戌 癸亥	大海水

沈括在《夢溪筆談》中有對六十律旋相爲宮法詳細的論述：

> 六十甲子有納音，鮮原其意。蓋六十律旋相爲宮法也。一律含五音，十二律納六十音也。凡氣始於東方而右行，音起於西方而左行；陰陽相錯，而生變化。所謂氣始於東方者，四時始於木，右行傳於火，火傳於土，土傳於金，金傳於水。所謂音始於西方者，五音始於金，左旋傳於火，火傳於木，木傳於水，水傳於土。納音與《易》納甲同法：乾納甲而坤納癸，始於乾而終於坤。納音始於金，金，乾也；終於土，土，坤也。納音之法，同類娶妻，隔八生子，此《漢志》語也。此律呂相生之法也。五行先仲而後孟，孟而後季，此遁甲三元之紀也。甲子金之仲，黃鍾之商。同位娶乙丑，大呂之商。同位，謂甲與乙、丙與丁之類。下皆仿此。隔八下生壬申，金之孟。夷則之商。隔八，謂大呂下生夷則也。下皆仿此。壬申同位娶癸酉，南呂之商。隔八上生庚辰，金之季。姑洗之商。此金三元終。若只以陽辰言之，則依遁甲逆傳仲孟季。若兼妻言之，則順傳

孟仲季也。庚辰同位娶辛巳，中呂之商。隔八下生戊子，火之仲。
黃鍾之徵。金三元終，則左行傳南火也。戊子娶己丑，大呂之徵。
生丙申，火之孟。夷則之徵。丙申娶丁酉，南呂之徵。生甲辰，火
之季。姑洗之徵。甲辰娶乙巳，中呂之徵。生壬子，木之仲。黃鍾
之角。火三元終，則左行傳於東方木。如是左行至於丁巳，中呂之
宮，五音一終。復自甲午金之仲，娶乙未，隔八生壬寅，一如甲子
之法，終於癸亥。謂蕤賓娶林鍾，上生太簇之類。自子至於巳爲陽，
故自黃鍾至於中呂皆下生；自午至於亥爲陰，故自林鍾至於應鍾皆
上生。予於《樂論》敘之甚詳，此不復紀。甲子乙丑金，與甲午乙
未金雖同，然甲子乙丑爲陽律，陽律皆下生；甲午乙未爲陽呂，陽
呂皆上生。六十律相反，所以分爲一紀也。〔註72〕

　　按照沈括所言，音始於西方，因此納音五行始於金。然後依次左旋傳於
火，火傳於木，木傳於水，水傳於土。以甲子爲例，「甲子金之仲，同位娶乙
丑，隔八下生壬申，金之孟。壬申同位娶癸酉，隔八上生庚辰，金之季。庚
辰同位娶辛巳，隔八下生戊子，火之仲。戊子娶己丑，大呂之徵。生丙申，
火之孟。丙申娶丁酉，生甲辰，火之季。甲辰娶乙巳，生壬子，木之仲。如
是左行至於丁巳，中呂之宮」。甲子爲黃鍾之商，同類娶妻，結乙丑大呂之商。
此皆爲商金。而後隔八生子，至壬申夷則之商。壬申結同類癸酉南呂之商。
而後再隔八生子，得庚辰、辛巳之金。……如此隔八相生，終於丁巳中呂之
宮。此爲律呂相生第一組循環，共衍生 30 組干支，6 律 30 音。

　　第二組循環自甲午蕤賓之商始，娶乙未，隔八生壬寅，一如甲子之法，
終於癸亥。從律呂生成角度而言，「謂蕤賓娶林鍾，上生太簇之類」。第二組
循環亦衍生 30 組干支，6 律 30 音。二者相加，共納 12 律 60 音。五行納音輔
以地支納音，是爲納音五行名稱之緣由及順序之排列所定之由。按照盧央的
考證，京房還是按照呂律相生規則和「天左旋，地右動」的規則確立起各卦
爻納支的法則。〔註73〕按《史記‧律書》所載：「十一月也，律中黃鍾。黃鍾
者，陽氣踵黃泉而出也。其於十二子爲子。」〔註74〕依之而行，人們可按生
律法推出十二律與十二月支的對應關係。盧央在對照呂律月支對應關係的基

〔註72〕（宋）沈括撰：《夢溪筆談》卷 5《樂律一》，上海：上海書店出版社，2003
　　　　年，第 35 頁。
〔註73〕參照盧央著《京氏易傳解讀》，九州出版社，2004 年，第 115～117 頁。
〔註74〕（漢）司馬遷撰：《史記》卷 25《律書》，第 1167 頁。

礎上，以呂律相生與「天左旋，地右動」的法則闡釋了六十律旋相為宮法：

　　……生律之法，是所謂三分損益法；如果按十二支位來說，即是隔八生律法。隔八生律法的意思是律起於黃鍾子位當乾初九爻，再從子位起算，歷子丑寅卯辰巳午未八位。這時律中林鍾未位，當坤初六爻，於時為六月。又從未位起算，歷未申酉戌亥子丑寅，這時律中泰簇寅位，當乾九二爻，時為正月。如此隔八相生，得出全部十二個律及其支位和對應的爻位。可以求得黃鍾、泰簇、姑洗、蕤賓、夷則、無射六律（或稱六陽律），分別對應於子位乾初九，寅位乾九二，辰位乾九三，午位乾九四，申位乾九五，戌位乾上九。而六呂（或六陰律，六同）之生，則由坤初六爻起於未，律中林鍾，時為六月開始。因坤為陰卦，按「天左旋，地右動」的原則，應該右旋，即與六陽律相反方向運轉。由未起，歷未午巳辰卯寅丑子八位，應得黃鍾律在子位乾初九，再右轉歷子亥戌酉申未午巳，在巳位得坤二爻，應得仲呂律。如此下去得出林鍾、仲呂、夾鍾、大呂、應鍾、南呂六呂，各對應於：未為坤初爻，巳位坤六二，卯位坤六三，丑位坤六四，亥位坤六五，酉位坤上六。京房就是根據生律規則和「天左旋，地右動」的規則確立起乾坤二卦六爻納支的法則。

〔註75〕

四、三種五行的比較分析

（一）三種五行判命的關鍵——有氣者真，無氣者假

　　宋人以三種五行判命，方法多端，不一而足。但是，無論是正五行、真五行還是納音五行，在運用中，均極重視其有氣無氣。年柱或吉星有氣之五行，其命局往往富貴；年柱或吉星無氣之五行，其命局往往低劣。五行有氣無氣，又分三種情況，一為得令，二為得地，三為得勢。得令者，即命局中五行得月支（月令）生助。得地者，即命局中五行居四（五）柱地支的長生、冠帶、帝旺、臨官等長生祿旺之地。得勢者，乃命局中真五行不僅通根得地，亦得各柱天干或納音生助。通常來講，得令者未必得地，得地者未必得勢，而得勢者往往涵蓋最全，其氣最強。三者相較，宋代命理文獻最為忽視的是得令。如《五行精紀》卷 1《論五行一》中提到「四持攝聚」，列舉了一些貴

〔註75〕盧央著：《京氏易傳解讀》，九州出版社，2004 年，第 115、116 頁。

格，並於其後說到：「以上主清要顯達，若月令不得地，亦作福命。」〔註76〕可見月令有時於貴格並不是很重要。蓋明清子平術中，月令之氣最強，得令者其勢不小。而宋代命理術中，月令尚未得到如此重視，故而當時罕見議論年命五行或吉神等得令之重要性。宋代命理術判斷五行有氣或無氣，更主要的是看其是否得地或得勢。得勢之五行，其氣之強自不待言。得地之五行，因爲居長生祿旺之地甚或得地支三合局、三會局之生助，其氣也不可小覷。

宋人以三種五行判命，很多情況下，就是直接以五行是否有氣爲判斷命主貴賤的標準。通常情況下，當一個命局中干支一氣時，稱其得天元秀氣。能得天元秀氣之命格，往往是貴格。《神白經》言到：「天地之秀見時，不貴即富。」〔註77〕《珞琭子》也說到：「天元一氣，定侯伯之遷榮；支作人元，運商徒而得失。」釋曇塋對此注解到：「天元秀氣而吉將加臨者，人得之貴也。支元純粹而四柱比和者，人得之富也。直言富貴，而不言貧賤者，反此則貧賤耳。」〔註78〕四柱比和、天元秀氣加臨者，不富即貴。反之，則貧賤。如天干地支五行不一，稱之爲天元壞地元，或地元壞天元。《五行精紀》對此論到：「壞天元者，三十九歲之前，名利難發。壞地元者，四十歲後，福不如前。天元地元皆有者，平生福氣高崇；皆無者，平生名利無成。」〔註79〕由此可見，命局中五行有氣無氣對一個格局貴賤起到了直接決定性作用。

下面來看一下三種五行有氣無氣對格局高低貴賤影響的實例。首先來看正五行的有氣、無氣對命格高低的影響。身命爲年干之正五行很注重其於局中是否通根地支，得力它干。如果干支皆同其氣，即得天元秀氣，此爲最上等之人；若得氣不全，富貴要酌情減之。如《三命提要》講到「七祿」時這樣規定到：

> 甲乙人丁壬亥卯未　　丙丁人戊癸寅午戌　　戊己人甲巳辰戌丑未
>
> 庚辛人乙庚巳酉丑　　壬癸人丙辛申子辰
>
> 以上七祿全一氣者，更有歸宿，主及第，爲人超越；無歸宿，只作門蔭之人。若破敗不作福，行運到祿干得地，必發旺。帶三祿者，謂在月日時上，更帶本祿也。若在四貴、華蓋、驛馬上，必爲

〔註76〕　（宋）廖中撰：《五行精紀》卷7《論五行一》，第59頁。

〔註77〕　（宋）廖中撰：《五行精紀》卷6《並論干神》，第47頁。

〔註78〕　（宋）廖中撰：《五行精紀》卷6《並論干神》，第49頁。

〔註79〕　（宋）廖中撰：《五行精紀》卷6《並論干神》，第47頁。

貴顯之人。疊三支者，年月日時胎五支中，三支並在一位上者是也，
並在四貴華蓋貴神之位，則主貴，在貴神與忌神同位則主福，雖迭
在無氣處，若三支於祿干有輔助，亦貴，若在死敗絕空亡上無輔助
者，無福人也。(《三命提要》) 〔註80〕

　　《三命提要》的作者認為，如有命局具備年干正五行與地支三合局五行
及他柱兩個天干所組成的真五行相同的搭配，那麼這樣的命毫無疑問就是最
貴之命。如「甲乙人丁壬亥卯未」，甲乙人年干正五行為木，三個地支亥卯未
組成的三合局五行亦為木，另有兩個天干丁、壬恰恰構成合干，組成的真五
行也為木。此命局中干支一氣，各柱天干與地支的五行屬性皆同，是為「七
祿全一氣者」。能做到七祿全者，就是最有氣者，自然也是最為富貴者。如果
他柱真五行或地支三合局不能與年干正五行屬性保持一致，那麼命主氣弱，
其人的富貴也會等而降之。

　　年柱納音五行的有氣無氣也直接決定著命主的吉凶。《五行精紀》對於命
主所在的納音五行是否有氣極為看重。如《玉霄寶鑒》在論述變官為鬼的雜
格時談到了納音五行的無氣以及由此導致的厄運：「……無氣者類多胥吏之
輩，不可一揆，當臨時加減也。如壬申人納音是成器之金，見火則壞，故壬
申人見戊癸者，乃變而為鬼。又壬屬木，木至申為絕鄉，木絕得火，則火飛
煙滅，此為尤凶。」〔註81〕該命例中，壬申人納音五行為金，金見真五行火
則壞。又壬真五行屬木，木自坐申為絕地，木絕得火，火飛煙滅，納音五行
無氣，故此命尤凶。值得關注的是，此命例中，作者是同時關注年柱納音五
行和真五行的得氣狀況的，在綜合分析之後方判定該命主吉凶之命。

　　真五行當然也很重視其得氣與否。無論是《五行精紀》還是《玉照定真
經》，都可以看到大量論述真五行是否得氣的記載。如《玉照定真經》這樣規
定到：

　　　　假真成敗細推尋。

　　　　造化合在長生、冠帶、臨官、建旺者，真五行也，無氣者假。

　　〔註82〕

　　很明顯，《玉照定真經》此處是以得地有無判斷真五行有氣無氣的。無論

〔註80〕　(宋) 廖中撰：《五行精紀》卷6《並論干神》，第48頁。
〔註81〕　(宋) 廖中撰：《五行精紀》卷17《論官神》，第135頁。
〔註82〕　《玉照定真經》，文淵閣《四庫全書》第809冊，第41頁。

何種五行，所居各地支而形成的長生、沐浴、冠帶、臨官、帝旺、衰、病、死、墓、絕、胎、養等運爲五行十二長生運。五行十二長生運代表了五行生老病死的各種狀態，所以命理術中常用它來作爲判斷五行得地與否的標準。通常宋人認爲，在十二長生運中，「胎、生、旺、庫爲四貴，死、絕、病、敗爲四忌，餘爲四平」〔註83〕。一個命局中，五行得四貴或多爲貴平之運時，是爲得地。《玉照定眞經》將眞五行得地與否作爲判斷其有氣無氣的標準，並進而依之進行命運貴賤的判斷。同樣的眞五行，因爲有的有氣，有的無氣，所以得出的命運高下貴賤是很不相同的：

> 合在敗鄉添外姓，
>
> 凡合在無（氣）墓絕者應上文之兆。
>
> 造於旺相後人亨。
>
> 造化在長生、冠帶、臨官、建旺者，後人昌盛也。〔註84〕

依之判命，凡眞五行處於長生、冠帶、臨官、建旺等位時，爲有氣，其人福亨，後人昌盛；凡處於墓、絕等位時，爲無氣，其人福淺，只能收養子女，由外姓人來繼承家業。《五行精紀》中有些文獻也很關注眞五行是否得地有氣，如林開《五命》這樣說到：「術者多以甲見戊，乙己之類爲財，是未知眞財，甲己見丙辛、丙辛見戊癸、戊癸見乙庚、乙庚見丁壬、丁壬見甲己，爲眞財，生居有氣旺相之位（有氣旺相爲此五行），主富盛。若居死絕無氣處者，有如無也。」〔註85〕這裡所謂的有氣旺相、死絕無氣，皆是以得地而言。又如《神白經》言及「天元喜地元有祿」時列舉了「甲己喜四季」、「乙庚喜申酉」、「丙辛喜亥子」、「丁壬喜寅卯」、「戊癸喜巳午」等數個實例〔註86〕，由這些實例可以發現，這裡所謂的「天元喜地元有祿」其實就是眞五行得地而已。

綜上所述，宋人在運用納音五行、正五行、眞五行判命時，其判定命格貴賤高低的一項主要標準就是查年柱之五行有氣無氣。年柱之任一種或二種甚至三種五行有氣，方可判其命的富貴。若年柱五行無氣，其人必定低賤。若年柱三種五行得氣狀況不一，就需要綜合考慮定其貴賤了。

〔註83〕（宋）廖中撰：《五行精紀》卷3《論干神一》，第20頁。

〔註84〕《玉照定眞經》，文淵閣《四庫全書》第809冊，第41頁。

〔註85〕（宋）廖中撰：《五行精紀》卷19《論財》，第151頁。

〔註86〕（宋）廖中撰：《五行精紀》卷6《並論干神》，第46頁。

（二）三種五行判命產生的矛盾

同為代表己身的年柱，有的宋代命理文獻以年柱納音為身，有的則以年干、年支為身，還有的則以年干所屬眞五行為身。不同的判命工具，必然導致其五行的不同。以甲子這一干支組合為例，其納音五行為金，其天干正五行為木，其地支正五行為水，其眞五行為土。一柱干支，竟出現如此繁多的五行，究竟以何為準繩，宋人也沒有明確的答案。在宋代，不同的命理術士也許會採用不同的五行來判命，那麼得出的結果必定是千差萬別的。或許正是在這種混亂的狀況下，宋代命理術也亟需一種統一的五行來整頓術出多門的命理市場。應該說，南宋後期子平術的逐漸盛行，當與彼時混亂的狀況不無關係。因為子平術以直接明瞭的正五行判命，避免了三種五行判命產生的矛盾，所以贏得了時人的欣賞，於南宋後期橫空出世。基於此，考證宋代命理術算命方法的混亂，對於今人理解當時命理術發展演變的軌跡，應該是深有裨益的。本節就來比較一下三種五行判命時產生的諸多矛盾。

三種五行相較，宋人運用最多的是納音五行與正五行。而在《五行精紀》中，筆者發現的二者之間的矛盾例證也是最多的，試舉二例於下。其一，是廖中對年干和年柱納音與他柱利害關係截然相反的解釋。試看以下個案：

【吉中之凶】

> 如甲子生人，得丙寅坐祿乘馬，遇食神可為貴矣，然甲子自死之金，又絕於寅，復遇丙寅長生之火，見剋為鬼，故變吉為凶，餘當依此消息。〔註87〕

一個甲子年出生的人，得他柱丙寅，其中寅於年干甲既為祿，又為驛馬，丙於年干甲則為食神。三者皆為吉神。「四柱遇祿馬貴人，生日吉神，則氣清；值刑剋沖破，則氣濁。氣清則科名巍峨，氣濁則福祿淺薄。」〔註88〕按理說，應判此人富貴之命了。但是再看甲子納音五行，其納音五行為金，自坐死，又絕於寅，又復遇丙寅納音五行火來剋。故視其納音五行所遇，莫不為凶。二者綜合判斷後，得出變吉為凶的結論來。從最後的結語來看，此術士似視納音五行為重。這一評判標準在以下第二個命例中也可發現。總體而言，宋代命理術士應該存在著視納音五行重於正五行的趨勢。但是即便如此，兩種五行的同時應用，還是給人們判命帶來了不少疑惑。

〔註87〕　（宋）廖中撰：《五行精紀》卷27《論兇殺》，第213頁。
〔註88〕　（宋）廖中撰：《五行精紀》卷27《論兇殺》，第213頁。

其二是廖中對一柱之中正五行與納音五行所處大運地支得地、失地不一的解釋。宋代命理術中，即便同一柱中，正五行與納音五行二者的五行屬性也很難一致。這就導致一個矛盾，行大運時，到底是以年柱納音五行來看其與大運的關係，還是以年干正五行來看其與大運的關係？不同的視角，導致的大運吉凶結果通常是不一樣的。比如以下命例：

> 一祿不足救三絕，故宣叔丙午年，庚子月，戊寅日，庚申時，官至正郎，行乙巳運，除福建漕，未赴，一夕暴卒，足見禍福各不相擾，雖有重祿，奈水土絕於巳，餘彷此。〔註89〕

此人生於丙午年，行乙巳大運。若以年干來判，年干丙火祿在巳，該大運應爲佳運。可是若以年柱納音五行來判，該柱納音五行爲水，水於巳處絕地，則大運應爲厄運。兩種五行判命，竟導致大運吉凶相反。究竟該以何爲主？南宋時，術士對此的理解是，先看此人經歷，再以實際經歷驗證如何推命。依文中所言，此人「官至正郎，行乙巳運，除福建漕，未赴，一夕暴卒」。考其一生，既有官位，又有暴卒，可見禍福均有，而各不相擾。其福所依，乃是年干祿在巳；其禍所依，乃是年、月、日三柱納音五行絕於巳。因爲禍福並存，於是宋代術士在判行大運吉凶時，既要看年干於此運的關係，又要看各柱納音五行於此運的旺衰。綜合判斷之後，再給出一個辯證的結論。由於此案例中，「一祿不足救三絕」，故而判此人災重於福（或者說還有第二種理解，在此命例中，天干正五行得地不如納音五行失地重要）。然而，由於命局中吉凶混雜，禍福不一，要想總是得出一個明確的答案似乎不太可能。很多時候，宋人聽到的恐怕也是含混不清、似是而非的斷語。

與眞五行被設置了一些生成條件不同，納音五行、正五行無論從理論上還是實際應用中，都見不到宋人制定的什麼使用的限制，這也使人不禁發出這樣的感慨：究竟什麼情況下應該以正五行來推命，什麼情況下應該以納音五行來推命？《源髓歌》有這樣一段論述年干、年柱納音與地支三合局關係的語句：

> 如木干、木納音遇巳酉丑金局，反剋爲凶，賤。且以水命，若遇申子辰水，曰潤下局，乃得局；遇亥卯未曲直局，反洩氣；得寅午戌火，曰炎上局，爲財局；或得巳酉丑金，從革局，曰成局，蓋

〔註89〕（宋）廖中撰：《五行精紀》卷15《論祿》，第118頁。

逢母也；水人得水局，乃爲正局，餘準此。〔註90〕

這段論述是頗令人疑惑的。筆者並不是對年干、年柱納音與三合局之間的關係產生疑惑，而是對何時使用年干，何時使用年柱納音產生疑惑。「如木干、木納音遇巳酉丑金局，反剋爲凶，賤。」木干所在柱之納音五行往往並不是木，納音五行木所屬之干也未必是木，既然二者五行不同，那麼當一個命局中出現了三合局時，究竟是該論年干五行與三合局五行之關係，還是該論年柱納音五行與三合局五行之關係？宋人對此問題似乎是視而不見，抑或是宋人尚在醞釀對此問題的解決方案。總之，正五行與納音五行同時判命產生的不統一問題，已經成爲阻礙宋代命理術進一步向前發展的障礙。而要清除這一障礙，恐怕要留待宋末徐大升等人了。

眞五行在宋代命理術中出現較少，且宋人對其應用設置了種種限制，故而在其使用過程中與正五行、納音五行發生衝突的概率較之納音五行與正五行要低很多。但是在實際運用中，很多眞五行的出現並沒有受到宋人制定的種種限制條件的制約。於是，還是可以看到其與正五行或者納音五行同時判命時產生衝突的案例。試舉二例說明之。首先，來看一看《五行精紀》論述「變鬼爲官」的案例時，眞五行與納音五行互爲矛盾的情況：

又若壬寅、壬申見乙庚多者，皆不爲鬼而爲官，蓋取其與納音皆比和故也。辛未、辛丑見甲巳，己巳、己亥見丁壬，乙巳、乙亥見戊癸，餘皆彷此。〔註91〕

此中壬寅、壬申二者納音五行爲金，天干眞五行爲木。二者天干眞五行木遇乙庚眞五行金，本爲見鬼受剋，但是由於二者納音五行與乙庚眞五行同，故判其遇官而非遇鬼。此處由鬼變官，由凶變吉，「蓋取其與納音皆比和故也」。此外，如辛未、辛丑見甲巳，己巳、己亥見丁壬，乙巳、乙亥見戊癸，都是本身眞五行遇鬼而因納音五行與鬼比和，又判爲遇官。此眞五行與納音五行同判產生的變故之一。此變故中，宋人似以納音爲重。

眞五行與納音五行同判產生矛盾的第二個範例，來看《玉霄寶鑒》所舉的癸酉人遇火的例子：

如壬申人納音是成器之金，見火則壞，故壬申人見戊癸者，乃變而爲鬼。又壬屬木，木至申爲絕鄉，木絕得火，則火飛煙滅，此

〔註90〕　（宋）廖中撰：《五行精紀》卷18《論合神》，第144頁。

〔註91〕　（宋）廖中撰：《五行精紀》卷17《論官神》，第135頁。

為尤凶。若癸酉雖亦是成器金，然本干自帶癸之官，故不為鬼，見戊則尤好，當消息之也。〔註92〕

此處舉出兩個命例，第一個命例中，壬申人納音五行為金，見火則壞。且壬之真五行為木，木至申為絕，其人自坐絕地，故判該人命極凶，有灰飛煙滅之難。該命例中，真五行與納音五行未產生衝突，故而其命災福不難論斷；而在第二個命例中，癸酉人納音五行亦為金，雖同懼火災，但是年干癸所屬真五行為火，年柱自帶火，再逢火不能論見鬼，反而論見官，此為變鬼為官之格。該人反而命高一等。與上段的第一個案例一樣，二者都是因真五行與納音五行產生衝突後判為「變鬼為官」的。但是二者評判的標準卻大不相同。第一個案例中，術士以納音為重，故其命主有變鬼為官之福；第二個案例中，術士以真五行為重，故其命主亦有變鬼為官之福。不同的宋代命理文獻，居然出現截然相反的判別標準，令人不能不感歎宋代命理術之「政出多門」。

第二節　五行四時旺衰及十二長生運

一、五行四時旺衰

按照先秦時期人們的觀念，五行與四時是緊密相關的，因此，五行在自然環境下是會隨著季節的不同而轉變的。一般而言，人們將五行在四時中的旺衰分為五種狀態。一是旺，指五行與當令之五行同，是五行之氣最強盛的階段；二是相，指五行得當令之五行生，處於將旺階段；三是休，指五行生當令之五行，該五行處於休止階段；四是囚，指五行剋當令之五行，其力不勝月令五行，只能做囚；五是死，指五行被當令之五行所剋，剋方力量強大，該五行毫無生機，故曰死。

五行的旺相休囚死分佈在各個季節分別為：春天時節，木氣主事，此時木氣旺，火氣相，水氣休，金氣囚，土氣死；夏天時節，火氣主事，此時火氣旺，土氣相，木氣休，水氣囚，金氣死；秋天時節，金氣主事，此時金氣旺，水氣相，土氣休，火氣囚，木氣死；冬天時節，水氣主事，此時水氣旺，木氣相，金氣休，土氣囚，火氣死；此外四季之月的最後十八天土氣主事，是時土氣旺，金氣相，火氣休，木氣囚，水氣死（見下表）。

〔註92〕（宋）廖中撰：《五行精紀》卷17《論官神》，第135頁。

五行四時旺衰（土旺四季）表

季節	主事五行	旺	相	休	囚	死
春	木	木	火	水	金	土
夏	火	火	土	木	水	金
秋	金	金	水	土	火	木
冬	水	水	木	金	土	火
四季月	土	土	金	火	木	水

　　有關五行在四時旺相休囚死的內容在古代久已出現。西漢時期《淮南子》曾這樣描述五行在四季及長夏的旺衰狀況：

　　　　木壯水老火生金囚土死，火壯木老土生水囚金死，土壯火老金生木囚水死，金壯土老水生火囚木死，水壯金老木生土囚火死。〔註93〕

仔細分析一下這段話就會發現，所謂「木壯水老火生金囚土死」，就是指春天木旺、水休、火相、金囚、土死。所不同的是，《淮南子》將「旺」換成了「壯」，「休」換成了「老」，「相」換成了「生」。同理，依此對照，「火壯木老土生水囚金死」指夏天火旺，木休，土相，水囚，金死；「土壯火老金生木囚水死」指長夏（季夏）土旺，火休，金相，土囚，水死；「金壯土老水生火囚木死」指秋天金旺，土休，水相，火囚，木死；「水壯金老木生土囚火死」指冬天水旺，金休，木相，土囚，火死。《淮南子·地形訓》裏的五行四時旺衰變化基本上已與後世相同。只是，該書採用的是中醫長夏說（即土旺季夏說）而非四季月配四時之說（即土旺四季說）。《淮南子·地形訓》之說開啟了五行四時旺衰說，並被後世反覆承襲。至隋代蕭吉的《五行大義》，依然可以見到其說，只是蕭吉將其中語言略作規範，調整成為今天熟悉的旺相休囚死五種說法：

　　　　五行體休王者，春則木王，火相，水休，金囚，土死。夏則火王，土相，木休，水囚，金死。六月則土王，金相，火休，木囚，水死。秋則金王，水相，土休，火囚，木死。冬則水王，木相，金休，土囚，火死。〔註94〕

於是，我們又得到了第二種五行四時旺衰配置（見下表）。

〔註93〕劉文典撰：《淮南鴻烈集解》卷4《地形訓》，中華書局，1989年，第146頁。
〔註94〕（隋）蕭吉撰：《五行大義》卷2《論四時休王》，第180、181頁。

五行四時旺衰（土旺季夏）表

狀態 五行 季節	主事五行	旺	相	休	囚	死
春	木	木	火	水	金	土
夏	火	火	土	木	水	金
長夏	土	土	金	火	木	水
秋	金	金	水	土	火	木
冬	水	水	木	金	土	火

當然，《五行大義》也錄取了土旺四季說，《五行大義・論生死所》載：「凡五行之王，各七十二日。土居四季，季十八日，並七十二日，以明土有四方，生死不同。此蓋卜筮所用。若論定位王相及生死之處，皆以季夏六月爲土王之時。」〔註95〕而且，《論生死所》篇在這裡透露了一個重要的信息，就是土旺四季說通常是卜筮所用，而中醫或五行家們更多還是採納土旺長夏說。關於此二說的演變及關聯，本文已於「正五行」一節中詳細論及，此處不再贅言。需要指出的是，二者皆於今日尚在應用。只是表一更多的是在命理術中出現，表二多是在中醫中應用。

宋代的命理文獻又多是採用了哪種五行四時旺衰之說呢？《五行精紀》卷7有專門論及「五行旺相囚休死例」的內容，其文曰：

> 春木旺、火相、金囚、水休、土死；
>
> 夏火旺、土相、水囚、木休、金死；
>
> 秋金旺、水相、火囚、土休、木死；
>
> 冬水旺、木相、土囚、金休、火死；
>
> 論曰：五行當時者旺，所生者相，所剋者死，生我者休，剋我者囚。獨土無旺，金無相，水無死，火無休，木無囚，此其故何也？蓋一期之日三百六十，五行均旺七十二日，惟土爲萬物母，如旺四季，一十八日。〔註96〕

在這裡，《五行精紀》再次強調五行四時旺衰狀況是不能採用土旺四季說

〔註95〕 （隋）蕭吉撰：《五行大義》卷2《論生死所》，第180頁。

〔註96〕 （宋）廖中撰：《五行精紀》卷7《論五行一》，第61頁。

來陳述的。這也證明了《五行大義‧論生死所》的「此蓋卜筮所用」的說法是有所依的。只是，《五行精紀》對土旺長夏說未置可否。而與《五行精紀》同時期成書的《雲麓漫抄》在總結當時命理術時，採取了土旺長夏說的方式。〔註97〕因此綜合分析，大體上還是可以肯定土旺長夏的五行四時旺衰說在宋代的應用還是更為廣泛的。

五行在四季的旺相休囚死的歷程，表現出五行在自然界中呈現出的一種週期性的變化規律。這種變化規律，對於命理術的推命有著重要的作用。判斷一個人的年柱身命到底得令不得令，主要就是參考其人的年柱五行於月令上到底是處於一種什麼狀態。是旺相，還是休囚死？如是前者，命主就是得令，其人很可能身旺；如是後者，命主不得令，其人身命就會偏弱。而在宋代命理術中，一個人身命的強弱是與其富貴與否直接掛鉤的。由此可以推知五行四時旺衰之於宋代命理術的重要作用。

五行四時旺衰說在中醫中亦有所運用。古代中醫依照五行生剋規律及五行四時旺衰可以推測疾病的預後。如《素問‧髒氣法時論》根據五行在四季的旺相休囚狀況來判斷人體的健康狀況及疾病的傳變、預後。

> 黃帝問曰：「合人形以法四時五行而治，何如而從，何如而逆，得失之意，願聞其事。」
>
> 岐伯對曰：「五行者，金木水火土也，更貴更賤，以知死生，以決成敗，而定五藏之氣，間甚之時，死生之期也。」
>
> 帝曰：「願卒聞之。」
>
> 岐伯曰：「肝主春，足厥陰少陽主治，其日甲乙，肝苦急，急食甘以緩之。心主夏，手少陰太陽主治，其日丙丁，心苦緩，急食酸以收之。脾主長夏，足太陰陽明主治，其日戊己，脾苦濕，急食苦以燥之。肺主秋，手太陰陽明主治，其日庚辛，肺苦氣上逆，急食苦以泄之。腎主冬，足少陰太陽主治，其日壬癸，腎苦燥，急食辛以潤之，開膝理，致津液，通氣也。」
>
> 「病在肝，愈於夏，夏不愈，甚於秋，秋不死，持於冬，起於春。禁當風。肝病者，愈在丙丁，丙丁不愈，加於庚辛，庚辛不死，持於壬癸，起於甲乙。肝病者，平旦慧，下晡甚，夜半靜……病在

〔註97〕　（宋）趙彥衛撰：《雲麓漫抄》卷13，中華書局，1996年，第237頁。

心，愈在長夏，長夏不愈，甚於冬，冬不死，持於春，起於夏，禁
溫食熱衣。心病者，愈在戊己，戊己不愈，加於壬癸，壬癸不死，
持於甲乙，起於丙丁。心病者，日中慧，夜半甚，平旦靜……病在
脾，愈在秋，秋不愈；甚於春，春不死，持於夏，起於長夏。禁溫
食飽食濕地濡衣。脾病者，愈在庚辛，庚辛不愈，加於甲乙，甲乙
不死，持於丙丁，起於戊己。脾病者，日昳慧，日出甚，下晡靜……
病在肺，愈於冬。冬不愈，甚於夏，夏不死，持於長夏，起於秋。
禁寒飲食寒衣。肺病者，愈在壬癸，壬癸不愈，加於丙丁，丙丁不
死，持於戊己，起於庚辛。肺病者，下晡慧，日中甚，夜半靜……
病在腎，愈在春，春不愈，甚於長夏，長夏不死，持於秋，起於冬。
禁犯焠（火矣）熱食溫灸衣。腎病者，愈在甲乙，甲乙不愈，甚於
戊己，戊己不死，持於庚辛，起於壬癸。腎病者，夜半慧，四季甚，
下晡靜……」〔註98〕

　　《髒氣法時論》講的是人體的五臟如何根據其特質來應對四季的變化。
其推測疾病傳變、預後所運用的理論，就是「夫邪氣之客於身也，以勝相加，
至其所生而愈，至其所不勝而甚，至於所生而持，自得其位而起」。即五臟任
何一髒病，皆在其休的季節痊癒，在其死的季節加重，在其相的季節維持穩
定不變，在其旺的季節好轉。《髒氣法時論》運用五行四時旺衰等理論來推斷
人體的臟腑變化，其結論或許有與臨床情況的耦合，但是形而上的縝密推理
太多，脫離臨床觀察，陷入了主觀唯心主義，其必與實際情況反差較大，故
後世中醫運用此理論於臨床者並不多見。

二、五行十二長生運

（一）五行十二長生運的概念

　　比五行四時旺衰運程更為細緻的是五行在十二個月中經歷的變化。由於
十二個月所主五行屬性的差異，使得同一五行在一年當中任何一個月的旺衰
狀況都不會是一樣的。一般來說，一個五行從長生開始，依次會經歷沐浴、
冠帶、臨官、帝旺、衰、病、死、墓、絕、胎、養這十二個階段，即五行的
十二宮，人們稱之為十二長生運。對五行的十二長生運或十二宮位最早做出
全面解釋的，應是宋代命理文獻《三命提要》。《三命提要》從「絕」位開始，

〔註98〕《黃帝內經素問》卷7《髒氣法時論》，第141～145頁。

對五行一年當中經歷的十二階段依此予以解說：

　　　長生　沐浴　冠帶　臨官　帝旺　衰　病　死　墓　絕　胎　養

　　《三命提要》云：一曰受氣，又曰絕，曰胞，以萬物在地中，
未有其象，如母腹空未有物也。二曰受胎，天地氣交氤氳而造物，
其物在地中成形，始有其氣，如人受父母之氣也。三曰成形，萬物
在中成形，如人在母腹中成形也。四曰長生，萬物發生而向榮，如
人始生而向長也。五曰沐浴，又曰敗，以萬始生而形體柔脆，易爲
所損，如人人生後三日，以湯浴之，幾至困絕也。六曰冠帶，萬物
漸榮秀，如人具衣冠也。七曰臨官，萬物既秀實，如人之臨官也。
八曰旺，萬物成熟，如人之興旺也。九曰衰，萬物形衰，如人之氣
衰也。十曰病，萬物病，如人之病也。十一曰死，萬物死，如人之
死也。十二曰墓，又曰庫，以萬物成功而藏之庫，如人之終而歸墓
也。〔註99〕

　　五行的十二長生運歷程，在當時也已經爲命理術士們廣泛應用。趙彥衛
在其書中曾詳細列舉五行十二長生運的歷程〔註100〕，可以歸結爲下表：

五行十二長生運表

	長生	沐浴	冠帶	臨官	帝旺	衰	病	死	墓	絕	胎	養
水土	申	酉	戌	亥	子	丑	寅	卯	辰	巳	午	未
木	亥	子	丑	寅	卯	辰	巳	午	未	申	酉	戌
火	寅	卯	辰	巳	午	未	申	酉	戌	亥	子	丑
金	巳	午	未	申	酉	戌	亥	子	丑	寅	卯	辰

（二）宋以前五行十二長生運演變軌跡

　　五行的十二長生運概念是從何時開始出現的？從今天存留的文獻來看，
最早的記載出現在《淮南子·天文訓》中。該篇記載了五行於一年三個月中
的生死旺衰歷程：「木生於亥，壯於卯，死於未，三辰皆木也。火生於寅，壯
於午，死於戌，三辰皆火也。土生於午，壯於戌，死於寅，三辰皆土也。金
生於巳，壯於酉，死於丑，三辰皆金也。水生於申，壯於子，死於辰，三辰

〔註99〕　（宋）廖中撰：《五行精紀》卷7《論五行一》，第60頁。
〔註100〕　（宋）趙彥衛撰：《雲麓漫抄》卷13，中華書局，1996年，第235、236頁。

皆水也。」〔註101〕這段話中，木、火、金、水四者所歷宮位皆爲其長生、帝旺、墓位，此三位亦爲地支五行三合局所主辰位。唯土不同，後世五行十二長生運表中，往往土隨水而行，後人稱之爲水土同行。此處土行就五行生剋而言，其所歷運程倒也合乎義理，但是卻不合於後世之歷程。不管怎樣，在《天文訓》篇中見到的最早的土行長生運歷程，爲人們考證後來土行長生運歷程的兩次轉變無疑是重要的參考。

《淮南子·天文訓》沒有記載五行十二宮的完整運程。今日熟知的五行十二長生運的完整描述，最早出現於隋代的《五行大義》。《五行大義·論生死所》完整記錄了五行在十二個月中的變化過程：

> 五行體別，生死之處不同。遍有十二月、十二辰而出沒。
>
> 木，受氣於申，胎於酉，養於戌，生於亥，沐浴於子，冠帶於丑，臨官於寅，王於卯，衰於辰，病於巳，死於午，葬於未。
>
> 火，受氣於亥，胎於子，養於丑，生於寅，沐浴於卯，冠帶於辰，臨官於巳，王於午，衰於未，病於申，死於酉，葬於戌。
>
> 金，受氣於寅，胎於卯，養於辰，生於巳，沐浴於午，冠帶於未，臨官於申，王於酉，衰於戌，病於亥，死於子，葬於丑。
>
> 水，受氣於巳，胎於午，養於未，生於申，沐浴於酉，冠帶於戌，臨官於亥，王於子，衰於丑，病於寅，死於卯，葬於辰。
>
> 土，受氣於亥，胎於子，養於丑，寄行於寅，生於卯，沐浴於辰，冠帶於巳，臨官於午，王於未，衰病於申，死於酉，葬於戌。

〔註102〕

這是迄今爲止發現的最早的完整的五行十二長生運。對比之前的五行十二長生運表，筆者發現該文所謂「受氣」即是表中的「絕」，「生」即是表中的「長生」，「王」即是表中的「帝旺」，「葬」即是表中的「墓」。除去名稱略異外，木、火、金、水四行十二長生運基本已與今同。土行於絕、胎、養、病、死、墓六宮於火行同，但於其他各宮又與火行相錯一位。現將上文內容轉化爲表格：

〔註101〕劉文典撰：《淮南鴻烈集解》卷3《天文訓》，中華書局，1989年，第121頁。
〔註102〕（隋）蕭吉撰：《五行大義》卷2《論生死所》，第178、179頁。

《五行大義・論生死所》中五行十二長生運表

	長生 （生）	沐浴	冠帶	臨官	帝旺 （王）	衰	病	死	墓 （葬）	絕 （受氣）	胎	養
水	申	酉	戌	亥	子	丑	寅	卯	辰	巳	午	未
木	亥	子	丑	寅	卯	辰	巳	午	未	申	酉	戌
火	寅	卯	辰	巳	午	未	申	酉	戌	亥	子	丑
金	巳	午	未	申	酉	戌	亥	子	丑	寅	卯	辰
土	卯	辰	巳	午	未	申	申	酉	戌	亥	子	丑

　　對比隋代、宋代兩個五行十二長生運表，就知道二者的差別主要集中在土行與十二宮的配置上。很明顯，在《五行大義・論生死所》的五行十二長生運表中，土行已有與火行同行的趨勢。但是二者的同行，只完成了一半左右。事實上，在《論生死所》篇中，關於土行的配置問題的主張並不只此一處。除去這一表格內容，人們還能找到有關土行墓位以及四個地支土行不同的十二長生運的觀點。

　　首先來看《論生死所》篇對土行墓位安排的不同的觀點。該篇另一種觀點認為，土行墓位不應隨火安置在戌，而應隨水安置在辰：

　　　　戌是火墓，火是其母，母子不同葬。進行於丑，丑是金墓，金是其子，義又不合。欲還於未，未是木墓，木為土鬼，畏不敢入。進休就辰，辰是水墓，水為其妻，於義為合，遂葬於辰。

　　　　昔舜葬蒼梧，二妃不從，故知合葬非古。然季武子云：自周公已來，未之有改。《詩》云：「穀則異室，死則同穴。」蓋以敦其義合，骨肉同歸。水土共墓，正取此也。又以四季釋所理，歸於斯。高唐隆以土生於未，盛於戌，壯於丑，終於辰，辰為水土墓，故辰日不哭，以辰日重喪故也。祖踴之哀，豈待移日，高唐所說，蓋為浮淺，其生王意，別又是一家。〔註103〕

　　如果僅從五行生剋的角度來講，該處觀點亦有可取之處。因為火為土母，母子不同葬，所以火土不應安排在同一墓位。依該觀點推理，金為土子，所以土金也不能同墓；木是土鬼，土畏木而不敢入木之墓。只有水為土妻，夫妻同墓，於義最合，故安排水土同墓於辰。可是若依此推理，那麼土行還是

應該保持著《淮南子・天文訓》中的宮位安排，而不應該再隨火行或者水行了。這樣，對土行十二宮的配置就要完全打亂重來，而這與土行後來的配置演變是相悖的。所以，僅僅考慮土行與水行同墓而不論其他的方法是不可取的。

《論生死所》篇還有一種觀點，認為辰戌丑未四個土行地支應該分別有自己獨特的十二長生運。該觀點的依據是，「土雖有寄王於火鄉，生於巳，葬於辰，然土分王四季，各有生死之所」。由於土旺四季，所以四個土行地支的十二長生運分別隨於春夏秋冬木火金水四行。「《龜經》云：『土，木動為辰土，火動為未土，金動為戌土，水動為丑土。』又云：『甲乙寅卯為辰土，丙丁巳午為未土，庚辛申酉為戌土，壬癸亥子為丑土。凡五行之王，各七十二日。土居四季，季十八日，並七十二日，以明土有四方，生死不同。」〔註104〕四辰土與其他四行的具體搭配為辰土隨木行，未土隨火行，戌土隨金行，丑土隨水行。在準備好了相關理論及其配置後，《五行大義》隨後援引《五行書》詳細列舉了辰未戌丑四土的十二長生運：

> 辰土，受氣於申酉，胎於戌，養於亥，生於子，沐浴於丑，冠帶於寅，臨官於卯，王於辰，衰病於巳，死於午，葬於未。未土，受氣於亥子，胎於丑，養於寅，生於卯，沐浴於辰，冠帶於巳，臨官於午，王於未，衰病於申，死於酉，葬於戌。戌土，受氣於寅卯，胎於辰，養於巳，生於午，沐浴於未，冠帶於申，臨官於酉，王於戌，衰病於亥，死於子，葬於丑。丑土，受氣於巳午，胎於未，養於申，生於酉，沐浴於戌，冠帶於亥，臨官於子，王於丑，衰病於寅，死於卯，葬於辰。〔註105〕

現將以上四辰土的十二長生運與木、火、金、水的十二長生運分別列表做一比較：

辰土與木行十二長生運對比表

	長生（生）	沐浴	冠帶	臨官	帝旺（王）	衰	病	死	墓（葬）	絕（受氣）	胎	養
木	亥	子	丑	寅	卯	辰	巳	午	未	申	酉	戌
辰	子	丑	寅	卯	辰	巳	巳	午	未	申酉	戌	亥

〔註104〕 （隋）蕭吉撰：《五行大義》卷2《論生死所》，第180頁。

〔註105〕 （隋）蕭吉撰：《五行大義》卷2《論生死所》，第179、180頁。

未土與火行十二長生運對比表

	長生（生）	沐浴	冠帶	臨官	帝旺（王）	衰	病	死	墓（葬）	絕（受氣）	胎	養
火	寅	卯	辰	巳	午	未	申	酉	戌	亥	子	丑
未	卯	辰	巳	午	未	申	申	酉	戌	亥子	丑	寅

戌土與金行十二長生運對比表

	長生（生）	沐浴	冠帶	臨官	帝旺（王）	衰	病	死	墓（葬）	絕（受氣）	胎	養
金	巳	午	未	申	酉	戌	亥	子	丑	寅	卯	辰
戌	午	未	申	酉	戌	亥	亥	子	丑	寅卯	辰	巳

丑土與水行十二長生運對比表

	長生（生）	沐浴	冠帶	臨官	帝旺（王）	衰	病	死	墓（葬）	絕（受氣）	胎	養
水	申	酉	戌	亥	子	丑	寅	卯	辰	巳	午	未
丑	酉	戌	亥	子	丑	寅	寅	卯	辰	巳午	未	申

通過以上四個表格的對照，發現四辰土雖與四行隨行，但是卻都沒有完全同行。四者均是於病、死、墓、絕四宮有共同地支，其他宮位地支總是相錯一位。且四辰土均是於絕位含兩個地支，於衰、病二位含兩個相同的地支。這種獨特的安排，有些類似於《五行大義‧論生死所》中的火土同行安排。不過，無論是《五行大義‧論生死所》中的火土同行安排，還是《五行書》中四辰土與四行的安排，都表明土行的十二宮配置尚在進行中而沒有完全完成。這種狀況持續到何時，尚沒有明確的文獻資料予以直接證明。可以確定的是，在宋代的《五行精紀》中，這種配置的轉變仍在進行中，並且又有了新的趨勢。

（三）宋代命理文獻中五行十二長生運的特點

《五行精紀》作爲一本專門的命理文獻的集合，其理論基礎多建立在古代天干地支陰陽五行等知識之上。然而，作爲一本卜筮之書，其所搜集的資料多取自宋代坊間，這就決定了書中的內容可能多與《五行大義》等官方裁

定的書籍有較大的差別。事實上，單看五行十二長生運的內容，就能深刻感受到這一點。與《五行大義》中火土十二長生運近似相同，《五行精紀》更多的時候是將水土的十二長生運合而爲一。如該書所收釋曇瑩所注《珞琭子》有這樣一段話：「瑩和尚注云：『本命長生中逢旺鬼是也，如金逢乙巳火，土遇庚申木，火見甲寅水，木逢辛亥金，得於四柱或臨大命者，宜退身而避位。』」〔註106〕按釋曇瑩所言，金長生位在巳，土長生位在申，火長生位在寅，木長生位在亥。查今日五行十二長生運表，正與之合，表明此處土、水長生位一致。另一部文獻《燭神經》則有水土同墓之記載：「甲乙木庫在未，丙丁在戌，戊己壬癸在辰，庚辛在丑庫者，祿之所鍾也，如甲乙亥多而得未者，乃祿厚望足之人也。」〔註107〕此處「庫」即是「墓」，甲乙木墓在未，丙丁火墓在戌，戊己土和壬癸水墓在辰，庚辛金墓在丑。此處水土同墓，且五行墓位與今日五行十二長生運表亦完全相符。同樣是《燭神經》，其在論「五行自生、旺、臨官、死、絕」五宮位時，可以看到水土兩種五行也是完全同行的：

五行自生、旺、臨官、死、絕

甲申水	丙寅火	己亥木	辛巳金	戊申土	自生
丙子水	戊午火	辛卯木	癸酉金	庚子土	自旺
癸亥水	乙巳火	庚寅木	壬申金	丁亥土	自臨官
乙卯水	丁酉火	壬午木	甲子金	己卯土	自死
癸巳水	乙亥火	庚申木	壬寅金	丁巳土	自絕〔註108〕

雖然《五行精紀》中並沒有一個完整的五行十二長生運介紹，但是從以上三處文獻描述中基本上可以確認水土二行的十二宮位應是完全相同的，即水土同行。若再結合該書其他眾多實例，也基本可以肯定絕大多數宋代命理文獻採用的五行十二長生運就是水土同行。那麼問題就出現了，爲什麼隋代的《五行大義》對土行的安排趨向於火土同行，而在宋代的命理術中卻採用了水土同行呢？

其實對於這個問題，本文先前也有過回應，那就是《五行精紀》所搜集的資料多取自宋代坊間，是民間卜肆日用的知識。而《五行大義》由隋代官

〔註106〕（宋）廖中撰：《五行精紀》卷8《論五行二》，第69頁。

〔註107〕（宋）廖中撰：《五行精紀》卷15《論祿》，第116頁。

〔註108〕（宋）廖中撰：《五行精紀》卷7《論五行一》，第61頁。

方編纂，雖也多取自民間，但畢竟不是專用於卜算的。在古代，陰陽五行知識廣泛散佈於各個領域，然各個領域的陰陽五行內容卻又不盡相同。以醫家而言，其五運六氣說採用的是土旺季夏說；而術數家們多採用土旺四季說。《五行大義・論生死所》曾言：「凡五行之王，各七十二日。土居四季，季十八日，並七十二日，以明土有四方，生死不同。此蓋卜筮所用。」〔註109〕又如土長生位，命理術士與醫家的理解又不相同。醫家認為土生於巳，而命理術士認為水土俱生於申。《李虛中書》曾對此解釋到：「既曰『水土俱生申』，又曰『土生巳』，何也？水土生申，陰陽家之說也，土生於巳，醫家之說也，蓋五行之中，惟土分體用，厚德載物，居中不用者，土之體也；散在四維，如旺四季一十八日，土之用也。體生於巳，乘父母之祿，用生於申，繼父母之位而生也。」〔註110〕至於五行的十二長生運，當時不同的領域對其搭配可能也是不一樣的。前文講到，《五行大義》對土行的安排有兩種方式。一是土隨火行，二是四辰土隨四季所主四行而行。這兩種說法的來源一定是不一樣的。或許有的來自於五行家言，有的來自於醫家言，甚至有可能來自於儒家言。而當時的祿命術（即早期命理術）採用的是何種配置方法，並不可知。《五行精紀》中的《珞琭子》、《燭神經》等文獻沒有採納上述二種說法並不為奇。至少今人從中可以窺見宋代的命理界也有自己的獨特方法。不過，需要著重指出的是，這種水土同行的五行十二長生運的搭配方式在命理術中並沒有持續太久。五行十二長生運雖有可能盛行於宋代，但是隨後卻為明清時期的命理術所摒棄。五行十二長生運於明代中後期徹底退出了命理術，僅為火珠林法所承襲。〔註111〕

（四）十天干陽順陰逆說的出現

在《五行精紀》中，五行十二長生運還有另外一點值得關注的變化，那就是當時的命理術正在採用十天干陽順陰逆、陽生陰死的新的十二宮位配

〔註109〕　（隋）蕭吉撰：《五行大義》卷2《論生死所》，第180頁。

〔註110〕　（宋）廖中撰：《五行精紀》卷7《論五行一》，第60頁。

〔註111〕　五行十二長生運至今仍有運用，但是不再在命理術中出現，而是被建立在宋代火珠林法基礎上的六爻法所採納。相關應用，參見劉大鈞著《納甲筮法講座》，廣西師範大學出版社，2010年，第20頁；張曉雨著《周易筮法通解》，山東人民出版社，1994年，第60頁；秦倫詩著《周易應用經驗學》，內蒙古人民出版社，2007年，第6～8頁。

置。這種新的配置方法，可稱之爲十天干十二長生運或十天干生旺死絕歷程。過去認爲，這種長生運配置方式至遲在明代中後期的《淵海子平》中才出現。因爲在《淵海子平·論天干生旺死絕》中，第一次發現了完整的十天干十二長生運內容。該長生運不同於五行十二長生運之處有二：一是火土完全同行；二是五陽干順行，五陰干逆行。關於十天干生旺死絕的詳細歷程，《淵海子平·論天干生旺死絕》這樣描述：

> 甲木生亥，沐浴在子，冠帶在丑，建祿在寅，帝旺在卯，衰在辰，病在巳，死在午，墓在未，絕在申，胎在酉，養在戌。

> 乙木生午，沐浴在巳，冠帶在辰，建祿在卯，帝旺在寅，衰在丑，病在子，死在亥，墓在戌，絕在酉，胎在申，養在未。

> 丙火戊土生寅，沐浴在卯，冠帶在辰，建祿在巳，帝旺在午，衰在未，病在申，死在酉，墓在戌，絕在亥，胎在子，養在丑。

> 丁火己土生酉，沐浴在申，冠帶在未，建祿在午，帝旺在巳，衰在辰，病在卯，死在寅，墓在丑，絕在子，胎在亥，養在戌。

> 庚金生巳，沐浴在午，冠帶在未，建祿在申，帝旺在酉，衰在戌，病在亥，死在子，墓在丑，絕在寅，胎在卯，養在辰。

> 辛金生子，沐浴在亥，冠帶在戌，建祿在酉，帝旺在申，衰在未，病在午，死在巳，墓在辰，絕在卯，胎在寅，養在丑。

> 壬水生申，沐浴在酉，冠帶在戌，建祿在亥，帝旺在子，衰在丑，病在寅，死在卯，墓在辰，絕在巳，胎在午，養在未。

> 癸水生卯，沐浴在寅，冠帶在丑，建祿在子，帝旺在亥，衰在戌，病在酉，死在申，墓在未，絕在午，胎在巳，養在辰。

> 寅申巳亥，五陽長生之局。子午卯酉，五陰長生之局。〔註112〕

將這段話歸納分析，就可以得出一個完整的十天干生旺死絕表：

〔註112〕李峰注解：《新刊合併官板音義評注淵海子平》卷 1《論天干生旺死絕》，海南出版社，2002 年，第 30、31 頁。另，《三命通會·論天干陰陽生死》對十天干陽順陰逆的宮位安排方式也有解說，其十二長生運應與《淵海子平》同，只是每個天干只解釋了兩三個宮位安排。參見（明）萬民英撰《三命通會》卷 2《論天干陰陽生死》，中醫古籍出版社，第 96～99 頁。

《淵海子平》中十天干生旺死絕表

	五陽干順行					五陰干逆行				
	甲	丙	戊	庚	壬	乙	丁	己	辛	癸
長生	亥	寅	寅	巳	申	午	酉	酉	子	卯
沐浴	子	卯	卯	午	酉	巳	申	申	亥	寅
冠帶	丑	辰	辰	未	戌	辰	未	未	戌	丑
臨官	寅	巳	巳	申	亥	卯	午	午	酉	子
帝旺	卯	午	午	酉	子	寅	巳	巳	申	亥
衰	辰	未	未	戌	丑	丑	辰	辰	未	戌
病	巳	申	申	亥	寅	子	卯	卯	午	酉
死	午	酉	酉	子	卯	亥	寅	寅	巳	申
墓	未	戌	戌	丑	辰	戌	丑	丑	辰	未
絕	申	亥	亥	寅	巳	酉	子	子	卯	午
胎	酉	子	子	卯	午	申	亥	亥	寅	巳
養	戌	丑	丑	辰	未	未	戌	戌	丑	辰

　　由此表不難發現，除了水土同行變成火土同行外，五陽干的十二長生運與五行的十二長生運是一致的。五陽干生旺死絕的歷程是順著十二地支的順序而運行的。五陰干的生旺死絕歷程則逆十二地支而行，其十二長生運與五陽干正好相反。如同一五行的陽干處於長生時，陰干處於死；陽干處於死時，陰干處於長生。正所謂陽順陰逆、陽死陰生。

　　十天干陽順陰逆、陽死陰生之說起於何時，殊難考定。因為此說雖出現於《李虛中命書》，但是對《李虛中命書》最早的轉引已是在南宋中期的《五行精紀》中。由唐至宋，數百年間，其書不知增刪幾何。故陸致極先生認為的中唐時期陽順陰逆說應該已經確立的觀點，並不能得到確切證實；而其所認為的「宋代以後，十天干生旺死絕已經非常盛行，這是沒有疑義的」之說，也由於所依版本的問題，難以成立。〔註113〕只能說，至遲在宋代，十天干陽順陰逆說才初具雛形。

─────────────

〔註113〕參見陸致極著《中國命理學史論》，上海人民出版社，2008年，第111、112頁。

　　《五行精紀》中確切記載十天干生旺死絕內容的只有一部文獻，即《廣信集》。因為《李虛中命書》只是提到「陽死陰生」、「陰死陽生」這樣的詞眼，並未述及具體內容。而《廣信集》則就此詞眼引申出了十天干陽死陰生、陽順陰逆之說：

　　　《命書》云：陰死陽生，陽死陰生，人皆言之，未知其詳，今書以示將來。且甲生於亥，順數至寅臨官為祿，至午而死，乙卻復生於午，逆數至卯臨官為祿，蓋死於亥，而甲復生也。丙生寅，順數至巳臨官為祿，至酉而死，丁卻復生於酉，逆數至午臨官為祿，蓋死於寅，而丙復生也。庚辛壬癸皆彷此。惟戊生申，逆數至巳上臨官為祿，己生於卯，順數至午上臨官為祿。此陰死陽生，陽死陰生之說也。（《廣信集》）〔註114〕

　　該文開頭即云「陰死陽生，陽死陰生，人皆言之，未知其詳」，說明當時人們對十天干新的十二長生運並不熟悉，故《廣信集》「今書以示將來」。從「甲生於亥，順數至寅臨官為祿，至午而死，乙卻復生於午，逆數至卯臨官為祿，蓋死於亥，而甲復生也」以及「丙生寅，順數至巳臨官為祿，至酉而死，丁卻復生於酉，逆數至午臨官為祿，蓋死於寅，而丙復生也」兩句話可以推知甲乙二木與丙丁二火已按照陽順陰逆、陽生陰死之規定配置在十二長生運中。且由其在長生、臨官、死三個宮位上的配置與《淵海子平・論天干生旺死絕》中的相關配置對比，可以明確此二行四干的生旺死絕歷程當與後世無異。而該文又云「庚辛壬癸皆仿此」，說明當時木火金水之八天干十二宮位的安排均已與今天相同。

　　在這裡，尤為引人注意的，還是該文對土行陰陽二干的安排。「惟戊生申，逆數至巳上臨官為祿，己生於卯，順數至午上臨官為祿。」《廣信集》此句話中，有兩點頗為引人關注。一是該處以戊生申、己生卯，不是以土火同行，而是將土行同於水行。二是該處土行二干不是採用陽順陰逆的配置方式，而是採用陽逆陰順的獨特配置。前文已言明五行十干之陰陽，其中戊為陽干，己為陰干。但是《廣信集》卻讓戊逆數三位至巳為臨官，己順數三位至午為臨官。這種陰陽顛倒、陽逆陰順的長生運配置方式可謂他處絕無而此處僅見。不過，撇開筆者陋見，《廣信集》在這裡還是透漏出不少珍貴的信息。其一，宋代命理術已經開始採用十天干陽順陰逆、陽生陰死的新的十二長生運。而

且除了土行二干以外，其餘四行八干的十二長生運安排已與後世完全相同；其二，宋代命理術中的十天干十二長生運還是採用水土同行的配置，這恐怕與五行十二長生運中的水土同行的配置有直接關聯。因爲前者正是對後者的直接繼承改進；其三，土行二干的十二長生運的配置還在試驗之中，並沒有成型。以至於竟可以看到陽逆陰順的獨特配置方式。可以想見，宋人爲了土行的安置，一定也與隋以前的人們一樣，費盡了心機。如前所述，戊己二干在十天干的十二長生運中的安排，最終的定型是在明代中後期的《淵海子平》。而這一安置究竟經歷了怎樣的歷程，由於史料的缺乏，難以一一還原，只能大體羅列至此。

（五）明清兩代對十天干陽順陰逆說的相關評論

宋代開始形成的十天干陽順陰逆的十二長生運，至明代《淵海子平》、《三命通會》終告完成，而有關十天干陽順陰逆的安排卻在明清兩代爭論不休。爭論的原因，主要在於五陰干逆行十二長生運難以從喻象角度來解釋。正如陳素庵所言：「夫五陽育於生方，盛於本方，斃於泄方，盡於剋方，於理爲順。若五陰生於泄方，死於生方，於理未通。」正因如此，自明末《滴天髓》開始，明清兩代的主要命理文獻幾乎皆有對十天干陽順陰逆說的爭執。現擇明清兩代有代表性的觀點略爲陳述。

首先來說贊同者的觀點。明清兩代贊同十天干陽順陰逆說的命理大師首推清代乾隆時期的沈孝瞻。沈孝瞻在其著作《子平眞詮‧論陰陽生死》中以「氣」、「質」之說解釋陽干主聚主進、陰干主散主退：

> 　　陽主聚，以進爲進，故主順。陰主散，以退爲退，故主逆。此長生沐浴等項，所以有陽順陰逆之殊也。四時之運，成功者去、等用者進。故每干流於十二支之月而生旺墓絕，又有一定。陽之所生，即陰之所死，彼此互換，自然之運也。即以甲乙論，甲爲木之陽，天之生氣流行萬木者，是故生於亥而死於午。乙爲木之陰，木之枝枝葉葉受天生氣，是故生於午而死於亥。木當亥月，正枝葉剝落，而內之生氣，已收藏飽足。可以爲來春發洩之機，此其所以生於亥也。木當午月，正枝葉繁盛之候，而甲何以死？卻不知外雖繁盛，而內之生氣發洩已盡。此其所以死於午也。乙木反是，午月枝葉繁盛即爲之生。亥月枝葉剝落即爲之死。以質而論，自與氣殊也。以

甲乙爲例，餘可知矣。〔註115〕

　　沈孝瞻以陽干陰干異質的角度來解釋陽干順行、陰干逆行的現象，可謂別有見地。他提出陽干爲氣，氣主聚，以進爲進，故於十二月地支順行；陰干爲質，質主散，以退爲退，故於十二月地支逆行。他又以甲乙木舉例，甲木生於亥而死於午。甲木生於亥，因爲「木當亥月，正枝葉剝落，而內之生氣，已收藏飽足。可以爲來春發洩之機」，是故甲木生於亥。甲木死於午，頗爲令人不解，因爲此月木正枝葉繁盛之候，而甲何以死？沈孝瞻釋曰：「卻不知外雖繁盛，而內之生氣發洩已盡。此其所以死於午也。」而其對乙木的生死理解更爲直接，亥月枝葉剝落是乙木死時，午月枝葉繁盛是乙木生時。兩相對比，不難發現，沈氏是以氣論甲木生死，以質論乙木生死。沈氏的這一理論，未必能很完美地解釋十天干陽順陰逆的十二長生運，但是他無疑爲後人解釋此說鋪就了一條新的道路。

　　明清以來，對十天干陽順陰逆說持反對意見的大有人在。成書於明末的《滴天髓》，論及陰陽順逆之說時講到：「陰陽順逆之說，《洛書》流行之用，其理信有之也，其法不可執一。」看來此處對該說還是保有一個持中的觀點。而在該句話原注中，已出現了對五陰干宮位安排的質疑，並指出推命時絕不可依此理：

　　　　陰生陽死，陽順陰逆，此理出於《洛書》。五行流行之用，故信有之，然甲木死午，午爲洩氣之地，理固然也。而乙木死亥，亥中有壬水，乃其嫡母，何爲死哉？凡此皆詳其干支輕重之機，母子相依之勢，陰陽消息之理，而論吉凶可也。若專執生死敗絕之說，推斷多誤矣。〔註116〕

　　清初陳素庵也曾堅決反對五陰干逆行十二宮的安排，認爲其於禮未通：

　　　　舊書從各支起長生、沐浴、冠帶、臨官、帝旺、衰、病、死、墓、絕、胎、養十二位有陽生陰死，陰生陽死之異焉。夫五陽育於生方，盛於本方，斃於洩方，盡於剋方，於理爲順。若五陰生於洩方，死於生方，於理未通。即曲爲之說，而子午之地，終無產木產金之道。寅亥之地，終無滅火滅水之道。

〔註115〕（清）沈孝瞻撰、徐樂吾評注：《子平眞詮評注》，中醫古籍出版社，2012年，第37頁。

〔註116〕（清）任鐵樵注：《滴天髓闡微》，中醫古籍出版社，2012年，第45頁。

進而他舉出了當時盛行於子平術的十神說及墓庫說，指出二說皆是以陰陽同生同死來制定，並沒有牽涉到陽生陰死或陽順陰逆，從而證明了該說的荒謬：

> 諸舊書命格，丁遇酉以財論，乙遇午，己遇酉，辛遇子，癸遇卯，以食神論，具不以生論。乙遇亥，丁遇寅，癸遇申，以正印論。己遇寅藏之丙，辛遇巳藏之戊，亦以正印論，具不以死論。其論墓則木必於未，火必於戌，金必於丑，水土必於辰。從無以戌爲乙墓，丑爲丁己墓，辰爲辛墓，未爲癸墓者。則陰陽同生同死爲是。〔註117〕

晚清時期的命理術士任鐵樵在注《滴天髓》一書時，也表明了自己對十天干陽順陰逆說的反對態度。他在贊同「陰陽順逆之說，《洛書》流行之用，其理信有之也」的同時，也指出此說於命理術並不適用：「若論命理，則不專以順逆爲憑，須觀日主之衰旺，察生時之淺深，究四柱之用神，以論吉凶，則了然矣。」而且和陳素庵一樣，任鐵樵也認爲十天干應是陰陽同生同死。他在轉引了陳素庵的上文後，得出結論：「由此觀之，陰陽同生同死可知也，若執定陰陽順逆，而以陽生陰死，陰生陽死論命，則大謬矣。故《知命章》中『順逆之機須理會』，正爲此也。」〔註118〕

明清以來對命理術中十天干陽順陰逆說的爭論直到今天還在持續。不過就理論創新而言則無甚可陳。或許源於宋代民間的十天干陽順陰逆說原本就是當時命理術士的一種理論的嘗試，初創者沒有自圓其說，後來者孜孜以求的完美理論當然也就成了緣木求魚。但是，此說的價值仍是不容抹殺的。「應該說，陽順陰逆說在某種程度上，比起陰陽同生死說，更能揭示陰陽異質在十二地支中運行的細微差別。」〔註119〕清代以後，要求取消此說的主張不絕於耳，但是直到今天，大多數命理術士或學者還是在運用、肯定著這一理論。自宋代至今，這一理論能歷千年而不被淘汰，這本身就是歷史對其價值的肯定。

（六）今人對土水同行向土火同行轉變的解讀

上文已經談到，從隋代的《五行大義》，歷宋代的《五行精紀》，一直到明代的《淵海子平》，無論是五行十二長生運還是十天干十二長生運，都有過火土同行和水土同行的記載。宋人對此區別似乎關注不多，筆者僅見《五行

〔註117〕　（清）陳素庵著：《命理約言》，第283、284頁。
〔註118〕　（清）任鐵樵注：《滴天髓闡微》，中醫古籍出版社，2012年，第45、46頁。
〔註119〕　陸致極著：《中國命理學史論》，第266頁。

精紀‧論五行一》中有「水土生申，陰陽家之說也」的記載。〔註120〕除此以外，似乎再無論及。明清以及近代，命理學者主要在爭論十天干十二長生運中五陰干逆行是否合理，對水土同行和火土同行問題似乎也沒有予以關注。直到近年，旅美華裔學者陸致極先生始於其著作《中國命理學史論》中講到十二長生運中水土同行向火土同行的轉換問題，並從中引申出中國古代經濟中心南移的問題。〔註121〕該說立論新穎，然究其論證過程，筆者自覺陸先生難以自圓其說。由於近年來似無人對此說予以佐證或批駁，故筆者於本文特闢專節予以回應。

首先來看看陸致極先生於其書中是如何表述其觀點的：

在五行的方位上，北方爲水，南方爲火，而土居中央。漢代水土同行的處置方式，説明位居中央的土，更多地依附於北方的水，爲什麼後來逐漸演變成跟南方的火同行呢？這種演變本身是否蘊涵著一種中心點南移的趨勢？

事實上，這已表現出對原先的中華自然生態模式的一個重要的調整，即「中土」的地理位置，已有秦漢時代以河南洛陽古都爲中心的區域（大致在北緯35°左右）南遷，或者説，中華自然生態原先在古代中國的中心位置已從黃河中下游流域向南方的長江流域轉移。同時，在自然氣候的模式上，也從原先春（木）——夏（火）——長夏（土）——秋（金）——東（水）模式，轉變爲春（木）——夏（火）——秋（金）——冬（水）四季平均分配的模式，而土則被分配到四個季月（三月、六月、九月、十二月）的最後十八天。

傳統命理學上出現的這個對自然生態模式認識的變化，是有它的歷史原因的。這個調整，實際上跟古代中國社會經濟重心在歷史發展過程中的變遷相一致。

……到宋代，長江上游和長江下游的經濟在全國已有舉足輕重的地位。當時長江下游已有「蘇湖足，天下足」之稱。可以認爲，此時中國的經濟重心已經南遷到了長江流域。在城市經濟方面，重

〔註120〕（宋）廖中撰：《五行精紀》卷7《論五行一》，第60頁。
〔註121〕參見氏著《中國命理學史論》，第109～111頁。

－202－

要城市的分佈重心，也出現了東移南遷。因此，命理學出現土的歸屬，從水土同行到火土同行的變化，恐怕不是偶然的。

……

從軌跡圖可以看到，在長達兩千年的時間內，中國人口重心南北是在北緯30°至35°之間、東西在東經116°至113°之間移動。若以地名表示，則人口重心約在北起鄭州以北，南達九江，東處商丘以東，西達洛陽、南陽一帶移動。南北擺動的幅度，大於東西擺動的幅度。進一步觀察，從隋朝到唐朝，再從唐朝到宋朝，宋朝再到元朝，人口重心一再南移，這跟中土的地理位置的南移基本上是相吻合的。而這階段正是傳統命理學形成的重要時期，火土同行的完成似乎在這裡可以找到歷史的佐證。〔註122〕

陸致極先生的論點是，十二長生運中水土同行到火土同行的轉變過程，蘊涵著中國古代經濟中心南移的趨勢。其立論的依據大體有二：一是漢代出現水土同行的處置方式，而後逐漸向火土同行轉換，至宋代，尤其是南宋，火土同行完成；二是中國古代的經濟中心從秦漢時期的黃河流域逐漸南遷到宋代的長江中下游流域。隨著經濟中心的南移，中國人的中土觀念也在發生改變。綜合以上兩點可以發現，水土同行向火土同行的轉換過程恰好與中國經濟重心南移的過程基本吻合。據此，陸致極提出十二長生運中水土同行到火土同行的轉變過程，蘊涵著中國古代經濟中心南移的趨勢。

筆者認為，如果陸致極上述兩個論點都可以證明成立，那麼十二長生運中水土同行到火土同行的轉變過程蘊涵著中國古代經濟中心南移的趨勢的論點也是基本可以成立的。雖然這種因果聯繫並不緊密，還需進一步論證，但作為一個學術觀點是值得關注的。不過，遺憾的是，筆者發現陸致極先生的兩個論點除了第二個早已為先賢所證明外，剩下的第一個論點的論證過程並不準確，當然其結論也就無從談起了。

先看陸致極先生的第二個論點，中國古代經濟重心的南移問題。有關中國古代經濟重心南移及其完成的問題，前輩學人特別是宋史領域的學人多有論及。尤其自張家駒先生始，中國史學界基本上已達成共識，那就是中國經濟重心在宋代基本移至南方。〔註123〕這一論點之確實，已無需筆者贅述。

〔註122〕陸致極著：《中國命理學史論》，第109～111頁。
〔註123〕有關中國經濟重心南移的代表性論著及文章，有張家駒著《兩宋經濟重心的

再來看陸先生的第一個論點，十二長生運中水土同行向火土同行的轉變時間是否也與中國古代經濟重心的轉移時間相吻合。陸氏對這一論點的論證主要是水土同行出現於漢而火土同行完成於宋。但是筆者認爲，無論是水土同行的出現時間還是火土同行的完成時間，陸氏都錯誤地使用了史料，以致於其得出了完全錯誤的結論。陸氏認爲水土同行出現於漢代主要依據於民國時期徐昂注解《京氏易傳》的一段話。按《京氏易傳》卷下有這麼一段原文：「寅中有生火，亥中有生木，巳中有生金，申中有生水，丑中有死金，戌中有死火，未中有死木，辰中有死水，土兼於中。」〔註124〕徐昂對此注解到：「火長生在寅而死於酉，墓在戌也；木長生在亥而死於午，墓在未也；金長生在巳而死於子，墓在丑也；水長生在申而死於卯，墓在辰也；土居中央，而通於四時，其生死於水同位。」〔註125〕徐昂在注解中提到了水土同位的概念，於是陸氏得出結論：「因此自京房以後，易卦推斷中都採納了水土同行的處理方式。」〔註126〕可是陸氏犯的一個錯誤是，徐昂在注解中提到的水土同位，並非《京氏易傳》中原意，而是徐昂自己的觀點。漢代究竟有沒有出現水土同行的配置，還需後來者不斷發掘，至少今天尚未發現漢代文獻中有這種配置。總之，陸氏認爲水土同行出現於漢代的論點此處並不能成立。

隨後，陸氏檢索了《五行大義》、《玉照定眞經》、《珞琭子三命消息賦》徐子平注本，指出由隋至南北宋之交，五行十二長生運雖然有火土同行之勢，但是在墓位安排上依然是水土同位。一直到《淵海子平‧論天干生旺死絕》

南移》，湖北人民出版社，1957 年；曹爾琴：《唐代經濟重心的轉移》，載《歷史地理》（第二輯），上海人民出版社，1982 年；周殿傑：《安史之亂前唐代經濟重心在北方說》，載《學術月刊》1982 年第 9 期；羅宗眞：《六朝時期全國經濟重心的南移》，載《江海學刊》1984 年第 3 期；漆俠：《宋代社會生產力的發展及其在中國古代經濟發展過程中的地位》，載《中國經濟史研究》1986 年第一期；鄭學檬：《中國古代經濟重心南移的若干問題探討》，《光明日報》1988 年 6 月 15 日；盧星、倪根金：《中國古代經濟重心南移問題研究綜述》，載《爭鳴》1990 年第 6 期；程民生著：《宋代地域經濟》，河南大學出版社，1992 年；葛金芳著：《中國經濟通史》（第五卷），湖南人民出版社，2002 年；鄭學檬著：《中國古代經濟重心南移和唐宋江南經濟研究》，嶽麓書社，2003 年。

〔註124〕（漢）京房撰：《京氏易傳》卷下，載盧央著《京氏易傳解讀》，九州出版社，2004 年，第 521 頁。

〔註125〕徐昂著：《京氏易傳箋》，之江中國文學文學會集刊單行本，依自序印於 1939 年。

〔註126〕陸致極著：《中國命理學史論》，第 108 頁。

篇中，才見到今天所用的十天干生旺死絕歷程。陸氏認爲此時恰爲南宋，火土同行於此時已經完成。〔註127〕筆者認爲，陸氏此處的論點，由於其混淆了文獻的形成時間以及主體內容的概念，也是完全錯誤的。前文已經提到，在隋代《五行大義》中的五行十二長生運的宮位安置上，已有一種火土同行的趨勢。但是到了宋代，當時命理術中的五行十二長生運，又廣泛採用水土同行的配置。在當時逐漸成形的十天干陽順陰逆的十二長生運編排上，也是採用水土同行的配置。直到明代《淵海子平》，才正式將十天干十二長生運中的水土同行轉變爲火土同行。所以從長遠的觀點來看，無論是五行十二長生運還是十天干十二長生運，都有過火土同行以及水土同行。所不同的是，前者的記載是先火土同行，而後水土同行，並且再無改動；後者的演變則毫無疑問是從水土同行到火土同行。前者的變化，並不一定是五行十二長生運在命理術中的演變軌跡。筆者前文已提到，在古代，陰陽五行知識廣泛散佈於各個領域，然各個領域的陰陽五行內容卻又不盡相同。五行十二長生運在隋宋兩代不同的記載，很可能是不同領域的五行十二長生運的各自規定，而非演變過程。不然，很難理解爲何在宋代命理術中，五行十二長生運均爲水土同行，毫無火土同行的痕跡。而十天干的十二長生運，從目前掌握的史料來看，是在五行十二長生運的基礎上出現的，而且出現伊始也遵循著土隨水行的原則。所以，宋代的兩種十二長生運，均未有火土同行的配置出現。

　　陸氏提到的《玉照定眞經》乃是宋元之際的命理書籍，而非其所說是出於唐末、宋初命理家之手的著作。其文中確有「水土到辰爲聚墓之地」這樣的話，但這不是說明此時在火土同行的大勢下仍堅持著水土同墓，而是說明至遲在元代，五行十二長生運還在遵循著水土同行。此句話只是指明水土二行墓位共在辰而已。至於另一部文獻《珞琭子三命消息賦》之徐子平注本，更不會如陸氏所言出現在北宋、南宋交替之際。《珞琭子賦》廣泛行於唐宋之際，其注本現有數種。如《五行精紀》中提到的就有不下五人的注本，而經常採用的是釋曇瑩注本和王廷光注本。但是在宋代，卻並未見到徐子平注本，該注本的最早出現是在元代。從版本的出現時間上來考慮，徐注本很可能是宋末元初之人的僞作。至於其文中所涉及到的水土同墓問題，很可能還是指五行十二長生運的水土同墓。所以，陸氏所考證的火土同行在宋代中前期的演變是不存在的。

〔註127〕陸致極著：《中國命理學史論》，第108、109頁。

陸氏認爲水土同行向火土同行的演變的最終完成出現在《淵海子平》中，並依此斷定，此說的最終形成是在南宋。在《淵海子平·論天干生旺死絕》中，的確是發現了最早的火土同行安排，但是該書的出現卻已是嘉靖二十七年（1548），今日能看到的版本是萬曆二十八年（1600）由唐錦池增補的。此距南宋的滅亡已有三百餘年。雖然唐錦池編訂《淵海子平》時所依《子平三命通變淵源》一書爲宋書，但是筆者檢索南宋晚期之《子平三命通變淵源》一書，發現原書內容極少，並未涉及十天干生旺死絕歷程內容。故筆者保守判定此處十天干十二長生運乃是明代命理知識。陸氏認定的火土同行完成時間大概在南宋的結論，當然也是站不住腳的。

其實，依筆者的總結和判斷，在中國古代命理術的五行十二長生運中，很可能並沒有出現水土同行向火土同行的轉變。至少在宋代及其以後，五行的十二宮運程，一直是水土同行的。而於宋代出現的十天干的十二長生運中，的確出現了水土同行向火土同行的轉變，只是這一轉變的時間已是宋明之際了。十天干爲何沒有一直遵循五行十二宮中水土同行的配置方式，而採用土火同行的配置方式，至今還沒有相關的理論解釋。隨著對相關文獻的逐漸發現及深入解讀，隨著今後研究的深入，或許這一謎題終將爲世人所揭開。

第三節　干支合沖害刑

一、合

（一）干合與支合

天干地支均有合，天干有五合：甲與己合化成土，乙與庚合化成金，丙與辛合化成水，丁與壬合化成木，戊與癸合化成火。地支有三合和六合。所謂三合，即申子辰合化水局，寅午戌合化火局，亥卯未合化木局。所謂六合，即亥與寅合化木，辰與酉合化金，午與未合化土，子與丑合化土，卯與戌合化火，申與巳合化水。本文略述地支的三合與六合問題。

具體來講，干爲陽，屬天；支爲陰，屬地。天干地支又各分陰陽。十天干中，甲陽，乙陰，丙陽，丁陰，戊陽，己陰，庚陽，辛陰，壬陽，癸陰。十二地支中，子陽，丑陰，寅陽，卯陰，辰陽，巳陰，午陽，未陰，申陽，

酉陰，戌陽，亥陰。〔註128〕如此，則天干的五合及地支的六合均爲一陰一陽
之合。地支的化合有三合及六合。三合即三合局，即申子辰三合水局，寅午
戌三合火局，亥卯未三合木局。三合局的組成有一定規律可循，任何一類三
合局均由所合化五行之長生、帝旺、墓庫組成。長生意味著五行處在開始生
長的階段，帝旺表示該五行正處在發育最旺盛的階段，墓庫則是其衰老的時
期。長生、帝旺、墓庫三者始終相連，結爲一氣，代表了該五行成長的簡潔
歷程。

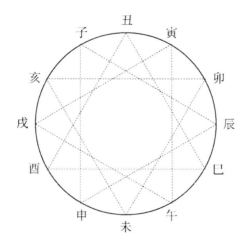

地支三合局圖

　　三合局的出現歷史較早，西漢時期的《淮南子‧天文訓》中已有三合局
出現：「木生於亥，壯於卯，死於未，三辰皆木也；火生於寅，壯於午，死於
戌，三辰皆火也；土生於午，壯於戌，死於寅，三辰皆土也；金生於巳，壯
於酉，死於丑，三辰皆金也；水生於申，壯於子，死於辰，三辰皆水也。」〔註
129〕這裡雖然沒有給出三合局的名稱，但是三合局的來源已被指明。書中除了

〔註128〕《五行大義》卷2《論合》，第193頁。還有一種地支陰陽安排爲子丑寅卯辰
　　　　巳爲陽，午未申酉戌亥爲陰。參見（隋）蕭吉撰《五行精紀》卷6《論支神》，
　　　　第43頁。今日採用的陰陽區分標準是以地支藏干之本氣來判別其陰陽，如巳
　　　　中藏干丙戊庚，其中本氣爲丙陽火，則巳爲陽火；午中藏干丁己，其中本氣
　　　　爲丁陰火，則午爲陰火。其他十支同此法判。這種地支陰陽判法更能體現出
　　　　干支參與的推命過程中地支的陰陽屬性。《五行精紀》亦收錄有此種判法，參
　　　　見（宋）廖中撰《五行精紀》卷6《並論干神》，第46頁。
〔註129〕劉文典撰：《淮南鴻烈集解》卷3《天文訓》，第121頁。

土的三合局較爲新穎，不爲後世所承認外，其餘金、水、木、火之三合局皆與今同。

在具體推命過程中，地支的三合局形成較爲簡單，沒有什麼限制條件。命局的四五柱地支中，只要有滿足三合局的三個地支出現，就可以合化成功。

相比較而言，地支的六合的情況較爲複雜一些。所謂六合，就是亥與寅合化成木，辰與酉合化成金，午與未合化成土，子與丑合化成土，卯與戌合化成火，申與巳合化成水。六合之中，其中前三合爲合中有生，後三合爲合中有剋。

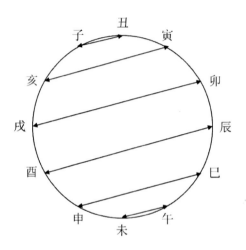

地支六合圖

關於六合的來歷，《五行大義》做了如下解釋：

> 支合者，日月行次之所合也。正月，日月會於諏訾之次，諏訾，亥也，一名豕韋，斗建在寅，故寅與亥合。二月，日月會於降婁之次，降婁，戌也，斗建在卯，故卯與戌合。三月，日月會於大梁之次，大梁，酉也，斗建在辰，故辰與酉合。四月，日月會於實沈之次，實沈，申也，斗建在巳，故巳與申合。五月，日月會於鶉首之次，鶉首，未也，斗建在午，故午與未合。六月，日月會於鶉火之次，鶉火，午也，斗建在未，故未與午合。七月，日月會於鶉尾之次，鶉尾，巳也，斗建在申，故申與巳合。八月，日月會於壽星之次，壽星，辰也，斗建在酉，故酉與辰合。九月，日月會於大火之次，大火，卯也，斗建在戌，故戌與卯合。十月，日月會於析木之

次，析木，寅也，斗建在亥，故亥與寅合。十一月，日月會於星紀
之次，星紀，丑也，斗建在子，故子與丑合。十二月，日月會於玄
枵之次，玄枵，子也，一名天黿，斗建在丑，故丑與子合。〔註130〕

依此解釋，地支六合應來源於古代星象之學，是日月行次所合而成的。
這與前文所載古人以天象釋真五行之十干兩兩化合如出一轍。此恐是古代星
象家自神其說，非地支六合之真相。至於地支六合的條件，今天的命理術雖
然有些許規定（主要是地支六合，必須是相合的地支在命局中位置相鄰，隔
位不能作合。隔位作合，只能作遙合看，有合之情，而無合之實），但在宋
代命理文獻中似沒有相應記載。而且六合所化之五行究竟為何如此規定，宋
代命理文獻也並未告訴人們答案。不過有一點是值得關注的，那就是與天干
五合及地支三合局相合不論干支順序不同，宋代命理文獻中似乎很重視地支
六合時合支的前後順序，即相合兩地支前後順序不同，斷命的吉凶就會有巨
大的差別。如《天元變化書》就這樣規定到：「子合丑，福輕。丑合子，福
盛。寅合亥，福清。亥合寅，福慢。戌合卯，福虛。卯合戌，福厚。辰合酉，
福弱。酉合辰，大利。午合未，福慢。未合午，大利。巳合申，福慢。申合
巳，官氣盛。」〔註131〕上述文字就吉凶分而言之，即丑喜合子，子不喜合
丑；亥喜合寅，寅不喜合亥；卯喜合戌，戌不喜合卯；酉喜合辰，辰不喜合
酉；未喜合午，午不喜合未；申喜合巳，巳不喜合申。由此可見，即使為同
一對地支相合，合出的吉凶也可以大不一樣。在另一部宋代命理文獻《玉照
定真經》中，書中對六合地支前後順序不同導致的不同命運做出了更為詳細
的說明：

子來合丑，宮觀閒人：

子為帝釋之宮，丑為雲室之房。子合丑者，不順；丑合子者，
順也。

丑到子鄉，復為真吉。

丑人合子，順；子合丑，不順。

亥朝寅位，滋養外人：

亥者，無氣之水；寅者，天梁之木。亥必奔流，木必有根，故
亥合寅不順。

〔註130〕（隋）蕭吉撰：《五行大義》卷2《論合》，第193、194頁。
〔註131〕（宋）廖中撰：《五行精紀》卷6《論支神》，第43頁。

寅入天宮，顯然之兆。

寅木就亥，木值生吉。凡寅生合亥，吉順也。

天魁到卯，破敗田土；

戌者，天都之山；卯者，三光之戶。

木入天魁，復爲吉兆。

卯合戌順，戌合卯不順，戶可就山之吉。

酉朝罡上，金土兩和；

酉金合辰上兩合，和合之象耳。

罡到金中，和中有訟。

土入金者，先和而後訟也。故言後訟之象耳。

巳刑傳送，道路長行；

巳刑申，巳火刑申金，上剋下，故順刑，道路長行之兆耳。

申到巳中，行人返復。

申金人，巳火逆也，故行人返復也。

未午合分得失，未吉午凶。

未土逢火生，吉；午火逢未土，凶。

細視陰陽，居分得失。

何先，何後，何吉，何凶，細視之三元下。〔註132〕

　　這裡，以年支爲主，當合支順序合適時，命運就會吉順；當合支順序不當時，命主命運就會多有波折，比如年支爲子，他支爲丑時，這樣的命主很可能是僧道之流。又比如年支爲戌，他柱地支有卯時，這樣的命主便會田土破敗。這段文字與《天元變化書》略有不同的是，六合之中寅喜合亥，亥不喜合寅；巳喜合申，申不喜合巳（但申巳二支無論前後順序如何，吉凶結果相差不大）。無論是《天元變化書》還是《玉照定眞經》，二者都強調了六合時地支順序對於判命的重要性。需要指出的是，宋人的這種重視合支先後順序的習慣今天早已不復存在。其中緣由，很可能是隨著子平術的產生發展，判命方法發生重大改變所致。

〔註132〕《玉照定眞經》，文淵閣《四庫全書》第809冊，第40、41頁。

（二）干支互合

在今天的命理學界看來，天干與地支是兩套既互相聯繫，又相互區別的符號系統。天干專講生剋制化，地支專講刑沖合害。天干與地支之間是不能直接互生互剋的。其中緣由，主要是因爲地支藏遁所致。地支中除了含有本氣外，還含有餘氣（或稱雜氣）。由於每一個地支，都對應著一年中的某一個月份，而每一個月份，由於節氣的改變，其五行性質也在不斷變化中，故而地支所含五行內容較爲複雜。在此基礎上形成的地支藏遁，就是指每一個地支中含有一到三種不同的天干，其中發揮主要作用的天干稱爲本氣，其餘次要的天干稱爲餘氣。《五行大義》中，已經有了五行四時主事的概念，即五行在一年當中有規律性的改變。宋人繼承了這種認識，並在具體推命過程中有了地支藏遁的應用，但筆者並未在宋代命理文獻中發現對地支所藏天干的具體的劃分。直到明代的《淵海子平》中，才見到細分每月五行分日主事的《論天地干支暗藏總訣》、《論節氣歌》以及明確地支藏遁內容的《地支藏遁歌》。《淵海子平》在書中用《地支藏遁歌》詳細概括了各支藏干的情況：

> 子宮癸水在其中，丑癸辛金己土同，寅宮甲木兼丙戊，卯宮乙木獨相逢，
>
> 辰藏乙戊三分癸，巳中庚金丙戊叢，午宮丁火並己土，未宮乙己丁其宗，
>
> 申位庚金壬水戊，酉宮辛字獨豐隆，戌宮辛金及丁戊，亥中壬甲是眞蹤。〔註133〕

但在《地支藏遁歌》中，作者並未明確各地支所藏本氣、餘氣的情況，好在另一首《論節氣歌》講明一月當中天干分日主事時各個天干的輕重比例，從而人們可以對各個地支的本氣、餘氣一目了然：

> 看命先須看日主，八字始能究奧理。假如子上十日壬，中旬下旬方是癸。
>
> 丑宮九日癸之餘，除卻三辛皆屬己。寅宮戊丙各七朝，十六甲木方堆器。
>
> 卯宮陽木朝初旬，中下兩旬陰木是。三月九朝仍是乙，三日癸庫餘戊奇。

〔註133〕李峰注解：《新刊合併官板音義評注淵海子平》卷 1《又地支藏遁歌》，海南出版社，2002 年，第 86 頁。

初夏九日生庚金，十六丙火五戊時。午宮陽火屬上旬，丁火十日九日己。

未宮九日丁火明，三朝是乙餘是己。孟秋己七戊三朝，三壬十七庚金備。

酉宮還有十日庚，二十辛金屬旺地。戌宮九日辛金盛，三丁十八戊土具。

亥宮七戊五日甲，餘皆壬旺君須記。須知得一擬三分，此訣先賢與驗秘。〔註134〕

根據《地支藏遁歌》與《論節氣歌》，各地支所包含的本氣、餘氣情況如下表所示：

地支藏遁表

地支	子	丑	寅	卯	辰	巳	午	未	申	酉	戌	亥
本氣	癸水	己土	甲木	乙木	戊土	丙火	丁火	己土	庚金	辛金	戊土	壬水
餘氣		癸水 辛金	丙火 戊土		乙木 癸水	庚金 戊土	己土	乙木 丁火	戊土 壬水		丁火 辛金	甲木

地支本氣餘氣強弱不同，再經過地支之間彼此的刑沖合害之後，其五行性能往往會發生微妙的改變，故而干支之間一般不能直接發生作用，但在特殊情況下，也會出現干支間直接的合化，如同柱自合便是一例。所謂同柱自合，就是同柱地支所含天干與自身的天干產生相合。符合同柱自合的干支有：戊子、辛巳、壬午、丁亥。本文對這四柱干支一一分析：戊子中的子水所含地支為癸水，戊癸化火；辛巳中的巳火所含地支為丙、戊、庚，其中丙為本氣，戊庚皆為餘氣，丙辛化水；壬午中的地支午火所含地支為丁、己，其中丁為本氣，己為餘氣，丁壬化木；丁亥中第地支亥水所藏地支為壬、甲，其中壬為本氣，甲為餘氣，丁壬化木。〔註135〕通過以上分析可以發現，凡是符合同柱自合的干支，一定是地支所含天干之本氣與所在柱天干可以化合，而餘氣因為不是地支主體，即使符合天干五合，也不能與所在柱天干合化。如甲午一柱，午中雖然含有己土，甲己相合，但己土為地支午之餘氣，非其本

〔註134〕李峰注解：《新刊合併官板音義評注淵海子平》卷1《又論節氣歌》，海南出版社，2002年，第85頁。

〔註135〕關於同柱自合的說明，可以參見凌志軒著《古代命理學研究：命理基礎》，中山大學出版社，2013年，第104、105頁。

氣，故此柱不能自合。由此可見，干支互合雖然在一定條件下也可以發生，但其條件是較爲苛刻的。

干支互合的情況在古今命理文獻中都有記載。《五行精紀》中收錄有《李虛中書》和《三命纂局》所列舉的支干暗合格，其格即以天干與同柱或他柱地支相合判命，現轉錄於下：

> 凡甲人得三未或四未，丑同，名支暗合於干，爲其未中有己。
>
> 亥人得三甲或四甲，名干暗合於支，爲其甲中有寅。如此之類，主無心中稱意，是無合有合也。於前合支干論之解矣，但方諸彼稍慢耳。（《李虛中書》）
>
> 丙人見酉，丙與辛合，辛福在酉。丑人見癸，癸祿在子，子與丑合。又如甲人帶丑未，六癸人見戊，餘皆彷此。（《三命纂局》）〔註136〕

如文中列舉命例，當甲人遇地支未或丑時，因未與丑本氣皆爲己，故甲己化合，此即所謂「支暗合於干」。不過後面的舉例多少讓人有些意外：亥人遇甲，也可亥寅化合，因爲「甲中有寅」；丑人見癸，也可子丑化合，因爲「癸祿在子」。文中稱此種合爲「干暗合於支」。前文提到，地支藏干是古往今來普遍承認的一個現象，故而支可以暗合於干；天干則五行單一，其中並不含一個或多個地支，則此處何來「干暗合於支」？又何謂「甲中有寅」？將這兩段文字通讀，可以得出這樣一個結論，所謂的「甲中有寅」，應是指甲祿在寅，一如文中另處所說「丑人見癸，癸祿在子」，故子與丑合。那麼，所謂的干暗合於支，也就可以理解爲天干之祿恰與它支相合，是故天干暗合於它支。支干暗合格多少類似於今天的同柱自合，只不過宋人並未將干支互合限定在一柱當中。並且，不同於同柱自合只限於地支所含天干與同柱天干的相合，支干暗合格也包括了地支與天干之祿的暗合（雖然此祿所在地支並未在命局中出現）。

此外，《五行精紀》中還收錄有《天元變化書》所舉伏凶格。「如丁巳人不畏癸水爲鬼，緣巳上有暗戊，合卻癸化，眞火發用，名曰伏凶，……」〔註137〕與支干暗合格類似，此格亦以地支藏干與他柱天干相合。不同的是，伏凶格中的干支相合，是以地支餘氣爲基礎的。巳含地支丙、戊、庚，其中丙爲本氣，戊、庚爲餘氣。丁巳見他柱天干癸，巳中本氣與癸無法合，但餘氣戊卻在這裡與癸合化爲眞火而發用，進而使丁巳人不畏癸水之鬼。伏凶格的出

〔註136〕（宋）廖中撰：《五行精紀》卷18《論合神》，第142頁。
〔註137〕（宋）廖中撰：《五行精紀》卷3《論干神一》，第22頁。

現，打破了今日命理術只以地支本氣與天干合的局限，進一步放寬了干支互合的限制。綜合支干暗合格與伏凶格的解釋，可以說，宋代不僅有支干互合的存在，而且其支干互合範圍較之今天還更爲寬泛。

二、沖

干支有合，也有沖。沖若嚴重，還會有破。《五行大義·論沖破》是這樣解釋沖破的：「沖破者，以其氣相格對也。沖氣爲輕，破氣爲重。支干各自相對，故各有沖破也。」無論天干相沖，還是地支相沖，皆以方位相對，五行相剋，同性相斥爲基本特徵。如十干相沖，「干沖破者，甲庚沖破，乙辛沖破，丙壬沖破，丁癸沖破。戊壬、甲戊、乙己，亦沖破。此皆對沖破，亦本體相剋，彌爲重也」〔註138〕。若確定了十天干方位圖，則這些天干相沖的理由便一目了然：

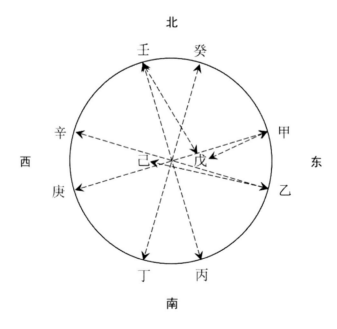

天干相沖圖

〔註138〕（隋）蕭吉撰：《五行大義》卷2《論沖破》，第202頁。其中「甲戊」二字書中作「甲戌」，考慮到此處專言天干相沖，且結合相關知識，故將「戌」改作「戊」。今天認爲，甲與庚沖，乙與辛沖，是因爲它們正處在東西兩方向；丙與壬沖，丁與癸沖，是因爲它們正處在南北相對的位置。但是戊與壬、甲與戊、乙與己之間並無沖，因爲戊己處在中央，並無對立者。參見陸致極著《中國命理學史論》，上海人民出版社，2008年，第113頁注釋6。

　　再比如地支相沖，「支沖破者，子午沖破，丑未沖破，寅申沖破，卯酉沖破，辰戌沖破，巳亥沖破。此亦取相對」〔註139〕。結合地支方位圖，也不難理解上述地支每隔六位，就產生方位相反，五行相剋，陰陽相對的相沖現象：

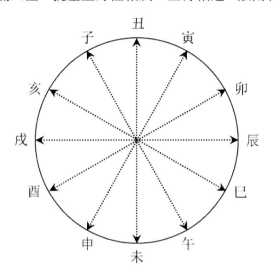

地支相沖圖

　　無論天干還是地支，沖剋嚴重時還會有破。那麼干支沖剋何時僅為沖，又何時方為沖破呢？宋人認為，雖地支相沖，若天干生旺，則不名破；若天干不得地，則地支相沖即為真沖破。也就是說，在宋人看來，判定沖破與否的標準，主要在於天干的得地與否。試舉兩篇文獻為例：

> 相沖還是自相生，集來帝座位無刑，更得華蓋兼權殺，為官清顯統雄兵。
> 相沖相去要長生，見旺之時祿更亨，貪武若更臨時殺，為官清貴掌權兵。
> 此論來去相沖生旺，如戊寅沖丙申，癸卯沖辛酉之類，得相生旺，五行氣不散，更得福神方妙，如甲申沖庚寅，丙子沖戊午，名生旺，沖不破。（《鬼谷要訣》）
> 《天元變化書》云：凡五行向旺者，不名破；向衰弱者，名破。如丙辰得丙戌最妙，戊子得戊午亦妙。若戊午火見戊子火，則名破

〔註139〕（隋）蕭吉撰：《五行大義》卷2《論沖破》，第202頁。

也。……〔註140〕

《天元變化書》在這裡明確指出，五行向旺者，不名破，向衰弱者，名破。那麼究竟何爲五行向旺，五行向衰呢？試以文中所舉命例分析之：如一人命局中年柱戊寅，他柱又有丙申，則兩柱地支寅申相沖。此時，年柱天干戊坐長生寅位，天干向旺，故不畏沖，亦不會出現沖破的情況。又如一人命局中年柱癸卯，他柱又有辛酉。雖然兩柱地支卯酉相沖，但是年柱天干癸坐長生卯位，故亦不爲他柱沖破。此則爲五行向旺，不名破。反之，若年柱天干坐衰位，年柱地支又受他支相沖，則爲他柱沖破矣。此則爲五行向衰弱者，名破。

三、害

相害，又名相穿，就是彼此損害的意思。地支共有六害：戌與酉、亥與申、子與未、丑與午、寅與巳、卯與辰。說起害的來歷，它還與六合與六沖有緊密的聯繫。《五行大義・論害》這樣來解釋害的形成：

> 五行所惡，其在破沖。今之相害，以與破沖合。……辰卯爲害者，卯與戌合，戌破於辰，辰土爲卯木妻，戌辰爲仇，卯與戌合，便是棄辰。與酉合，酉沖破卯，辰爲卯妻，酉爲卯讎。辰與酉合，酉能剋卯。婦奸外夫，殺本夫之象也。巳與申合，申沖於寅，巳爲寅子，申能剋寅，巳與申合，子有逆行。丑午相害者，丑與子合，子沖破午，午與未合，未破於丑，亦是父子相害義也。未子相害者，未與午合，午沖破子，未土爲君，子水爲臣，午火爲子水之財，君以財害臣之象也。子與丑合，丑破於未，丑又是土，子與丑合，欲引外君，共害其主，此則臣有逃亡之象也。申亥相害者，亥與寅合，寅沖於申，申與巳合，巳沖於亥，亦是父子相害義也。〔註141〕

以辰卯二支爲例。卯與戌相合，而辰與戌相沖，在這種情況下，卯與辰便形成相害的關係。又比如戌與酉相害，是因爲辰酉相合，辰戌相沖，被奪去相合之支與來沖之支自然關係不佳，故而相害。同理，子未相害，是因爲子丑合，未丑沖；丑午相害，是因爲丑子合，午子沖；寅巳相害，是因爲寅亥合，巳亥沖；申亥相害，是因爲申巳合，亥巳沖。《五行精紀》便依此解釋

〔註140〕（宋）廖中撰：《五行精紀》卷26《論沖破》，第201頁。
〔註141〕（隋）蕭吉撰：《五行大義》卷2《論害》，第200、201頁。

子未相害與卯辰相害：「未合在午，午沖子，而子未害生。卯害於辰，辰酉合，而卯沖酉破。」〔註 142〕兩支相合，如一對夫妻，第三支與第二支相沖，恰如第三者插足其中，導致夫妻關係破裂，如此，則第三支與第一支便成爲相害的關係。這就是所謂「五行所惡，其在沖破。今之相害，以與破沖合」。有趣的是，明清以來的八字命理術在推命過程中，也常將害的概念運用到婚姻情感方面，這其中最著名的例子便是世人常以兩人年支是否相害來判斷青年男女是否合適婚配。民間世傳屬相相害的配婚口訣：「從來白馬怕青牛，羊鼠相逢一旦休，蛇見猛虎如刀斷，豬見猿猴不到頭，龍逢兔兒雲端去，金雞見犬淚交流。」〔註 143〕歌訣中所謂的屬相不合，即指二人年支相害。如果男女之間屬相相害，那麼兩人是萬不可結婚的。爲了警醒世人，古人多用如刀絞、淚交流、不到頭、一旦休等不好的詞語來形容以後的婚姻前景。古往今來，在這些歌訣的影響下，不知拆散多少青年男女。

　　而在宋代命理文獻《玉霄寶鑒》中，又有另一套對六害的解釋：

　　　　子未相害者，謂未以旺土害子旺水，此勢家相害也。故子人見未則爲害，未人見子不爲害也。

　　　　丑午相害者，謂午以旺火凌丑死金，此官鬼相害也。故丑人見午則爲害，午人見丑不爲害矣。丑人見午，而午更帶丑干之眞鬼，爲害尤重。

　　　　寅巳相害者，謂各恃臨官擅能而進相害也，若干神往來帶眞鬼者，大凶。又有刑在其中也，不可不加減災福斷之。

　　　　卯辰相害者，謂卯以旺木凌辰死土，此以少凌長相害也。故辰人見卯則爲害，卯人見辰不爲害也。若辰人見卯，而卯更帶辰干之眞鬼，則其害尤重。

　　　　申亥相害者，謂各恃臨官競嫉，才能爭進相害也。故申見亥，亥見申，均爲六害，若干頭更帶眞鬼，尤重。

　　　　酉戌相害者，謂戌以死火害酉旺金，此嫉妒相害也。幫酉人見戌則凶，戌人見酉則無災也。若乙酉人得戊戌則爲害尤甚，干見鬼

〔註 142〕　（宋）廖中撰：《五行精紀》卷 25《論六害》，第 196 頁。
〔註 143〕　《增補玉匣記》卷下《男女屬相配婚》，內蒙古人民出版社，2010 年，第 122 頁。

帶六害來相害也。〔註144〕

在這裡，所有的地支相害沒有和相沖、相合聯繫起來，文獻只以地支兩兩之間的沖剋關係來解釋二者相害的緣由，且相害是有條件的，如前者可以害後者，而後者不能害前者。以子害未為例，二者相害是因為未之旺土害子之旺水，土剋水，故為害。而反之水不能剋土，故未見子則不論害。其他五害也基本依此解釋其相害的原因。《玉霄寶鑒》的這種說法可以說自成系統地勉強解釋了六害。與之類似的說法也可見諸於宋代其他命理文獻《燭神經》、《神白經》中。〔註145〕可見，這種說法在宋代還是頗有市場的，因而它也為宋人及後人不斷轉引。〔註146〕但《玉霄寶鑒》的這一套說法與相害的本意關係不大，只是宋人對相害的牽強附會。

四、刑

（一）刑的分類

刑，即刑傷之意。十二地支之間，除了合、沖、害之外，還有刑的關係。刑分四類，分別為：

　　無禮之刑：子刑卯，卯刑子；

　　無恩之刑：寅刑巳，巳刑申，申刑寅；

　　恃勢之刑：丑刑戌，戌刑未，未刑丑；

　　自刑：辰、午、酉、亥自相刑。〔註147〕

最早見到的這四種分類，始於《燭神經》、《玉霄寶鑒》等宋代命理文獻，只是二者對四種刑的解釋略有差異。宋代以降，命學界對刑的分類基本沿用宋人之說，尤其是《燭神經》對四種刑的解釋，更為後世命學界奉為圭臬：

　　　　刑有四種：一曰無禮刑。子刑卯，卯復刑子。蓋子為生陽門，

〔註144〕（宋）廖中撰：《五行精紀》卷25《論六害》，第195、196頁。

〔註145〕（宋）廖中撰：《五行精紀》卷25《論六害》，第195、196頁。

〔註146〕該段文字被後世命理學著作多有轉引，但後人多以為其出自《三命通會》，見（明）萬民英撰《三命通會》卷2《論六害》，第151頁。

〔註147〕宋、明時期命理文獻對四種刑的分類皆如此，但今天的命理書籍亦有將無恩之刑與恃勢之刑互換的。因為申、寅、巳各居長生、臨官之位，可以理解它們恃強而刑，故為恃勢之刑；丑、戌、未皆為土，為同類兄弟，同室操戈，故為無恩之刑。參見陸致極著《中國命理學史論》，上海人民出版社，2008年，第115頁。次說亦可見於秦倫詩著《八字應用經驗學》，內蒙古人民出版社，2009年，第32頁。

卯爲日門。陽者，君也，夫也，勢不兩立。又子者，水也，卯者，木也，有子母之道，因兩陽之競不恤，所以相生處相刑害。故曰無禮刑。……

　　二曰無恩刑。寅刑巳，巳刑申，申刑寅是也。蓋寅中有甲木，刑巳中之戊土，戊土土聚，以癸水相合爲妻，則癸水者，甲木之母也。戊土既爲癸水之夫，乃甲之父也。彼父而我刑之，恩斯忘矣。故曰無恩刑。……

　　三曰恃勢刑。丑刑戌，戌刑未，未刑丑，蓋丑中有旺水，丑乃水中之土也。戌有墓火，丑恃旺水，刑戌中之墓火，戌爲六甲之尊，未爲六癸之卑，戌恃六甲之尊，而刑未六癸之卑，未有旺土，復恃旺土之氣，刑丑中之水，各有所恃而相刑。故曰恃勢。……

　　四曰自刑。辰、午、酉、亥，是也。辰者，水之墓也，滔則盈。午者，火之旺也，盛則滅。酉者，金之旺也，剛則闕。亥者，木之生也，旺則朽。各稟已甚太過之氣，而自致禍也。故曰自刑。……
〔註148〕

　　四種刑的名稱由來是否如上文所說，難以考證，可姑且信之。因爲分類之人的解釋本就是爲自圓其說而設置。如子卯相刑有違母子之道，故曰無禮刑。辰午酉亥各稟已甚太過之氣而致禍，故曰自刑。這些解釋，就人倫而言，都是切乎實際的。由此看來，將四種刑分別賦予無禮之刑、無恩之刑、恃勢之刑與自刑的解釋皆是合情合理的。可問題是，十二地支中的這些刑果眞也如宋人所說就此而立嗎？換言之，宋人的這些倫理解釋是地支之刑產生的眞正原因嗎？答案應是否定的。事實上，宋人對刑的倫理化解釋是其對術數知識的一種明顯誤讀。

（二）刑產生的原因

　　先來看看隋代五行著作《五行大義》對支相刑的相關記載：「支自相刑者，子刑在卯，卯刑在子。丑刑在戌，戌刑在未，未刑在丑。寅刑在巳，巳刑在申，申刑在寅。辰午酉亥各自刑。」〔註149〕如果對照《燭神經》的分類，可

〔註148〕（宋）廖中撰：《五行精紀》卷25《論三刑》，第193、194頁。此段文字亦爲《三命同會》所轉引，只是文字略有出入，見（明）萬民英撰《三命通會》卷2《論三刑》，第154、155頁。

〔註149〕（隋）蕭吉撰：《五行大義》卷2《論刑》，第199頁。《五行大義》此處還論

以發現除了宋人冠以新的名稱外，其相刑的內容是完全一致的。這就是說，刑的產生來源已久，並不是宋代命理學者或術士的獨創。

那麼刑究竟是如何產生的呢？說起來，它的產生和地支的三合局與三會局還有直接的聯繫。三合局的組成前文已言，此處不再贅述。三會局，指一個方位季節的全域，由春夏秋冬四季月令定局。三會局，就是以十二地支先後順序將其分爲四會，分別爲寅卯辰三會東方木局，巳午未三會南方火局，申酉戌三會西方金局，亥子丑三會北方水局。今之命學界以爲干支刑沖會合害等各個關係中，以會局的力量最大，尤其當天干可以引化時，三會局的力量足以控制整個命局。三會局在組合方面較爲隨意，沒有前後順序，也不需地支緊貼，但是三個地支缺一不可，它並不似三合局那樣還可以組成半局。〔註150〕地支相刑，就是在地支三合局與三會局一一對照的情況下形成的。對於二者之間的對照關係，《五行大義》引翼奉奏事的一段話來加以說明：「木落歸本，故亥卯未木之位，刑在北方。亥自刑，卯刑在子，未刑在丑。水流向末，故申子辰水之位，刑在東方。申刑在寅，子刑在卯，辰自刑。金剛火強，各還其鄉，故巳酉丑金之位，刑在西方。巳刑在申，酉自刑，丑刑在戌。寅午戌火之位，刑在南方。寅刑在巳，午自刑，戌刑在未。」〔註151〕這段話最早揭示了地支相刑產生的緣由，其文在宋代亦被轉引，只是《玉霄寶鑒》將其略作改動，以便更利於後人理解相刑的來歷：

> 經云：金鋼火強，各歸其方。木落歸本，水流趨末。故巳酉丑金之位，其刑皆在西方，蓋巳刑申，酉自刑酉，丑刑戌，申酉戌皆西方之位故也。寅午戌火之位，其刑皆在南方，蓋寅刑巳，午自刑午，戌刑未，巳午未皆南方之位故也。亥卯未木之位，其刑皆在北方，言木落歸本者，歸根之位也。亥者木之根，故亥自刑亥，卯刑子，未刑丑，皆北方之位故也。申子辰水之位，其刑皆在東方，言水流趨末者，必東流遊逝而不返，故申刑寅，子刑卯，辰自刑辰，

及干刑支、支刑干的知識，但後世命理術只繼承了支自相刑的知識，對干支之間的相刑完全捨棄，故本文不再敘及。
〔註150〕關於三會局的論述，可以參閱凌志軒著《古代命理學研究：命理基礎》，中山大學出版社，2013年，第94頁。
〔註151〕（隋）蕭吉撰：《五行大義》卷2《論刑》，第199頁。《五行大義·論刑》引用《漢書》中翼奉奏事內容，但筆者並未在《漢書·翼奉傳》中找到相應文字，應是蕭吉等後人添加的。

皆東方之位故也。（《玉霄寶鑒》）〔註152〕

所謂的木落歸本，就是指地支亥卯未三合木局與亥子丑三會水局彼此相刑。三位地支一一對應，則為亥刑亥、卯刑子、未刑丑；所謂的水流趨末，指的是申子辰三合水局與寅卯辰三會木局彼此相刑。三位地支一一對應，恰為申刑寅、子刑卯、辰刑辰；所謂的金剛火強，各還其鄉，指的是巳酉丑三合金局與申酉戌三會金局，寅午戌三合火局與巳午未三會火局一一對應相刑。綜合上述三合局與三會局的相刑關係，可以得到如下列表：

三合局、三會局相刑關係圖

	木局			水局			金局			火局		
三合局	亥	卯	未	申	子	辰	巳	酉	丑	寅	午	戌
三會局	亥	子	丑	寅	卯	辰	申	酉	戌	巳	午	未

由上表可以看出，子卯互刑，丑未戌互刑，寅巳申互刑，辰午酉亥分別自刑。這也就是無禮刑、恃勢刑、無恩刑、自刑等地支相刑組成的真正原因。原來，所謂的地支相刑，就是地支三合局與三會局地支上下一一對應產生組成的關係，其與所謂的有違母子之道、父子之道等說教並無直接的關聯。所謂的無禮、無恩、恃勢的說法也只是宋人強加給相刑的形象說辭而已。

（三）刑的吉凶

與沖、害等利害一樣，刑也不是一個命局喜聞樂見的組合形式。從宋人對其名字的定義可知，它的出現往往意味著一個人與周圍環境相刑傷、相沖撞的不協調命運。但是，宋人對刑的理解並非如此簡單，從《燭神經》對四種刑的詮釋可知，命中帶刑的人，有入貴格者，亦有入賤格者。雖同為命中帶刑，二者之間的吉凶禍福卻可以說是截然不同的：

> （無禮刑）入貴格，則多掌兵權，不利近侍，位居不久。入賤格，則悖戾兇暴，多招刑禍，婦人得之，非有令德也。

> ……

> （無恩刑）入貴格，則慘虐喜殺，好立功業。入賤格，則言行乖越，貪冒無厭。婦人得之，多產血損胎之災，一生不利骨肉，頗廉正也。

〔註152〕（宋）廖中撰：《五行精紀》卷25《論三刑》，第194頁。

......

（恃勢刑）入貴格，則公清平正，人多畏懼。入賤格，則多犯
刑責，暗昧之災。婦人得之，妨害孤獨。

......

（自刑）入貴格，則機權大謀。入賤格，則多憂頑愚，不情自
害，自刑帶諸兇殺，非令終人也。婦人主淫蕩，凶夭之災。〔註153〕

　　從以上對比中可以發現，凡是入貴格而命中帶刑者，往往是多掌兵權，
有機謀，好殺立功，人多畏懼的武職、刑罰官員。或許在古人的理解中，喜
好刑殺本就是武將、酷吏的特質。那麼怎麼才能入貴格呢？一個重要前提是
命局中年命能夠剋刑，或至少不為刑所剋。如果說真有人命中喜刑，那麼此
人一定是可以身控刑的官員。除此之外，命為刑所剋的人非貧即賤，難以作
貴命看。故而《三命鈐》這樣總結命中帶刑的人：「三刑殺者，若人遇之，身
能制殺，當掌刑罰之任。殺若剋身，多受戮辱，或非命而終。」〔註154〕此外，
命局中的神煞亦對刑之吉凶起到一定的作用。《三命通會》對於刑的吉凶這樣
判定道：「凡見刑不可便以凶論，須看五行中有無吉辰、旺相、官星、印綬、
貴神、德福等物，有此諸吉相扶相助，刑不為害，而反為用；如無諸吉相助，
更帶亡劫、天中、羊刃等煞以惡濟惡，禍不可言。」〔註155〕在《鬼谷命格》
中，我們也可以找到這樣的命例，一個號「麒麟窟」的命格這樣寫到：「三刑
遇晝夜貴人，會德全者，謂之麒麟窟，主文章清貴。」〔註156〕如此命格，除
了命帶三刑外，另有晝貴人、夜貴人、天德貴人等吉神與之配合。《金書命訣》
記錄了另一種無名貴格，亦是刑殺加吉神的格式：「三刑之位帶三奇，天乙兼
均在日時，刑若等分干遇德，官居極品定無虧。」〔註157〕短短四句話中，卻
蘊含著三奇、天乙貴人、天德貴人等諸多吉神。由此可見，命中帶刑的人，
若命局搭配合理，還是可以大富大貴的。

〔註153〕（宋）廖中撰：《五行精紀》卷25《論三刑》，第193、194頁。
〔註154〕（宋）廖中撰：《五行精紀》卷25《論三刑》，第195頁。
〔註155〕（明）萬民英撰：《三命通會》卷2《論三刑》，第155頁。
〔註156〕（宋）廖中撰：《五行精紀》卷25《論三刑》，第194頁。
〔註157〕（宋）廖中撰：《五行精紀》卷25《論三刑》，第195頁。